よくわかる中国料理基礎の基礎

辻調理師専門学校監修
吉岡勝美

目次

点心

麺・ご飯

撮影……越田悟全
スタイリング……高橋みどり
アートディレクション……有山達也（アリヤマデザインストア）
デザイン……岩渕恵子（アリヤマデザインストア）
イラスト……小幡栄子
編集……猪俣幸子

はじめに

中国の料理人たちの卓越した技術は豊富で変化にとんだもので、
横で鍋をふりながら私は固唾を呑んでその仕事ぶりを見ていたものです。
皿の上にある料理からその国の人たちの文化や生活のにおいが出せたらと願うのは、
自分が外国人であるということをことさら意識するからかもしれません。
技術は基本からはじまり、基本を忘れることに終わるといいます。
料理もまた、模倣からはじめ、模倣を忘れることに終わると思います。
新しく学んだ知識や技術を、五感を頼りにいく度も練習することで体がすっかり覚えてしまうと、
すべてが無意識の中に納められ、自分のうちにある感受性が共鳴して
オリジナル性の高い新しいものにつくりかえられていくのです。
終わることのないこのくり返しの中で、どこまで高められるかは、
これまでに自分の内面をどれほど豊かにしてきたかを問われることでもあります。
本書は、技術、料理を実習する最中に学生たちから投げかけられた疑問や感動、
職員とのやりとりを書きとめた内容を生かし、
学ぶ者も教える者も学びを共有できるようにと一冊にまとめました。
また、本校の学生が日々授業の中で学んでいる料理、つまり基本の料理を抜粋して、
基本技術を応用できるようにしています。
新しい味との出会い、知らないことを学ぶこと、難問の解決の糸口が見えるふとした瞬間など、
小さなできごとが好奇心をわしづかみにして、一歩前へ脚を進める後押しをしてくれます。
本書がその一端を担うことができれば幸いです。
最後に、カメラマンの越田悟全氏、柴田書店書籍編集部の猪俣幸子さんに謝意を申し上げます。

２００７年　初春

吉岡勝美

◎つくる前に

・調理器具、鍋などは業務用を基準にし、それを使ってつくりやすい分量を表記しています。

・ルビは特に指定のことわりがない限り、中国の標準語で表記しています。ただし、事例料理頁の下にある料理名の読み仮名は広東語の表記です。

・油を使う調理の場合、特に不要と記していない限り、調理直前に「鍋ならし」(→36頁)をしています。

・点心の餡などで冷凍保存できるとある場合でも、解凍時には旨みがやや落ちます。冷蔵でなるべく早く使い切ることをおすすめします。

・「八角」(→264頁)は、丸ごとは「1個」、折った一部は「1片」と表記しています。

・「椎茸」とある場合は、生椎茸を指します。

・「赤ピーマン」は通常のピーマンの赤色のものを、また「パプリカ」は肉厚の種類を指します。

・「ネギ」と材料欄にある場合は長ネギ、青ネギのどちらを使ってもかまいません。

・「砂糖」とある場合はすべて微粒グラニュー糖を使っています。

・「油」は植物油、「小麦粉」は特にことわりがない場合は薄力粉、「酢」は米酢、「醤油」は濃口醤油を使っています。

・「エシャロット」は「ベルギー・エシャロット」のことです。

・強力粉、薄力粉などの粉類はあらかじめふるっておきます。

・生クリームは乳脂肪分38%、または40%のものを使います。

・「タケノコ」は水煮を使用しています。

・水溶き片栗粉は水と片栗粉1対1の割合でつくります。

・レンゲ1の分量は18㎖です。

・材料欄に「もどして」「下処理して」とある場合、分量は処理したあとの数字を示しています(ゼラチンはもどす前の分量)。

地方料理の特色——「東《トン》酸《スワン》西《シィ》辣《ラー》、北《ベイ》鹹《シエン》南《ナン》淡《タン》」

日本の約26倍もの広大な面積を有する中国では、地方によって料理の嗜好が大きく異なる。ここでは、大きく東西南北の四大料理系統に分類[*1]する。

味については、「東酸西辣、北鹹南淡（東部は酸っぱく、西部は辛く、南部はあっさりした味が好まれ、北部では塩気が強い）」といわれ、料理では、北京料理は官僚の料理、上海（淮《わい》揚《よう》）料理は文人の料理、四川料理は平民の料理、広東料理は商人の料理というイメージがある。それぞれの地方料理の特徴、各地の名菜（名物料理）について説明する。

1 北方系——塩味が強い

黄河流域およびそれ以北の料理を指し、山東料理と、それを母胎に発達した北京料理を代表とする。

米の生産量が少ないので、麺、餅《ピン》、餃子など小麦粉を使った食品がよく食べられている。とりわけ、北京西方の山西の料理では、生地を2本、4本とのばしていく拉麺《ラーミエン》、湾曲した包丁で削っていく刀削麺《タオシャオミエン》、小さく切った生地を親指でくるりと丸くする猫耳朵《マオアルトウオ》（以上2種類↓221頁）などの麺料理に特色を持つ。

味の傾向は、冬の寒さが厳しい北方になるほど塩分、油分が強くなる。また、儒教の祖、孔子の家（由緒ある家柄）の料理「孔府菜《コンフーツァイ》」や清代の官僚、譚家の料理「譚《タン》家菜《チャーツァイ》」など、格式のある料理も残る。

【山東料理】古くから文化が開けた土地で、料理の水準も高い。即墨老酒《ヂィモーラオチュウ》、臨沂豆豉《リンイートウチー》が特産。ネギ、ニンニクを多く用いる。澄んだスープ、白濁した白湯（パイタンスープ）などのスープ料理を得意とする済《さい》南《なん》料理と、海産品の調理に独自性を持つ膠《こう》東《とう》料理に分かれる。

代表的な調理法としては、内臓などに瞬間的に火を通す強火炒めの〝爆《パオ》〟、形を崩さないで柔らかく煮込む〝扒《パー》〟、あんかけ〝溜《リュウ》〟、直火焼き〝烤《カオ》〟、炒める〝炒《チャオ》〟、飴がらめ〝抜絲《パースー》〟などがある。

【北京料理】北京は元、明、清代の首都。長い歳月を通して文化の中心であったために、モンゴル族、満州族、回族（イスラム系）などの少数民族の料理が融合し、中国各地の風味を吸収した繊細な宮廷料理として発達した。代表的なものに羊肉のしゃぶしゃぶ「涮羊肉《シュワンヤンロウ》」やジンギスカン鍋「烤羊肉《カオヤンロウ》」があるが、これらは豚肉を食べないイスラム教徒のための料理「清真菜《チンチェンツァイ》」でもある。

また、強制肥育したアヒルをあぶり焼いて皮を味わう北京ダック「北京《ベイチン》烤鴨《カオヤー》」は、南京から北京遷都と一緒に運ばれたアヒルの焼きものの技術（↓80頁「焼く」）がさらに発展した賜ものである。宮廷料理としてはフカヒレ、アワビ、ツバメの巣といった高価な乾燥材料を使った料理のほか、中国ハンバーガー「焼餅《シャオピン》」の挽き肉はさみ「肉末焼餅《ロウモーシャオピン》」やエンドウのようかん「豌豆黄《ワントウホワン》」、インゲン豆の巻きもの「芸豆巻《ユントウヂュエン》」など西太后ゆかりの宮廷点心が残されている。

代表的な調理法では、〝爆〟〝烤〟〝溜〟〝炒〟〝扒〟（↓前述）などが知られる。

2 東方系——鎮江黒酢の産地

長江下流域で広まり、淮《わい》安《あん》、揚州一帯の料理である「淮揚料理」を代表とする。「魚米の郷」といわれるように米と、スッポン、タウナギ、エビ、蟹など淡水産の魚介類を豊富に産する。秋の味覚、上海蟹として知られるシナモクズ蟹は陽澄湖《ようちょうこ》産がブランド品としてもてはやされてい

*1 山東、江蘇、浙江《せっこう》、安徽《あんき》、四川、湖南、福建、広東の八大系統に分けることもある。

る。ほかに、中国緑茶の名品である龍井《ロンチン》茶《チャー》、豚の後足を丸ごと塩漬け発酵させた金華《きんか》ハム(→263頁)、老酒《ラオチュウ》で知られる紹興酒、鎮江《ちんこう》の黒酢(以上2点→264頁)などが特産品。豊富な産物に彩られる料理がこの地の特色の一つとなっている。

【江蘇料理】南京、淮揚、蘇州、無錫《むしゃく》などの料理が主体で、油と砂糖を多く使うのが特徴。具だくさんの贅沢なチャーハンを「揚州炒飯《ヤンチョウチャオファン》」と呼ぶように揚州は産物が豊富なところで、古くから栄えた地。清代には乾隆帝一行に満漢全席を催した記録が残る。

代表的な料理は獅子の頭に見立てた大きな肉団子の煮込み「清燉獅子頭《チントゥンシーヅトウ》」、押し豆腐の細切り煮込み「煮干絲《チュウガンスー》」、タウナギのカリカリ揚げ「脆鱔《ツェイシャン》」など。調理法では、スープ煮込み〝燉《トゥン》〟、弱火煮込み〝燜《メン》〟、蒸しもの〝蒸《チョン》〟などが多用される。

【浙江料理】杭州《こうしゅう》、寧波《ニンポー》、紹興の料理を代表とする。杭州料理は、風光明媚な西湖《せいこ》でとれる草魚という淡水魚をゆで、甘酢をかけた「西湖醋魚《シィフウツウユィ》」、特産の龍井茶とエビの炒めもの「龍井蝦仁《ロンチンシャーレン》」、宋代の詩人である蘇東坡《そとうば》が豚肉を好んだことから名づけられた豚肉の角煮「東坡肉《トンポーロウ》」、「こじきが拾った鶏を泥で包んで焼いた」という逸話がある鶏の泥包み焼き「叫化鶏《チャオホワヂィ》」などがよく知られている。

また、南宋時代に首都として栄えた当時の料理も残されている。〝爆〟、煮込み〝焼《シャオ》〟、煮込みあんかけ〝燴《ホエイ》〟、揚げものの〝炸《チャー》〟があり、繊細でさっぱりしている。

三方を海に囲まれた寧波の料理は海鮮を用い、〝蒸〟、〝烤〟、〝燉〟で調理されることが多い。紹興では淡水産の魚介、家禽を用い、郷村風味に富んでいる。紹興酒の酒糟《さけかす》を使った料理のほか、においの強烈な発酵豆腐の揚げもの「臭豆腐《チョウトウフ》」など発酵食品も多い。

【上海料理】当地の料理を基礎に、北京、蘇州、無錫、四川、広東など中国各地と外国の料理の影響を受けて発達した。「濃油赤醤《ノンヨウチーヂャン》」(油、味噌、醤油を多く用いるという意味)が特徴で、醤油煮込み〝紅焼《ホンシャオ》〟が代表的な調理法。

著名な点心としてはスープ入りの饅頭「小籠包《シャオロンパオ》」(→154頁)、煎り焼きパオズ「生煎饅頭《ションチェンマントウ》」(→131頁)などがある。

3 西方系――辛いものが好き

長江の中・上流域に発達した料理で、四川料理を代表とする。内陸に位置し、淡水産の魚介類が使われる。保寧《ほねい》の黒酢、永川の豆豉《トウチー》、涪陵《ふりょう》のザーサイ、郫県《ひけん》の豆瓣醤《トウバンヂャン》など特産品も多い。

【四川料理】産物が豊富なため「天府の国」といわれる。湿気が多いので、汗を出して体調を整えるために辛味の強い料理が発達した。古くは特産の花椒(中国山椒→263頁)のしびれる辛さ「麻《マー》」で調味していたが、明代以降に伝来した唐辛子のひりひりする辛さ「辣《ラー》」の味つけは、いまやすっかり「四川の味」となっている。四川料理は安価で、ご飯のおかずになるといわれるゆえんだ。

また、「一菜一格《イーツァイイーゴー》、百菜百味《バイツァイバイウェイ》(一つの料理に一つの格式、百の料理に百の味つけ)」というように、調味法の種類が多いのも特徴である。本来は魚の調味法だったところから名づけられた「魚香《ユィシャン》」(塩水漬けの唐辛子、ニンニク、ネギ、生姜などの香味野菜を生かした辛い味つけ)、不思議な複雑な味という意味の「怪味《クワイウェイ》」など。

料理としては、清代末期に成都で顔にあばた「麻《マー》」のあるおばあさん「婆《ポー》」が考案したといわれる「マーボー豆腐(麻婆《マーポー》豆腐《トウフ》→101頁)」、塩井《えんせい》から塩をとるための役牛が役に立たなくなったら、その肉

中国主要地図

を塩と花椒で煮込んだのがはじまりの牛ロースと野菜の四川風辛味煮込み「水《シュエイ》煮牛肉《ヂュウニュウロウ》」（↓１００頁）、丁宮保（宮保は皇太子の補佐職）が好んだ鶏肉の辛味炒め四川風「宮保鶏丁《コンパオヂィティン》」（↓64頁）、材料を担《かつ》いで売り歩いた「タンタンメン（担担麺《タンタンミエン》↓226、227頁）」などがよく知られている。

ただし、エビのチリソース煮込み「干《ガン》焼大蝦《シャオターシャー》」は豚挽き肉を味つけに加えるとか、豚肉とキャベツの味噌炒め「回鍋肉《ホエイグオロウ》片《ピエン》」（↓67頁）はキャベツではなく葉ニンニクが使われるなど、四川の料理は日本のものとは少し異なっている。

主な調理法として、油通しをせずに煎り焼く〝小煎《シャオヂエン》〟、一気に炒め上げる〝小炒《シャオチャオ》〟（↓60頁）、汁気がなくなるまで炒める〝干《ガン》煸《ピエン》〟、汁気がなくなるまで煮詰める〝干《ガン》焼《シャオ》〟など。

【湖南料理】四川と同じように湿気が多いので、唐辛子を多く用いる。味つけの特徴は塩水に漬けて発酵させた漬けものと唐辛子を使った「酸辣《スワンラー》」のほか、酸っぱく甘い「酸甜《スワンティエン》」、ラー油風味の「紅油《ホンヨウ》」、塩辛く甘い「鹹甜《シェンティエン》」などの味つけ法がある。塩漬け、燻製の保存食品も発達している。前出の〝小炒〟、衣をつけて油通しをしてから炒める〝滑溜《ホワリュウ》〟、そのまま蒸す〝清蒸《チンチョン》〟（↓88頁）などが代表的調理法。

4 南方系──淡味でバリエーションに富む

珠江《じゅこう》流域で発達した料理で、広東料理を代表とする。ヘビ、イヌや野生の動物「野味《イエウェイ》」など多彩な食材が用いられる。

また、海外に移住した華僑も多く、ワンタン、焼売、チャーシューなどを日本に普及させたのが広東人だったために、日本では広東語がすっかり定着している。

【広東料理】広東料理は広州料理、潮州《ちょうしゅう》料理、東江料理に分かれる。

［広州料理］「食在広州」とよくいわれるように料理の種類が豊富で技術レベルも高い。ウーロン茶やプーアル茶を飲みながら、焼売（↓１７５頁）、エビ餃子（↓１６５頁）、ゴマ団子（↓１６７頁）などの点心を食べる飲茶《ヤムチャ》（以下、東江料理の項までのルビは広東語読み）の習慣があり、バラエティに富んだ点心がつくられている。あっさりした味つけが特徴。

炒める〝炒《チャウ》〟、蒸し焼き〝焗《ゴック》〟、油通しのあとに強火で炒める〝油泡《ヤウパウ》〟、弱火煮込み〝炆《マン》〟、土鍋煮込み〝煀《ワッ》〟、蒸し料理〝蒸《チェン》〟が主な調理法。

代表的な料理としては、子豚の丸焼き「片皮乳猪《ピンペイユイヂュー》」、冬瓜の中をくりぬいた具だくさんの蒸しスープで凝ったものは冬瓜に彫刻が施されている「冬瓜盅《トングワチョン》」、お馴染みの酢豚「古老肉《グーロウヨック》」、チャーシュー「蜜汁叉焼肉《マッチャップチャーシューヨック》」（↓２５４頁）など。

［潮州料理］東南アジアの影響を受け、フカヒレ、ツバメの巣などや海産の魚介類を多く用い、インドネシアの串焼き肉「サテ」のタレであった沙茶醤《サーチャーチョン》（サテソース）、小魚を発酵させた魚露《ユイロウ》（魚醤。以上↓２６５頁）など調味料の種類が多いのが特徴である。

［東江料理］4～12世紀にかけて政変のため北方の黄河中流から逃げてきた客家《はっか》と呼ばれる人々は、厳しい環境での生活を余儀なくされたために東江（客家）料理は漬けもの、塩漬けの肉や魚など塩味が強い保存食が発達した。

北方の習慣にしたがって正月に食べる餃子をつくろうとしたが、南部では小麦が十分にとれないために豆腐に具を詰めた「醸豆腐《イヨンタウフー》」をつくった。そのほか、鶏の塩包み焼き「塩焗鶏《イムゴックガイ》」などが代表的な料理である。

【福建料理】カキなど海産品を使った料理が多い。紅麹でつくる酒糟「紅糟《ホンザオ》」、小エビを発酵させたエビ醤油「蝦油《シャーヨウ》」、サテソース「沙茶醤《シャーチャージャン》」など独特の調味料を用いる。調理法としては〝炒〟、〝溜〟、蒸しもの〝炊《チュイ》〟、〝炸〟などが多い。

名菜（名物料理）は、和尚《おしょう》でさえもその香りがただよってくると塀を跳び越えて食べに来る、と名づけられた山海の珍味の壷詰め蒸し「仏跳牆《フォティヤオチャン》」など。

【香港の料理】隣接する広東の料理のほか、北京、四川、上海の料理や、自由貿易港で外国との往来が盛んであったため、西洋の影響を受け、洗練された料理が発達した。１９７０年代に登場した新[*2]中国料理「ヌーベルキュイジーヌ・シノワ」は、その後、中国各地に広まっていった。

魚の蒸しもの 広東風「清蒸鮮魚《チェンチェンシンユィ》」（↓90頁。上記のルビは広東語読み）など海産品を使ったあっさりした味つけの料理は日本人にも好まれている。１９９７年の中国復帰以降、中国各地で香港の料理人が高級ホテル・レストランに招聘され、水槽を備えた香港・広東料理店がふえ、普及は拍車をかけている。

＊2 伝統的な広東料理を基礎に外国や中国各地の材料、調理法をとり入れ、味はあっさり、砂糖、塩分、油を控えめにし、食卓の演出を重んじる。

基本の動作

切る

鍋《グオ》——鍋をふる、あおる

道具を使う

杓子《シャオヅ》——玉杓子を操る

鍋鏟《グオチャン》——ヘラの使い方

ザーレンを使い分ける

漏杓子《ロウシャオヅ》——ザーレン

鉄絲漏杓《ティエスーロウシャオ》——網ザーレン

のばす

［基本の動作］

切る

包丁さばきを「刀工（タオコン）」といい、いろいろな包丁の動かし方「刀法（タオファ）」を用いて材料を一定の形状に切る。きれいに早く切るために考えだされた独自の刀工技術である。包丁は切るほか、腹で押さえて材料をつぶしたり、材料をのせて運んだりする。

・正しい姿勢

まず、正しい姿勢と正確な包丁の握り方を会得する。

◎姿勢

A

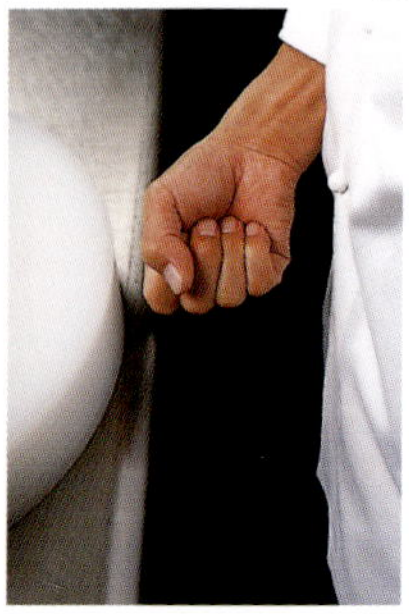

B

C

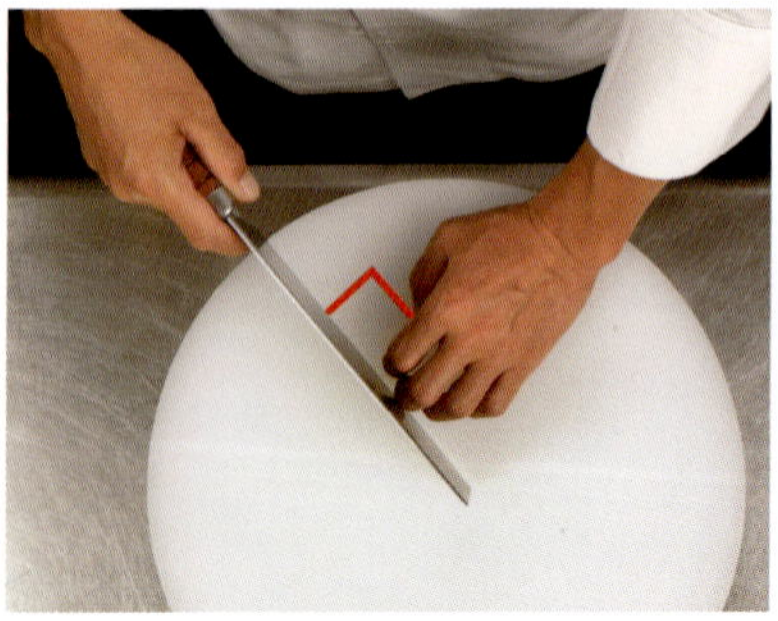

A 足を肩幅くらいに開き、調理台から握り拳1～2個分体を離し、ヘソがまな板の中心にくるように立つ。

B 左右の脇は握り拳1個ほどあけて、肩の力を抜く。包丁の峰はまな板に水平で、刃の中央が下につき、腕の延長線上に包丁があるイメージで動かす。

C 包丁と左手で直角二等辺三角形をつくる。左手を軽く握り、中指の第一関節を包丁の腹にあてて切る。左手は包丁の動きを誘導する役割。視線は包丁の峰に向け、きちんと切れているかを確認する。

・包丁の持ち方

まな板に対して垂直に動かすほか、水平に動かして切る手法もある。持ち方は若干異なる。

◎縦切りの場合――手首が動く持ち方

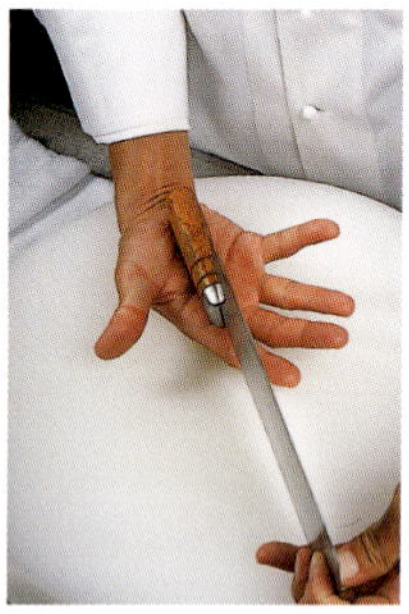

1 手を軽く握った時に手のひらに斜めにできる溝に沿って柄をのせて握る。握った手を返し、中指～小指でしっかり柄を握る。

▼

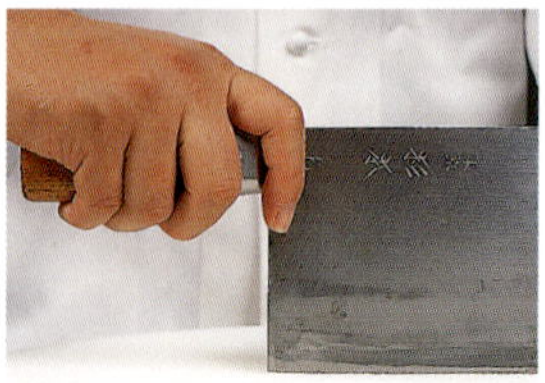

2 人さし指は柄の端にひっかけるようにかぎ形にして包丁の腹につける。親指は柄にかけ、親指と人さし指で刃のつけ根をはさんで横ぶれを防ぐ。

［ポイント］
手首が動きやすく、連続切り（→17頁）ができる持ち方。指が極端に前に出て刃を押さえ込むと動かしにくい。

◎横切りの場合――手首を固定させて包丁を水平に保つ

1 縦切りと同じように中指～小指でしっかり柄を握る。握った中指が刃の手前端にぶつかるまで手全体を刃の側へ出す。包丁を横に寝かせる。

▼

2 持ちにくいので握り手を左まわりにややもどす。親指と人さし指の腹で包丁をはさんで上下のゆれを防ぐ。手首は動かさず、この持ち方で包丁を水平に保つ。

［ポイント］
縦切り、横切りとも人さし指、中指を刃にあてて安定させる持ち方もある。

・中国料理のまな板

◎砧《チェン》板《バン》・菜墩《ツァイトゥン》子《ヅ》【まな板】

もともとは、両刃の大きな包丁を垂直に下ろした時にはね返りの少ない分厚い丸太材を輪切りにしたものを使っていた。現在は衛生上の問題で合成樹脂のものを使うことが多い。

・菜刀《ツァイタオ》【包丁】いろいろ

基本的に中華包丁は幅が広い。刃は薄く、両刃で、刃先はやや弓なりになっていて重みがある。

A
斬刀《チャンタオ》【骨切り】
峰が厚く刃先の断面が三角形になっていて重い。鶏、アヒル、豚バラ肉など骨つきの材料を叩き切るのによい。

B
切刀《チェタオ》【厚刃】
全体に厚みがあり、小骨や軟骨のついた材料を切るのに適している。

C
片刀《ピェンタオ》【薄刃】
軽くて薄く、刃先が鋭利で、一般的に広く用いられている。

D
小刀《シャオタオ》【ペティナイフ】
野菜の彫刻などに用いる。また切り目を入れる時などにも使われる。

E
片鴨刀《ピェンヤータオ》【北京ダックの包丁】
北京ダックの皮をそぎ切りするのに用いる。

F
円頭刀《ユェントウタオ》【上海包丁】
刃の前方が丸くなっている。上海料理系統の店で使われるので上海包丁と呼ぶ。切るものは幅広い。

G
拍皮刀《パイピータオ》【点心包丁】
刃のついていない包丁で点心用。生地を切ったり、エビ餃子の皮をのばしたりするのに用いる。

・包丁の基本的な動かし方

中国料理の包丁の動かし方は基本的に、縦切り、横切り、斜め切りの3種類があり、材料の性質、形状などに対応して、効率よく切るために使い分ける。

【縦切り――包丁とまな板が直角になる切り方】

薄切り、細切り、みじん切り、ぶつ切りなどすべての形状に切る時に用いる切り方である。

◎推切《トェイチェ》【押し切り】

刃先を滑らせて切るので抵抗が少なく、ネギ、生姜など繊維が固い材料、大根など大きなものを切る時に用いる。肉類など粘りと弾力がある材料で比較的形が小さく、薄いものを切る時にも用いる。

包丁を斜め前方に押しだし、刃先を滑らして切る。刃先を滑らすことで包丁にかかる抵抗を小さくして切る方法。手首の屈伸で切る。

◎直切《ヂーチェ》【垂直切り】

縦切りの中でもっとも多用される切り方。ピーマンなど薄い材料やタケノコ、ニンジン、キュウリなど歯切れがよく、あまり力を加えなくても包丁の重みで切れる材料が向いている。主に細切りにする時に用いる。

包丁を真下に押し（落とし）ながら切る。包丁は手首の屈伸で上下運動をする。連続切り（→左頁）はこの切り方の上級版である。

◎拉切《ラーチェ》【引き切り】

トマト、キュウリなど柔らかい材料を切るのに用いる。切れても倒れたり、動いたりしないので、形を整え、移動させるのも便利。

刃先をまな板につけたまま包丁を斜めに立ててまっすぐ手前に引きながら切る。手首は固定して切る。

◎推拉切《トェイラーチェ》・鋸切《ヂュイチェ》【押し引き切り】

粘りや弾力の強いハム、柔らかくて崩れやすい食パン、大きく分厚い肉などを切る時に用いる。押し切り、引き切り単独では切りにくい材料向きといえる。

包丁をのこぎりのように押したり引いたりして前後に動かして切る。

◎斬《チャン》【叩き切る】

骨つき鶏モモ肉、スペアリブなど骨のある材料や肉質の固い材料を骨切り包丁などを用い、一刀両断に切る。また、2本の包丁で肉や野菜などをみじん切りにする時にも用いる。

手首をぐらつかないように固定して軽く脇をしめて腕をふり下ろす力で切る。

ひと口メモ

中華包丁はなぜ刃が弓なりになっているのか？

それは、弓なりになっていることで大きな包丁を素早く動かせるからだ。中国料理の包丁はほかの料理に比べて重く、その重みで材料を切ることが多い。

手首の屈伸で押し切り、垂直切りを行うが、刃先が弓なりになっていることで材料を切る時の抵抗が弱められる。また、落とした反動で包丁が持ち上がるため、スムーズな屈伸を実現している。手首の屈伸で包丁を持ち上げて落とすという単純な動きが、中国料理の特徴的なスピード感ある連続切り（落とし切り）を可能にしている。

・連続切り（落とし切り）——垂直切り（↓右頁）の応用

連続切りはもっとも大切な切り方

手首を柔らかくしてひじから先を使って動かし、左の1～3をくり返し練習するとよい。

1 刃を下につけて峰はまな板に水平にする（↓14頁「姿勢B」）。刃先をまな板につけたまま手首を曲げて前につきだし、刃元を上げる。

▼

2 ひじは動かさず包丁を1の角度のまま平行に持ち上げる。曲げた手首を元にもどしながら下に落とす。落とす時、手首の動きで包丁は水平になる。

▼

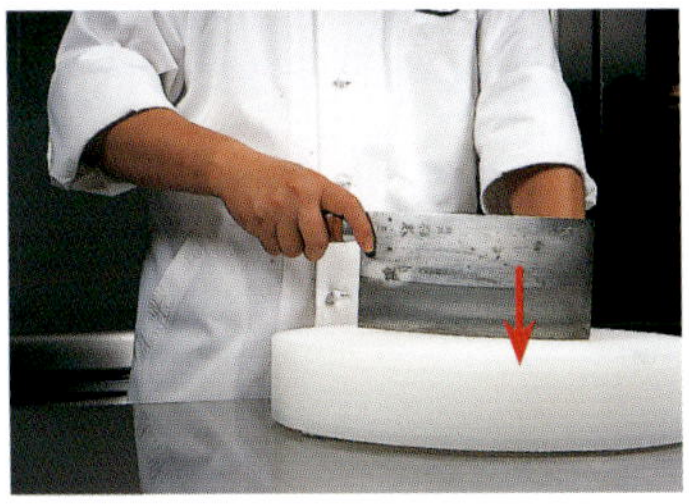

3 刃の中央より少し前の部分をまな板に落とす。刃先は1の最初の位置にもどる。ひじは、終始同じ位置でひじから先を動かす支点の役割。1～3をくり返す。

［ポイント］

握った左手指は包丁の腹につけ（↓14頁「姿勢C」）、切る幅に応じて等間隔で左側へ移動する。つまり誘導役。刃は第一関節より上げないようにする。また、左手は材料を強く押さえると動かしづらい。

【横切り──包丁とまな板が平行になる切り方】

材料を薄切りにするための切り方である。

固いものは上から、柔らかいものは下から

指先が「ものさし」代わり。包丁の柄がまな板の外に出るように材料をおく。

固いものは上から切る。横切りは左手の人さし指、中指が「ものさし」代わり。指先を材料の角より下にして切り幅を決める。包丁はその指先の腹にあて、まな板に平行に動かすことで同じ幅に切ることができる。切ったら手前に引いて階段状にずらしていく。

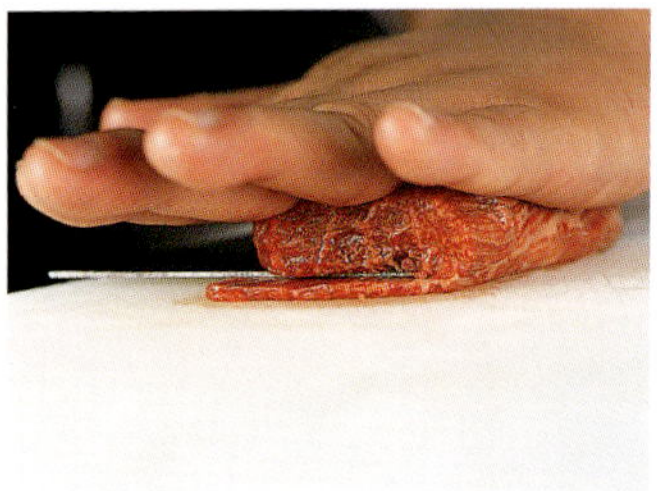

動きやすい柔らかいものは、上から押さえて固定しながら、下から切る。

ただし、押しすぎは禁物。刃が入りにくい。包丁の柄がまな板にぶつかると水平に切れないので、柄がまな板の外に出る位置で切る。

◎推《トエイ》刀《タオ》片《ピエン》【水平押し切り】

横切りの中でもっとも多用される切り方。ズッキーニ、タケノコ、キュウリなど歯切れがよく、包丁を入れても変形しない程度の柔らかさの野菜類に用いることが多い。上から薄切りにするため材料がきれいに並び、そのまま細切りができる。

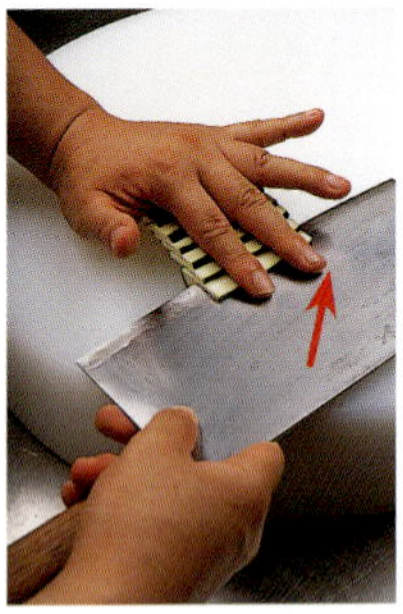

包丁はまな板に対して水平に保ち、材料は上から切る。刃の中心よりやや先の部分から入れ、前に突くように押しだして切る。切ったら指で手首側に寄せて階段状にする。

◎拉《ラー》刀《タオ》片《ピエン》

【水平引き切り】

ササミ、魚の上身(生)、キュウリなど比較的柔らかい材料や壊れやすいものを薄切りにしたい時に用いる。生肉の場合は包丁を水で少しぬらすと抵抗が小さくなり切りやすい。

［加熱したササミの場合］

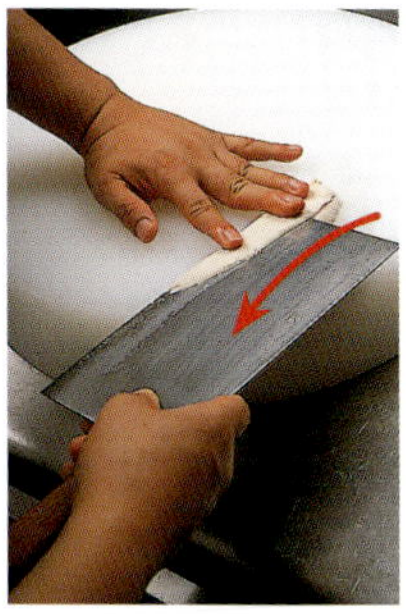

1 包丁はまな板に水平に保ち、上から切る。刃先から3分の1程度をまず入れ、刃全体をあてて手前にゆるい弧(カーブ)を描くように引いて動かして切る。

▼

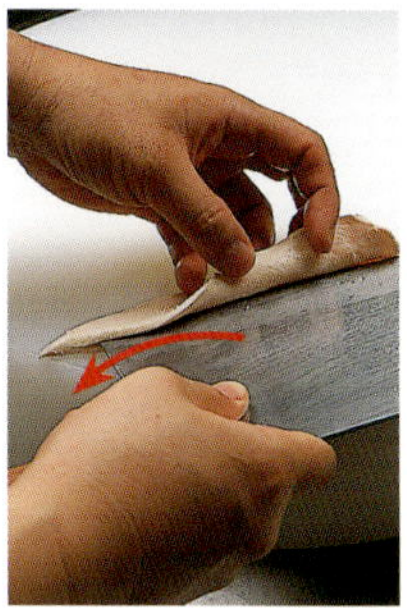

2 一度で切れない場合は左手で肉を開き、ふたたび包丁を入れて1の動作をくり返して切る。

▼

3 切ったらずらして重ねておく。形も壊れず、断面も滑らか。

［キュウリの場合］

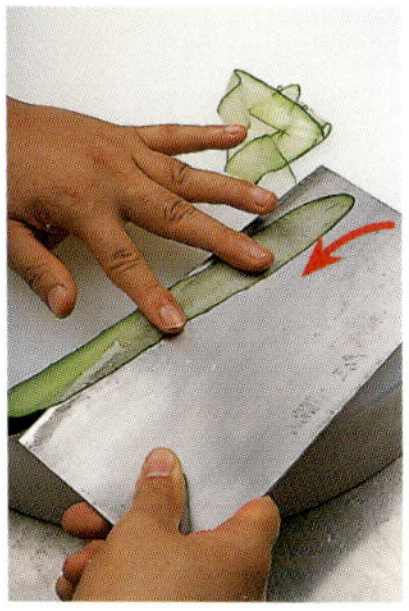

1 右のササミ同様に上から軽く押さえ、包丁の刃先から材料に切り込んで刃全体をあてて弧を描くように引いて切る。

▼

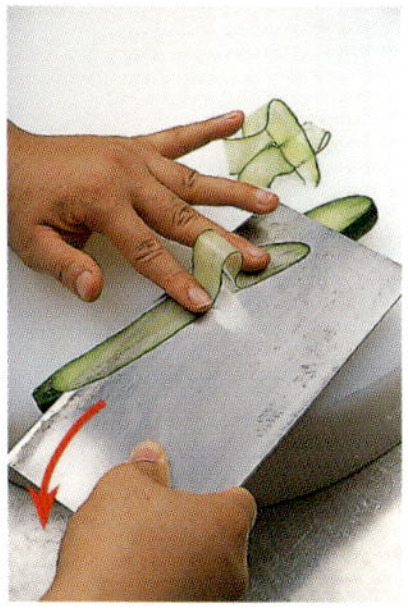

2 切ったものは1枚ずつはずしていく。

◎推《トエイ》拉《ラー》刀《タオ》片《ピエン》

【水平押し引き切り】

引くだけでは切れない大きな塊肉、切りにくい形や質のものをごく薄く切る時に向く。熱いゆで肉などを上から薄切りにする場合と、ザーサイ、鶏の心臓など不安定な形の材料を下から薄切りにする場合の二つがある。のこぎりのように包丁を前後に動かして切ることに変わりはない。下から切る場合(↓下記)は反対の手のひらで材料を押さえて切る。

［鶏の心臓の場合］

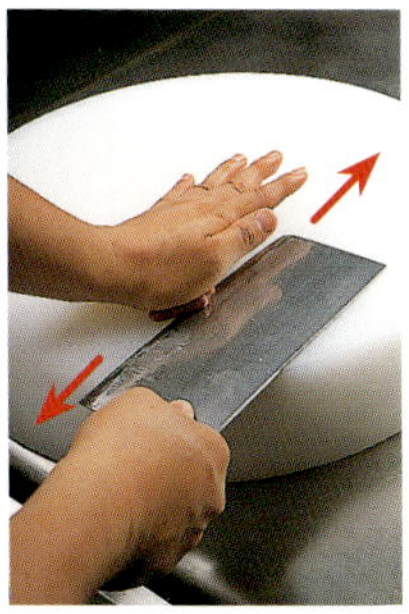

1 上から材料を押さえ、包丁を水平に保って下から包丁を入れ、まな板に押しつけるようにして前後に動かして切る。「前後に動かして切る」のが基本。

▼

2 左端近くまで同じ厚さに切ったら材料を左に転がして開き、また1と同様に切って転がす。

▼

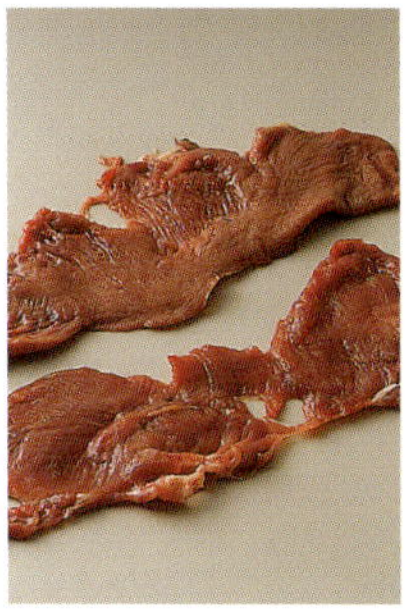

3 1と2の作業をくり返す。切り終わったらこんな感じになる。

【斜め切り】

包丁の刃を斜めに立てて切る。包丁の持ち方は横切りと同じ。厚みのない材料の切断面を大きく、あるいは長くする切り方である。

◎正《チョン》斜《シエ》片《ピエン》【へぎ切り】

包丁の角度を変えれば断面は大小変化し、形を自由に調節できる。ササミ、魚の上身など柔らかくて、不安定な形の材料を切る時に用いる切り方。

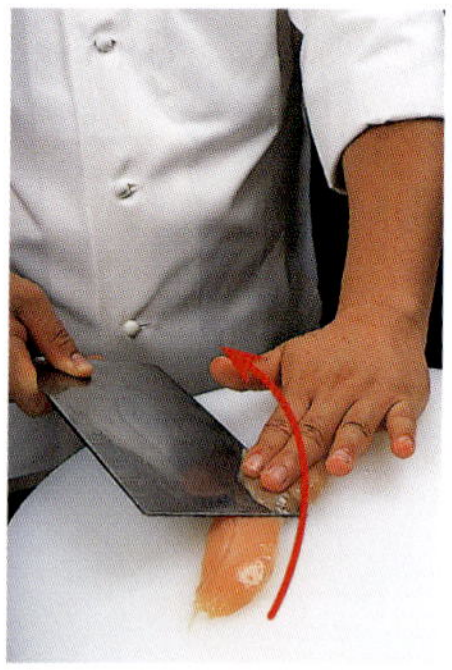

斜めに包丁の刃をあて、手前に弧を描くように引きながら切り離す。

◎反《ファン》斜《シエ》片《ピエン》【逆へぎ切り】

イカ、豚の腎臓など柔らかく、滑りやすい材料や、アスパラガス、青ネギなどすわりの悪い材料を切る時に向く。「へぎ切り」と異なるのは左手で材料を押さえて切り幅を調整できること。また押して切るのでスピードも速い。

包丁は峰を手前、刃先は前方に向け、材料を押さえる左手中指と包丁の腹がすれ合うように前方に動かして切る。左手で包丁の角度、切り幅を調節する。

・材料の繊維の方向と切り方

繊維に平行に切る場合と垂直に切る場合がある。

［繊維と平行に切る場合］

柔らかく砕けやすい、歯切れのよい材料を細切りにする場合は繊維に沿って切る。肉類は豚、牛フィレ肉やモモ肉の柔らかい部位、鶏の胸肉やササミなど。野菜類はタケノコ、ズッキーニ、大根など。

［繊維と垂直に切る場合］

固い材料、強い繊維や固い筋のある材料は繊維や筋を断ち切ることで柔らかい食感にすることができる。豚や牛のモモ肉の固い部位やスネ肉などを薄切りや細切り、拍子木切りなどにする時に。

・切り方いろいろ

一つの材料を切る時、量や形、柔らかさなどの違いから複数の切り方を組み合わせることが多い。基本の切り方を踏まえて、もっとも切りやすい技法を考えて用いることが大切である。

◎片《ピェン》【薄切り】

材料の固さ、大きさによって垂直切り、押し切り、引き切り、押し引き切り、へぎ切りなどを用いる。薄切りをしたあとに細切り、拍子木切り、みじん切りをするので、同じ幅に切ることが大切である。

【縦に切る】

ニンジン、レンコンなど固い材料に用いる。

1 材料を四角形に整える。奥のものを使い、端の部分は細切りやみじん切りにするとよい。

▼

2 「垂直切り」(→16頁)で切る。または「押し切り」(→16頁)で切る。切る時に力を必要とするため、左手でしっかり材料を押さえることが大切。

【下から横切りにする】

ザーサイ、肉など不安定な形の材料は下から薄切りにし、丸い材料は転がしながらくり返して切り、薄切りにする。

片方の手のひらで材料をしっかり押さえ、包丁はまな板に水平に保ちながら「水平押し引き切り」(→19頁)で切る。ごく薄く切る場合は包丁をまな板につけて動かす。

【上から横切りにする】

タケノコ、ズッキーニ、キュウリ、大根など歯切れのよい材料で形が安定し、包丁を入れても変形しない野菜類に用いることが多い。

1 特に薄いものや繊維に沿って切る場合は横切りの方が厚みや形をそろえやすい。「水平押し切り、水平引き切り、水平押し引き切り」など(→18〜19頁)で切る。

▼

2 上から順に切ることで材料は階段状に並び、細切り、みじん切りへと次に続く作業もしやすい。

【斜め切り】

ササミ、魚、肉類などで、厚みがないものでも切断面を大きくしたい時に用いる。

「へぎ切り」(→20頁)で切る。包丁の角度を変えれば大小、形は自由に調節できる。

◎絲《スー》【細切り】

薄い材料や薄切りにしたものを細く切る。太さ4～5㎜角以下、長さ3～8㎝くらいで用途に応じて太さ長さを変える。切り口が正方形になるように、まず同じ幅できちんと薄切りをすることが大切。

［牛モモ肉の場合］

1 下から切っていく。左の手のひらで肉を押さえ、指先は上げる。肉の切りたい場所に刃をあて、包丁を少しつきだして肉に切り目を入れる。

▼

2 「水平押し引き切り」（↓19頁）の要領で薄切りにする。包丁の腹で切り離した肉をまな板に押しつけながら包丁を手前に引く（残りの塊肉は包丁の上にのったまま）。

▼

3 切り離した肉はシワが寄らないように包丁の端にのせて引き上げ、幅が3分の1ずつ重なるように縦に並べる。左手で押さえてしっかり肉を貼りつけ、1枚板のようにする。

▼

4 手前から包丁の刃先を3の端にかけて持ち上げ、切りやすい位置に移して横長におく。長い場合は、左4分の1くらいを折りたたむ。包丁の腹で肉を押さえて安定をよくする。

5 包丁の刃に少量の水をつけ、押しだして切る（↓16頁「押し切り」）。刃は肉の表面を滑りながら肉に入っていく。肉が前に動きやすいため左手は肉の手前を押さえて切る。

▼

6 包丁の刃がまな板についたら包丁の峰を少し右に倒す。倒すことで切れた肉を二度切りすることがなく、切れているかを確認できる。この操作をくり返す。

［タケノコの場合］

1 材料を四角形に整える。タケノコは上下を切り、写真のように中央部を使う。ただし、中央も芯は節があるので使わず、みじん切り用にする。

▼

2 左手人さし指、中指で切り幅を決めて前方につきだすように水平押し切りで薄切りにする（↓18、21頁「片」）。切れた端を手首側に少しずらしては同じように切る。

▼

3 切れたタケノコは階段状に並べてまとめて包丁ですくい、まな板の切りやすい位置に移して切る。「連続切り」（↓17頁）で切る。

◎条《ティヤオ》【拍子木切り】

条とは細長く切ったもので、絲より太いものを表わす。長さは細切りを参考にする。用途に応じて太さ長さを変える。

［魚の場合］

1 魚は、まず3枚におろして中骨と血合を除く。頭から尾にかけて適当な大きさに切り分ける。（裂けにくい）身の厚い部分は水平に包丁を入れて身をすきとり、1～1・5cmの厚さにそろえる。

▼

2 1～1・5cmの幅で縦の「押し切り」（↓16頁）にする（これが拍子木切り）。身の薄い部分は幅を広めに切る。

◎丁《ティン》【角切り、さいの目切り】

大きさは1～1・5cm角が基本であるが、材料や用途により四角形とは限らず菱形、三角形、円錐形などもある。

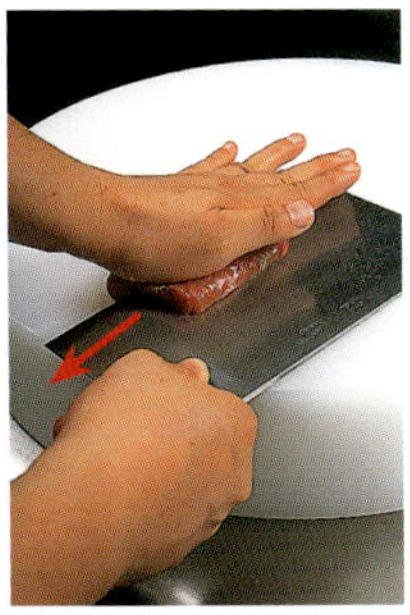

1 塊肉に下から1～1・5cmの厚さで手前に引きながら包丁を入れる（↓19頁「水平引き切り」）。

▼

2 左端は切り落とさず、切った厚さ分を残して肉を左へ開き、均一の厚さにする。厚ければさらに同様に切る。

▼

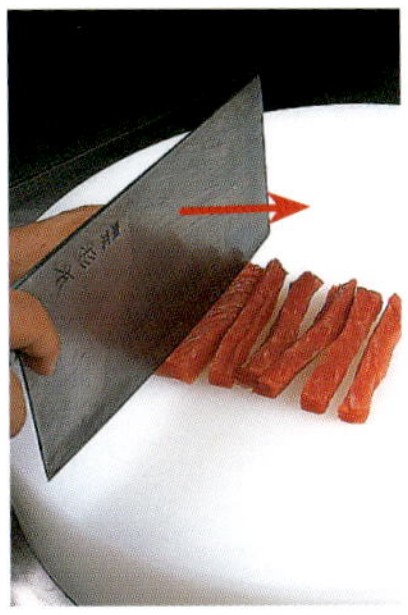

3 1～1・5cmの幅で拍子木切り（↓右記）にする。

▼

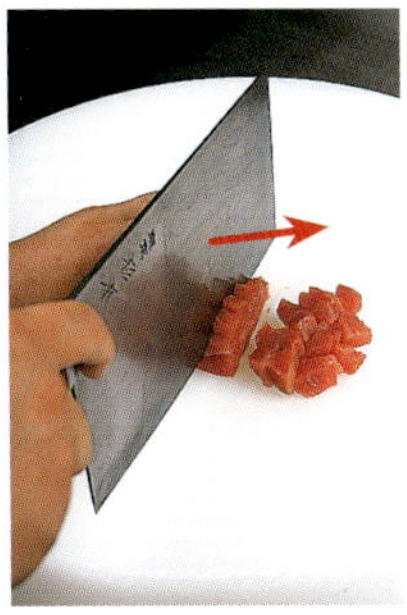

4 向きを変え、1～1・5cmの幅で角切りにする。生肉の場合は3、4とも「押し切り」で切る。
＊2の段階で柔らかく火を通したり、調味料をからみやすくする目的で切り目を入れる場合がある。

◎末《モー》【みじん切り】

3㎜以下の大きさのものを指す。ニンニクや黒クワイなど繊維が柔らかくて肉質がしっかりしている材料の場合は、まず包丁で叩いて香りを出やすくする。

［ニンニクの場合］

1 まず包丁の腹で叩きつぶして（芽がある場合はとる）右に寄せる。

▼

2「連続切り」か「叩き切る」（→17頁）で細かく切る。時間がたつと変色するため、布巾に包んで水洗いし、水分を切って密閉容器に入れて保存するとよい。

［長ネギの場合］

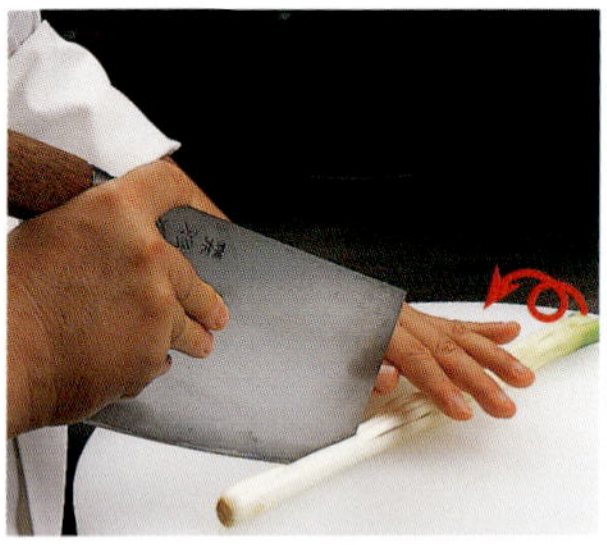

1 包丁は下側から握る。ネギを回転させながら切っ先がまな板に達するように繊維に平行に3〜4㎝の切り込みを入れる。切り込みは少しずつ下にずらしていく。

▼

2「押し切り」（→16頁）にする。「垂直切り」（→16頁）にすると、水が出て傷みやすい。

［ペティナイフで切る場合］

切り目を入れるには、ペティナイフが扱いやすい。

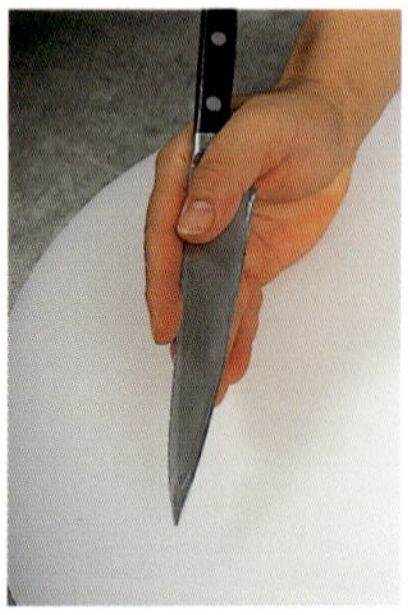

1 ペティナイフで切る場合はペンを握るように持つ（刃先に注意する）。

▼

2 ネギを回転させながらナイフを引いて、切り込みを少しずつずらしながら入れ、上記と同様に切る。

・失敗例［長ネギのみじん切り］

Q ケバだってしまい、切りづらくなった

A 切り目が平行に入らず、交差したから

切り目が長いと交差しやすく、みじん切りの途中でばらけてしまう。左手で押さえる時にまとめにくく切りづらい。切り目は繊維に平行に3〜4㎝ほどを目安にするとよい。

◎塊《クワイ》【ぶつ切り、大きな角切り】

ナスやさつま芋などのように棒状のものはまわしながら切ると形、大きさがそろう。切れた形状から「馬耳（マーアル）」、「兎耳（トゥアル）」と呼ぶ。大きな材料はまず棒状に形を整えてから切る。材料や用途により菱形、三角形もある。

［ナスの場合］

ナスを横にしておき、ナスに対して斜め45度に「押し切り」（↓16頁）で切る。手前に回転させて断面を上にし、刃元が断面の端に少しかかるように包丁をあて、斜め45度に「押し切り」にする。

［鶏モモ肉の場合］

1 皮を下にしておく。骨のあった部分がくぼんでいるのでそこに包丁を水平に入れ、「水平引き切り」（↓19頁）で肉の厚い部分を左右に切り開いて厚さを均一にする。

▼

2 足先に近い部分に白い筋がある。火が通ると固くなって肉も縮むため、包丁の刃元の角でついて筋を切る。

▼

3 「叩き切る」（↓17頁）、「押し切り」（↓16頁）で3～4㎝の幅に切る。

▼

4 切ったら向きを変え、3と同じ幅に叩き切る（↓17頁）。包丁は刃元を使い、手首は固定し、軽く脇をしめて腕をふり下ろす力で切る。

【飾り切り】

「花《ホワ》」という。肉類全般、魚介類であればイカ、アワビなどに向く。野菜類はニンジン、タケノコ、マコモタケ、キュウリ、マッシュルームなど形が安定し、包丁を入れても変形しにくい材料が向く。形状が美しく、火の通りがよく、調味料がからまりやすくなるなどを目的とする。飾り切りには総合的な包丁の動きが必要。

◎双飛片《シュワンフェイピエン》【羽根形薄切り】

イカや内臓類に用いる。包丁を水で少しぬらすと抵抗が小さくなり切りやすい。

［イカの場合］

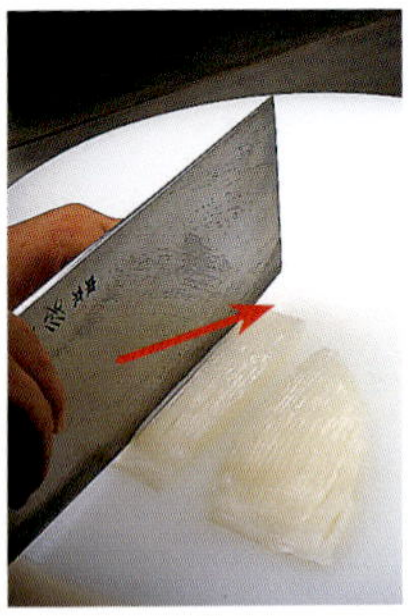

1 2～3㎜幅で厚さの3分の2まで「押し切り」(→16頁) で切り込みを入れていく。

2 90度向きを変え、包丁を斜めにし、切り込みに対して直角に「へぎ切り」(→20頁) にする。一刀めは切り離さず、二刀めで切り離す。

◎龍《ロン》【蛇腹切り】

［アワビの場合］

1 アワビは周囲の「えんがわ」をはずす。中央の部分を使う。

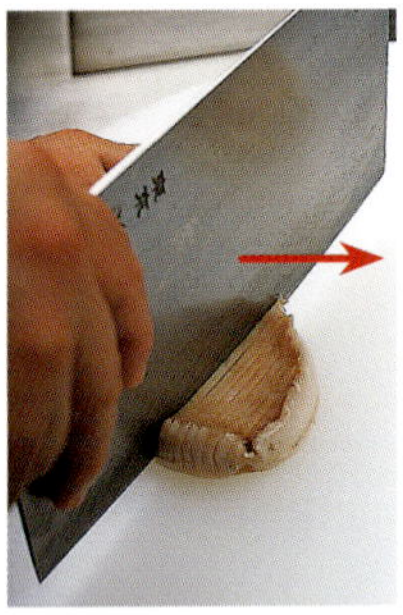

2 身を半分の厚さにする。表面に2～3㎜幅に3分の2の深さまで「押し切り」(→16頁) で斜め45度に切り込みを入れる。

3 裏返して同様に同じ角度で斜め45度に切り込みを入れる。切り込みは反対の面と交差している形になる。

4 切り込みに対して45度の角度で、「押し切り」で棒状に切る。切り込みが両面から3分の2ずつ交差して入っているので、蛇腹になる (でき上がり写真参照)。

鍋《グオ》

［基本の動作：鍋をふる、あおる］

炎の料理といわれる中国料理においてもっとも重要な調理器具といえる。鍋ひとつあれば、炒める、煮込む、揚げる、蒸すとすべての加熱調理ができる。口が大きく、丸底、鉄製という特徴を持ち、強い火力に適している。

◎縦にふる

炒めながら材料を混ぜ合わせることができる。材料が鍋に接する時間が短く、特に強火で炒める料理に向く。

炒め料理のほとんどがこのふり方である。ガス台の縁（五徳→28頁「鍋いろいろ」）に鍋底をのせて鍋の向こう側が低くなるように構え、手前に鍋を強く引く。これをくり返す。五徳に鍋がのり上げる力で材料は手前に移動し、鍋の傾斜で低い前方へもどっていく。ふたたび引くともどっていく力の反動で材料は簡単に裏返る。鍋をもどす時に材料を玉杓子で少し前に押してやる（→29頁）と返りやすい。米や麦などで練習するとよい。

◎横に動かす

鍋底が丸くなっている特徴を生かし、鍋を傾けることで材料や液体を鍋の中で動かして加熱する操作。

麺やビーフンなどに焼き色をつけたり、液体にとろみをつけたりする時に行う。手首を使って鍋を左右に傾けて中の材料を丸く動かす。鍋底が丸いので、反対側に傾けると動きはじめた勢いで材料は自転しながらスピードを加速して大きな円を描く。

・鍋の持ち方（鍋が熱いので、本来は固く絞ったぬれ布巾をあてて持つ）

◎片手鍋の場合

フライパンの握り方と同じ。手のひらを上に向けて握手する感覚で下から持つ。

◎四川鍋の場合

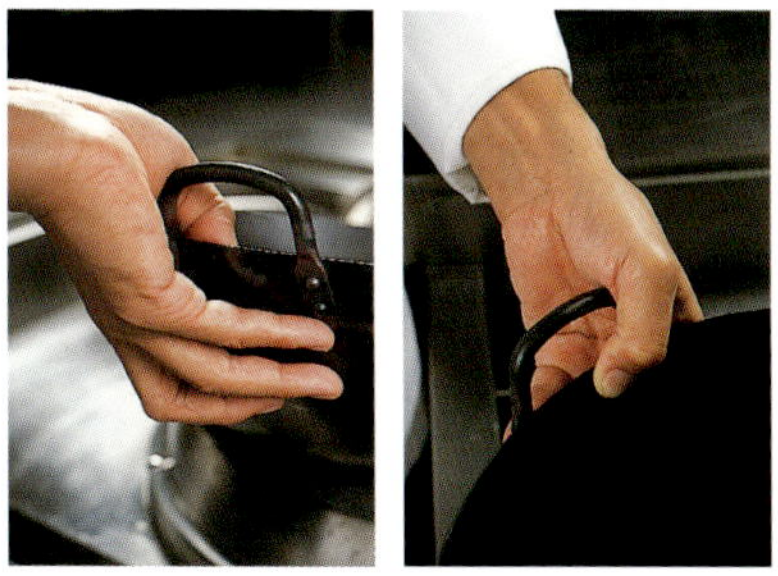

親指のつけ根を持ち手の左端角にひっかけるようにあて、鍋をはさむように持つ。人さし指から小指は鍋の裏側に沿わせて持つ。

◎広東鍋の場合

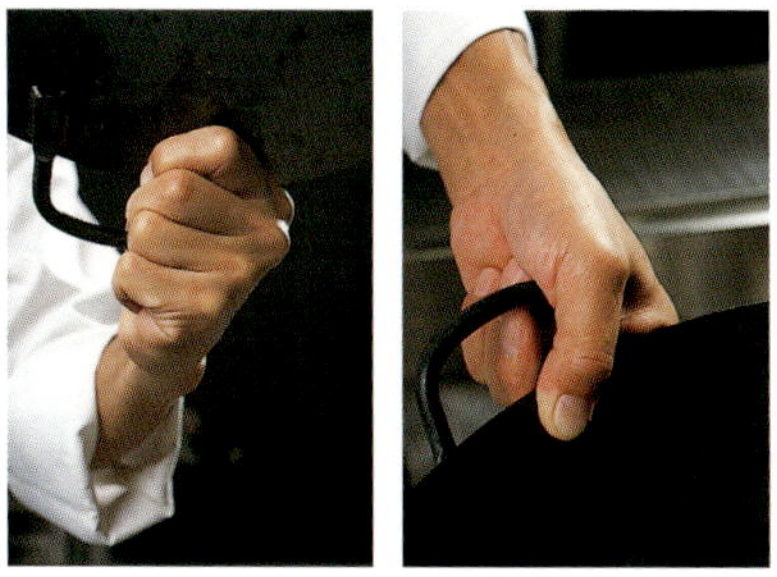

持ち手部分の左側を左手の親指と人さし指ではさみ、残りの指はしっかり握り込む。左手の人さし指の上に持ち手部分の左側がくるようにする。広東鍋と鉄ベラはセットで使われる。鍋が大きく浅くできているため鍋を持ち上げたり頻繁にふることは少なく、鉄ベラで混ぜながら仕上げることが多い。

・鍋いろいろ

中国の鍋は底が丸く火のあたる面が広いので、熱が平均してまわり、鍋肌が広く使える。

［片手鍋］

北京鍋とも呼ばれ、主に中国北方で使われる。柄があってフライパンと同じようにふるとよい。

［両手鍋］

炒めもの、揚げもの、セイロをのせる鍋として用いる。大きくて浅い広東鍋（上）と、少し小さくて深い四川鍋（下）がある。中国の鍋には五徳がつきもの。鍋をのせる輪形の器具で、鍋を安定させる以外に炎が丸い鍋底全体にあたる役割を果たす。

◎鍋の油をもどす時

たくさんの油が入った鍋を片手で持ち上げるのは容易ではない。両手鍋の場合は玉杓子を向かいの取っ手のつけ根にかけて押さえながら持ち上げると操作しやすい。

［基本の動作］

道具を使う

【杓子《シャオヅ》——玉杓子を操る】

鍋のパートナーたちだが、底の浅い広東鍋で材料を炒めるにはヘラ、液体の出し入れや材料を押すように炒めるには玉杓子、液体から材料をとりだして水気を切るにはザーレンというように役割分担がある。

◎玉杓子の持ち方

持ち方は包丁とほぼ同じだが、玉杓子に向かって真横から握り、人さし指は柄の上に自然に湾曲するようにのせる。指先が先端を指すようにすると扱いやすい。

◎計量する

必要量の液体を鍋に入れる。レードル同様、1杯あたりの容量を把握しておくと便利。

◎押しだす

崩れやすいものなどを混ぜる時に玉杓子の丸い面で押しだすようにして混ぜるといい。鍋底から焦げるので底をひっかくように押す。

◎まわし混ぜる

水溶き片栗粉や溶き卵などを多い液体の中に糸を引くように加える時、同じ場所に落ちてダマにならないように、丸い部分を鍋底につけたまままわし、液体を混ぜる。

◎ほぐす

ご飯や挽き肉の塊などを炒めほぐす時に行う操作。玉杓子の丸い面や縁で軽く叩くようにして使う。

【鍋鏟《グオチャン》――ヘラの使い方】

◎ヘラの持ち方

鍋をふりながら同時に使用することは少なく、動きが止まった材料を混ぜたり、返したりするため、力が入りやすいように柄の部分を握り込むようにして持つ。

◎材料を混ぜる

鍋をふると壊れやすい材料や多量の炒めものを混ぜる時に使う。調味料を入れた直後によく行う操作で、材料を底からすくって返しながら混ぜる。

◎ほぐす

麺やビーフン、細切りの材料を炒める時にヘラの角を使って解きほぐす時に用いる。写真はビーフンを炒めているところ。

◎切る

麺やビーフン、煎り焼き卵などを鍋の中で切り分ける時に用いる。写真は煎り焼き卵。

◎ひっくり返す

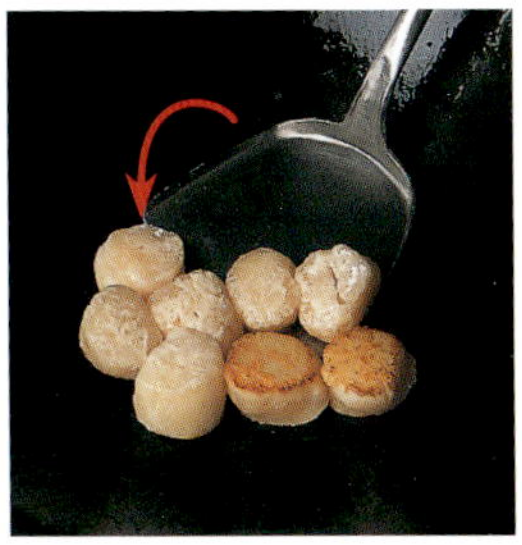

壊れやすい材料や、大きすぎたり小さすぎたりする材料を裏返す時に用いる。写真はホタテ貝の煎り焼き。

【ザーレンを使い分ける】

◎漏《ロウ》杓《シャオ》子《ヅ》【ザーレン】

◎鉄《ティエ》絲《スー》漏《ロウ》杓《シャオ》【網ザーレン】

ステンレスや鉄の鍋に穴があいた形状のものがザーレン(上)、竹の柄に金網をつけたのが網ザーレン(下)。

いずれも液体の中から一度に大量のものをすくい上げて、仕上がりを均一にすることができる。広東系の料理店では水用にザーレンを、油用に油切れがいい網ザーレンをと使い分けている。持ち方は片手鍋(→27頁)と同じ。

◎すくいだす

一度に大量のものをすくいだしたり、ザーレンにあけたりすることができるので、加熱具合が均一になる。揚げる場合は油切れがいい「網ザーレン」の方がよい。

◎材料を滑らせて鍋に入れる

壊れやすい材料は並べて、滑らせて入れる。この場合はひっかからない「ザーレン」がよい。写真はフカヒレの姿煮。

◎材料をあけて水気を切る

ゆがいた材料などをすくいだしたり、液体ごとこの上に返して水を切る。「ザーレン」、「網ザーレン」のどちらでも。

◎材料が焦げないように沈める

底に沈むものは焦げないようにザーレンに並べて入れる。この場合は滑りにくく油切れがよい「網ザーレン」が適している。

[基本の動作]

のばす

中国料理の場合、団子やパオズの生地をのばす時に麺棒を使ってのばすだけではなく、手で碗形にのばす手法もある。

・麺棒いろいろ

生地をのばすのに用いる。長さ、太さの異なるものや両端が尖ったものなどがあり、用途により、使い分ける。

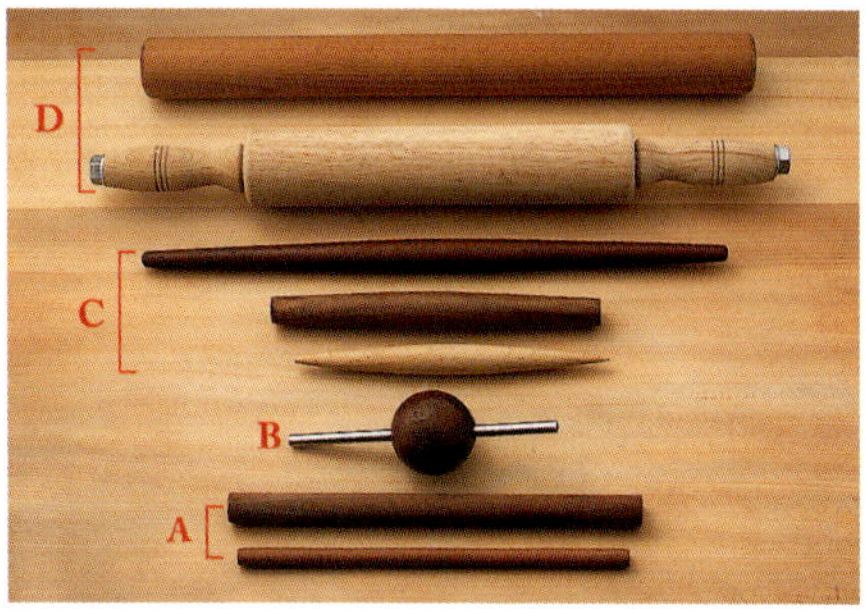

A
擀麺杖《ガンミエンヂャン》【細い麺棒】
餃子、パオズなど小型の皮をのばす時によく用いる。大小種類は多い。

B
走槌《ゾウチュイ》【ローラー】
まん中の球に穴があき、細い棒を刺した形。皮の周囲にフリルをつけるのに用いる。

C
橄欖杖《ガンランヂャン》【両端が細くなった紡錘形の麺棒】
中央の太い部分を支点に「てこ」の要領で左右に傾けながら麺棒を前に回転させて生地をのばす。皮の周囲にフリルをつけるのに用いる。

D
酥槌《スウチュイ》【大きな麺棒】
大きな生地をのばしたり、パイ生地を折ったりする時に用いる。中央部分が回転するようにできているものもある。

◎のばす前に
——生地を分割する時

1 生地を転がしながら外側に引っ張る感覚で棒状にのばす。真下に同じ力で押さえるようにして均一の太さにする。滑って転がしにくいので、打ち粉はしない。

▼

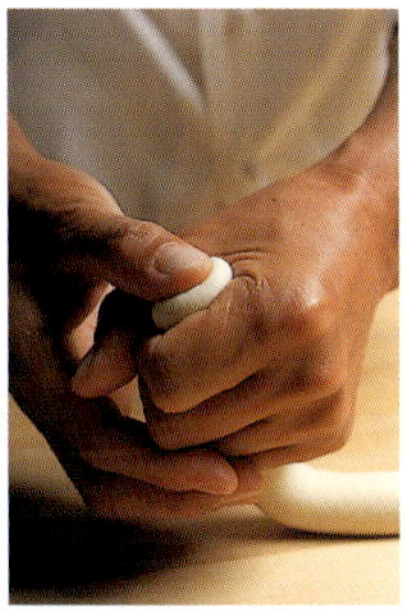

2 棒状にしたものの両端が細くなりやすいので、指で押さえて均一の太さにする。

▼

3 2に打ち粉をし、点心用包丁やカードで同じ大きさに切り分ける。
＊柔らかい生地は切り口が変形するため、指ではさんで切るとよい。

▼

4 麺台に薄く打ち粉をし、断面を上にしておき、上からも薄く打ち粉をし、手のひらで押さえて平らな円形にする。こうすると丸くのばしやすくなる。

・のばし方いろいろ

◎手のひらでのばす
——ゴマ団子など

1 まず生地を両手のひらで押しつぶして練り直す。こうすると生地にヒビ割れができにくい。団子状に丸めてから手のひらで押さえて平らにする。

▼

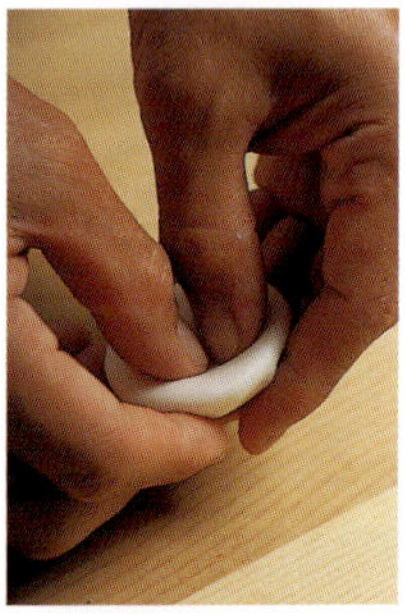

2 両方の親指をつけたままにし、残りの指はそろえて裏にあてる。生地をそろえた指で親指へ引き寄せながら時計まわりに動かす。

▼

3 碗形になったら親指と親指の角度は変えず立てたまま、指と指の間を少しずつ離してのばしていくと口径が広がる。餡が入りやすい碗状になっている。

◎餃子、パオズの皮をのばす

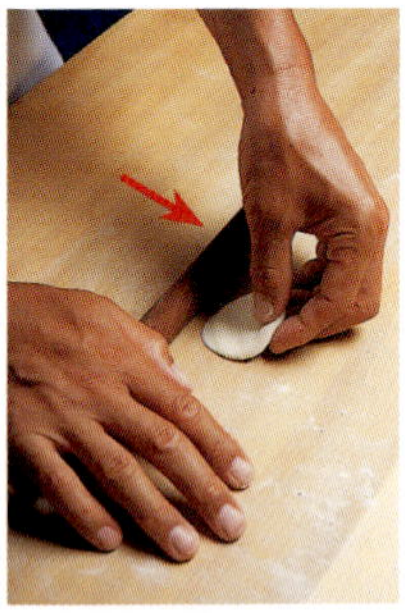

1 つぶした生地を打ち粉をした麺台におき、左手で10時くらいの位置を持つ。麺棒を生地の中心に向かって中心に達する少し手前まで転がす。転がす時に力を加える。

▼

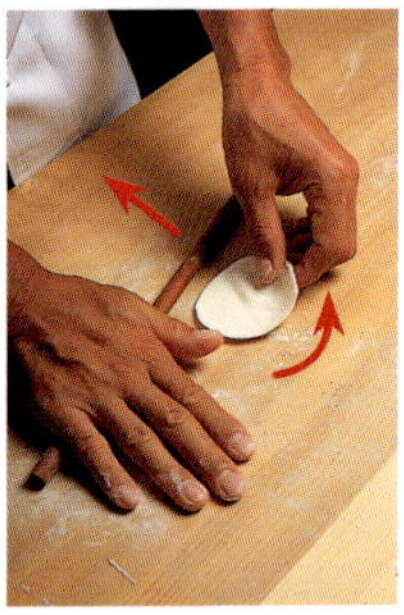

2 麺棒を手前にもどし、生地を左にまわす。もどる時は力を加えないこと。生地に力が加わるとその部分だけがのびて全体が丸くならない。1～2をくり返す。

【麺棒の動かし方】

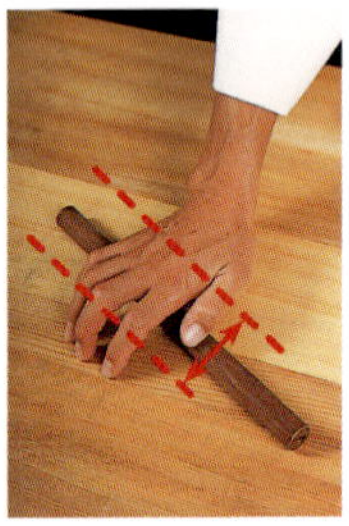

麺棒は体と平行におき、指を軽く曲げて指先の腹が麺台に軽くあたるようにのせる。真上から重心をかけて指の第二関節と手のひらのつけ根の間で麺棒を転がす。

・失敗例

「手のひらでのばす」

Q1 碗形にならなかった（手前）
のばす時に親指が離れていたから

A1 碗形になる前に親指どうしが離れるか、親指と親指の角度が大きくなると皮の口径が大きくなり、深い碗状にはならない。親指は爪と爪がついた状態でそろえてまっすぐに立て、最初は離さないこと。

「餃子、パオズの皮をのばす」

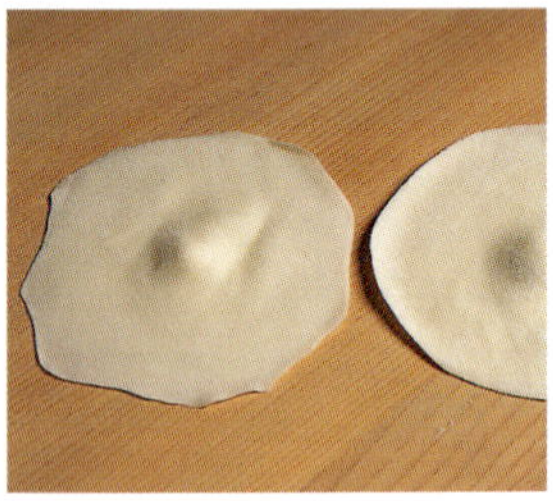

Q2 丸くならず、いびつな形になる
力の入れ方がまちがっている

A2 もどる時に力が加わるとその部分だけがのびた形になりやすい。麺棒は前方に押すのではなく、たえず真上から力を加えながら転がすと均一にのびる。また麺棒を生地の中心より先へ転がすときれいな円形にはなりにくい。右はよい例。

◎皮を大きく均一にのばす

1「餃子、パオズの皮をのばす」(→右頁)の1～2を参照して生地を直径6～7cmにのばす。

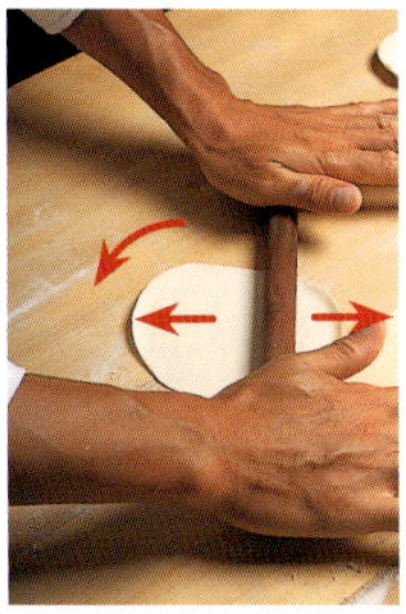

2 麺棒を両手で転がしながら左右の手に交互に少しずつ力をかけ(右手は押しだす時、左手は引く時)、生地を回転させながら均一の厚さになるようさらに大きくのばす。

3 奥はのばす前に手でつぶしたもの、手前ができ上がり。

◎周囲にフリルをつけて焼売の皮をのばす

1 たっぷり打ち粉をしたところに、分割して押さえて平らにした生地をおく。両端が細くなった紡錘形の麺棒を使う。

2 右手の親指で麺棒を押さえ、左手で麺棒をシーソーのように上下に動かすと生地が回転する。右回転するように麺棒を少し前に押しだしながら転がす。

3 麺棒を押しだした時にフリルができる。皮を右回転させながら全体にフリルをつける。

4 ハケで打ち粉を払う。

◎パイ生地をのばす

1 太い麺棒を使って生地を叩いて表面も中ものばしやすい同じ柔らかさにする。油酥(→190頁)が出ないように生地の両端を麺棒で押して溝をつけ、密着させる。

2 中央から麺棒を前後に動かし、前後の端を少し残してのばす(端までのばすとそこだけ薄くなる)。そのあと、前後の厚くなっている端を左右から内側に向けてのばす。

3 必要な厚さにのばしてから抜き型で抜く。

◎点心包丁でのばす
――浮き粉の生地の場合

1 油を染み込ませた布巾に点心包丁の腹を押しあて薄く油をつける。

▼

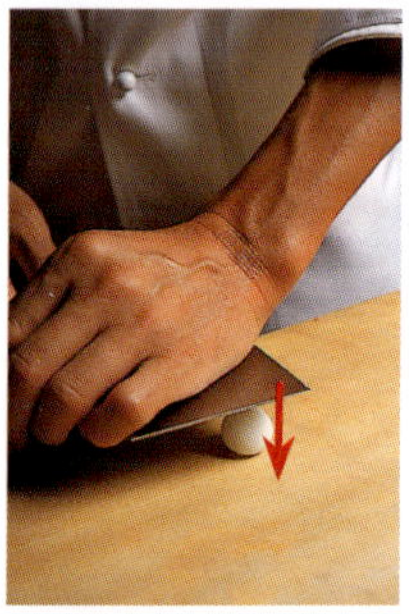

2 生地を練る。生地の表面が乾燥しはじめるとのばした皮の周囲にヒビ割れができるので、まず練ってから作業する。丸めて包丁の腹で押さえてのばす。

▼

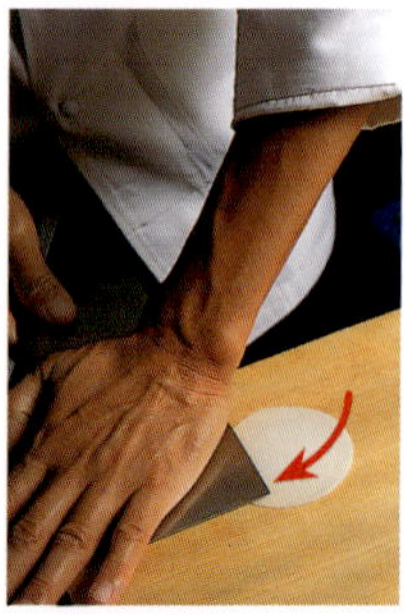

3 そのまま包丁の腹に左手をあて体重をかけて左から右に包丁を弧を描くように動かしながら薄くのばす。左手で軽く誘導して包丁を動かす。

▼

4 包丁を生地の下にさし入れ、削りとる感覚で一気に包丁を動かして生地を麺台からはがす。

［ポイント］
浮き粉の生地は冷めるとのびないので、ビニール袋に入れてのばす分だけ出す。包丁の柄があたると動かしづらいので麺台の端を使って生地をのばす。

◎月餅の皮をのばす

打ち粉をして手のひらで押さえながらのばす。または点心包丁を生地の上にのせ、左手で包丁を押さえながら、包丁の柄を上下に小刻みに震動させてのばす。のびる生地なので包丁を左右に動かす必要はない。包丁で麺台から削りとる。

・失敗例
［点心包丁でのばす――エビ餃子の皮］

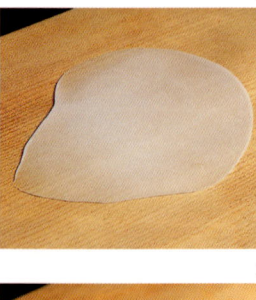

A

B

Q1 右端だけが薄くなってしまった（写真A）

A1 包丁が生地の外へはずれてしまったから

「点心包丁でのばす」の3のように包丁の位置は生地からはずれないようにする。はずれると包丁で角をつぶして端だけ薄くなってしまう。

Q2 のばした生地の右端が厚くなってしまった（写真B）

A2 包丁が麺台と平行になっていないから

包丁の峰が浮きすぎて、生地を右に寄せてしまったため。包丁は麺台と平行にすること。左手で包丁を押さえながら斜め前に押しだすようにしてのばすとよい。

下準備と仕上げ

下準備
下加熱
仕上げ

［下準備と仕上げ］

下準備

材料を下処理して準備し、一気に仕上げるのが中国料理の特徴。単一の材料だけでつくることはまれで、食感、季節、栄養、色合い、相性などを考えて組み合わせを考えるため、乾物をもどす、材料を洗う、ゆでるなど下準備もさまざまである。

◎炙《ヂー》鍋《グオ》【鍋ならし】

中国料理ならではの作業で、鍋に油膜をつける作業。油の膜をつくることで材料が焦げつきにくくなる。「油ならし」ともいう。

鍋を強火で熱して鍋底の色が変わって煙が出てきたら、多めの冷たい油を一気に入れて鍋肌全体に広げる。油の膜をつくり、必要な量の油を残して油を返す。くっつきやすい材料の場合は二度行うこともある。

＊基本的にスープ料理以外は鍋ならしをする。

【油の量は多めに】

熱した鍋に入れる油の量が少ないと、焦げたり炎が出たりして焼け焦げたにおいが鍋につく。鍋をきれいに水洗いしてふたたび鍋ならしをすると手間もかかる。油は多めにすること。

◎刀《タオ》工《コン》【材料を切りそろえる】

火の通りを同じにするために大きさをそろえて切ることが大切である。

和えもの、炒めもの用は小さく、煮込み、揚げもの用は大きく切りそろえるのが基本。

◎除去水分《チュウチュイシュエイフェン》【水を切る】

（鮮度を保つために野菜を）水に浸けたり、下ゆでしたり（あるいは塩分を抜くために漬けもの類を水に浸けたり）と下処理で材料についた水分はしっかり除かないと、味つけが薄くなったり加熱温度を下げたりと調理に影響する。

タオルでしっかりとふいて水分を除去する。漬けものなど崩れにくいものは手で絞ってもよい。水に浸けたもの、ゆでたものはザルや網ザーレンにあけて水気を切ることもある。

◎上漿《シャンヂャン》【下味をつける】

生の肉や魚介類に香辛料、調味料などで薄い味や香りをつけると同時に、材料のクセをやわらげ、食感をよくするのが目的。野菜には行わない。デンプンを加える方法を「上漿」、デンプンを加えない方法を「醃（イェン）」という。

・加える順番

1 調味料で味をつける

味を含ませ、香りや旨みを増す役割。色をつけずに仕上げたい白い材料の場合は醤油を用いない。固い肉類を柔らかくするために重曹、ベーキングパウダー、食肉軟化酵素などを加えることがあるが、入れすぎると苦味や肉本来の味を失う。

↓

2 卵を加える

数回に分けて加えながら混ぜる。卵を十分吸収させたあとデンプンを加えた時、糊ができる程度の卵が底に残るようにする。味に丸みをつけ、肉を柔らかくする役割。薄い衣としても。一般に全卵を用いるが、色をつけたくない時は卵白を。肉質が緻密で液体を吸収しにくいレバー、イカなどには加えないこともある。

↓

3 デンプンを加えて膜をつくる

片栗粉、コーンスターチなどは液体（卵、調味液）を吸収し、材料の表面に薄い膜をつくる。加熱すると膜は衣状になり、味の流出を防ぎ、滑らかな舌触りとなる。

↓

4 油を加える

植物油を加えて軽く混ぜ合わせ、材料の表面を覆う。材料が空気にふれて乾燥したり、卵とデンプンで固くしまるのを防ぐ。また油通しした時にほぐれやすくなる。ただし加えてから混ぜすぎると、デンプンが油を吸収して肉がほぐれにくくなる。

【材料による調味料の選択】

A：白い材料（ササミ、ホタテ貝、イカ、エビ、白身魚など）
B：肉類（赤身）
C：レバー、砂肝など液体を吸収しにくいもの

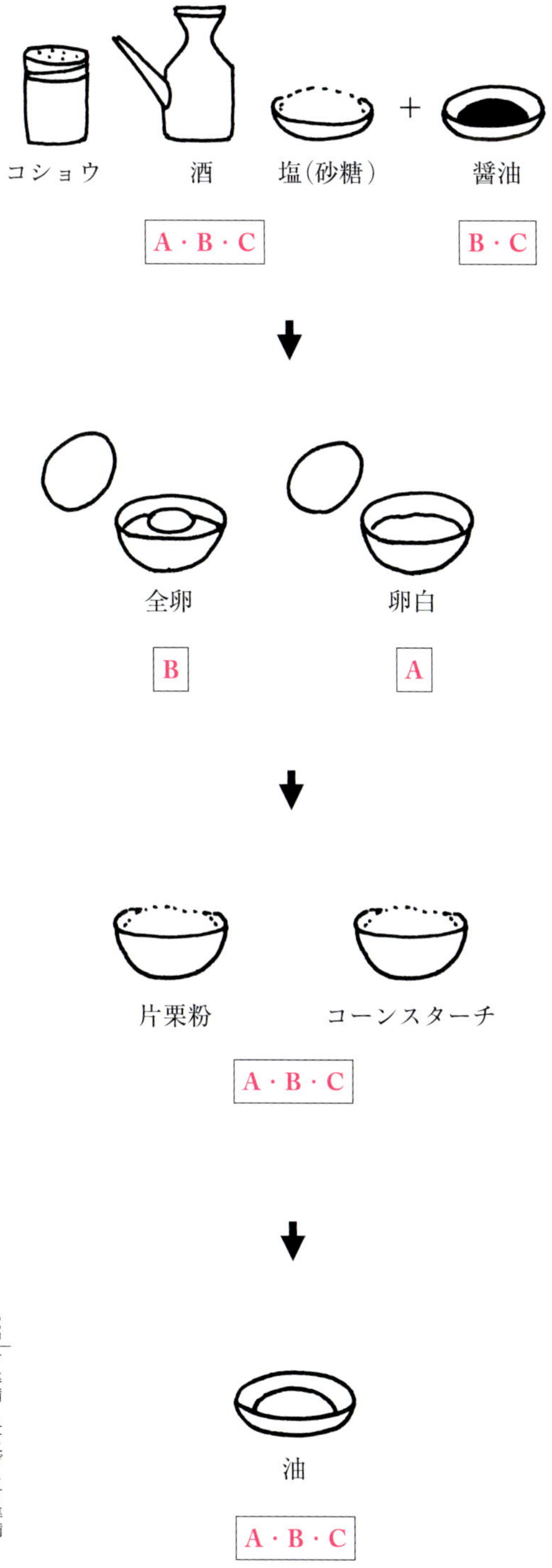

・失敗例［下味をつける］

［牛肉］

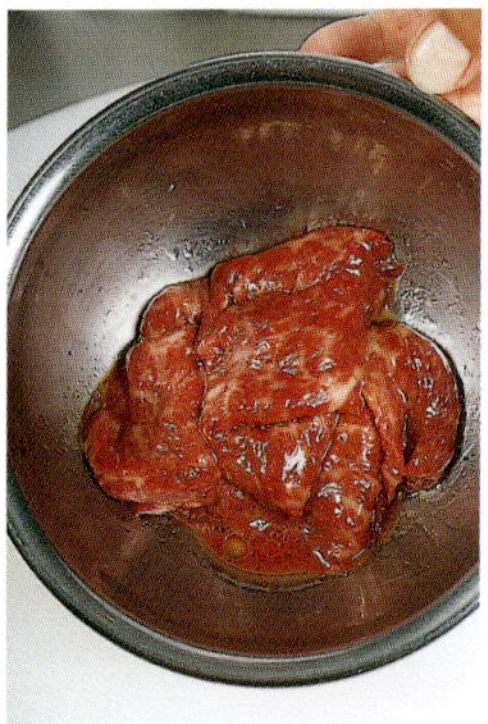

Q1 時間がたったら肉汁がたくさん出ていた

A1 下味のデンプンの量が少なかったため

デンプンが少ないために肉の表面に壁（皮膜）ができず、吸い込んだ調味料や卵が外に出てきたから。加えるデンプンの量は、混ぜた時にボウルの底に指の線が残る程度を目安にするとよい。

［ホタテ貝］

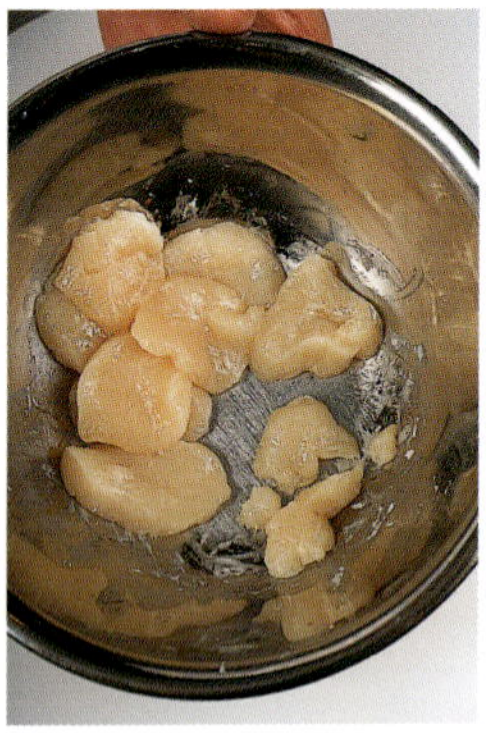

Q2 ホタテ貝の薄切りに下味をつけていたら崩れてしまった

A2 調味料を入れた時に混ぜすぎたから

ホタテ貝、ササミなどは肉質が柔らかいので、豚や牛肉のように調味料を入れながら混ぜると身が崩れる。調味料を合わせた中に入れてやさしく混ぜたあと、片栗粉、油を加える。液体を多めにして、混ぜる回数を少なくすることがポイント。

◎材料をセットする

レストランの厨房では、オーダーが入るとその料理に使う材料をそろえる。決められた分量を確認し、調理しやすいように並べることが大切だ。

加熱前に、下処理した材料を調理しやすくセットする。材料を見て調理工程を確認しながらスムーズに調理でき、入れ忘れも防げる。湯通し、油通しの材料、炒めるものなどを大きくまとめ、鍋に投入する順に並べることでスピーディに料理をつくる準備が整う。

◎碗《ワン》献《シェン》【合わせ調味料】

短時間で仕上げる炒めものは、調味料や香味野菜、香辛料などをあらかじめ合わせておくことが多い。メリットは味の確認ができて手早く調理できるということ。一方、複雑な味や香りを出すことはむずかしい。水溶き片栗粉を加える場合と加えない場合がある。

・合わせる順番

基本的に次の順に入れる。

主となる調味料（たとえば甘酢は砂糖、酢）を先に合わせて味のバランスをとってから、ほかの調味料を加えるようにするとよい。

基本的に味噌類は一緒に合わせず、直接鍋に入れて香ばしさを出す。

1 粉系調味料（砂糖、塩など）
2 無色の液体（酢、酒など）
3 色のついた液体（醤油、オイスターソースなど）
4 スープ
5 デンプン（水溶き片栗粉など）

［下準備と仕上げ］

下加熱

下加熱には湯通し、油通しがある。
下加熱の目的には材料に火を通して本加熱の時間を短縮するほか、アクをとる、味を含みやすくする、香りをつける、煮崩れを防ぐなどがある。

【湯通し】

一般に固さの異なる野菜類に6〜7割火を通す工程をいい、仕上げの加熱時間を一様に短縮するのが目的。下味を含ませるためにスープで下煮することも多い。また、アクをとり、色を鮮やかにする効果もある。広東料理では熱湯に生姜酒（→268頁）を入れてクセをやわらげる。油通しと併用する場合も多い。

◎焯水《チャオシュエイ》【熱湯でゆでる】

熱湯に入れて6〜7割火を通す。青い野菜は色を飛ばさず、歯ごたえ、栄養分を保つために沸いている湯でさっとゆでるのが基本。根茎類も小さく切った場合は、湯からゆでる。

◎煨《ワイ》（広東語）【スープで下煮する】

沸いたスープに入れて6〜7割火を通す。味を含みにくい野菜はスープで下煮して、味を含ませてから炒める。アブラナ、ブロッコリー、下ゆでした根茎菜（ニンジン、タケノコ、ゆり根など）に用いる。

【泡《パオ》油《ヨウ》、過《グオ》油《ヨウ》〈油通し〉】

デンプンを含む下味をつけた肉類や魚介類、野菜類にも行う。固さの異なる材料に6〜7割火を通すことで、本加熱（とその余熱）で調理後に均一な仕上がりになる。肉はジューシーに、野菜は水分を飛ばす感覚で。とりだす直前に油の温度を少し高めると油切れがよくなる。

◎野菜の油通し

1 材料が泳ぐくらいの油に材料を入れる。野菜の場合、一般に材料を入れる時の油の温度は150〜160℃程度。

▼

2 気泡が出てきたらすぐにとりだす。火を通しすぎると本加熱で砕けたりするので注意。下加熱することで水分が抜けて味が含みやすくなる。

▼

3 油っぽくなるのが気になるようなら、野菜はとりだしてから湯をかけて油分を流すとよい。油通しのあと、下煮用スープで煮る場合もある（→63頁「野菜の炒め方」）。

◎ 肉類の油通し

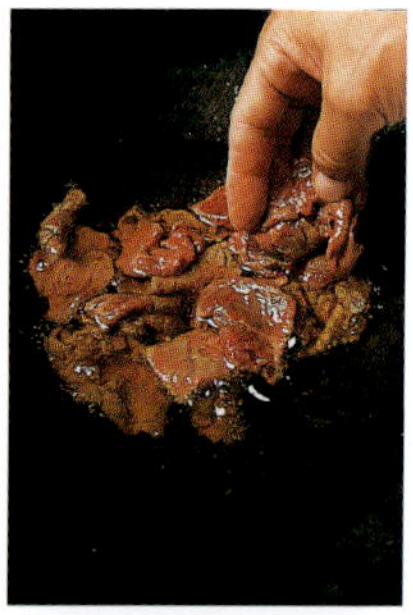

1 材料が泳ぐくらいの油に材料を入れる。一般的に小さな泡が出たら（約110℃）材料を入れ、徐々に温度を上げる。魚介類は固くなるので低温で。

▼

2 白くなりはじめたら軽く混ぜてほぐす。色が変わらないうちにほぐすと、下味で混ぜた卵とデンプンの衣がはがれ、変わり切ってからだと団子状にくっつく。

▼

3 炒め料理の場合は色が変わり切って6〜7割くらい火が通ったところでとりだす。低温で油通しすることで材料の水分が逃げず、柔らかくジューシーに仕上がる。

・失敗例［肉類の油通し］

A

B

Q1 肉が団子状になってしまった（写真A）

A1 下味に加えたデンプンが多かったから

デンプンに熱が入り、強い糊状となり肉が離れにくくなったからと考えられる。下味の卵（液体）が多いとデンプンを入れすぎがちになる。また、油通しの温度が高すぎること、ほぐす前に肉が固まってしまったことも原因となる。

Q2 肉の表面が滑らかにならなかった（写真B）

A2 下味のデンプンが少なかったから

下味のデンプンが少なくて肉の表面に膜ができなかったためか、肉の表面の色が変わらないうちに強い力で肉を混ぜて衣がはがれてしまったことなどが考えられる。また、下味つけのデンプンを加えてすぐに油通しをした場合も同じ状態になることがある。

【広東料理のテクニック──下煮】

多量の炒めものをつくる場合、主材料、副材料を油通しして炒めるとどうしても油っこい仕上がりとなる。また、下味のついた主材料とつかない副材料を適度な味にまとめることもむずしい。そのため副材料はあらかじめ味のついたスープで下煮し、下味をつけて使う。広東料理のテクニックの一つである。

［下準備と仕上げ］

仕上げ

中国料理には、調理の最後にとろみをつけたり、香りを引き立てたりする独自の手法がある。

【とろみをつける】

スープ料理、炒めもの、煮込み、あんかけなど液体にとろみがつくと、材料に煮汁や調味料がからんでまとまり、滑らかな口あたりで、つややかで冷めにくい仕上がりになる。

・とろみのつけ方いろいろ

◎煮詰める

●「スペアリブの甘酢煮込み」

肉、魚に含まれているコラーゲンや砂糖などが煮詰まってとろみがつく。

◎水溶き片栗粉を加える

●「マーボー豆腐」（→101頁）

炒めもの、煮込みの仕上げに水溶き片栗粉を加えて「糊化」（→43頁）させてとろみをつける。「勾芡（ゴウチェン）」という操作。

◎油を加えて乳化させる

●「煮込み麺」

ネギ油、ピーナッツ油などを加えると、水分と乳化してとろみがつく。乳化とは油脂と水分が混ざった状態。

・水溶き片栗粉の加え方――いずれも熱したところに入れる

◎壊れにくいもの

●「エビのチリソース煮込み」

熱したところに水溶き片栗粉を入れて玉杓子で混ぜ合わせる。

◎壊れやすいもの

●「豆腐とエビの煮込み」

鍋をゆすりながら水溶き片栗粉を糸をたらすように入れる。

◎大量のスープなど

ヘラでスープをかき混ぜながら、玉杓子で水溶き片栗粉を加える。写真はフカヒレのスープ。

【デンプンによる違い】

一般に料理に用いるデンプンは、主に片栗粉である。片栗粉は加熱すると透明度が出てしっかりとろみがつくが、温度が下がると急激に粘度が落ちる。また、コーンスターチを用いることもある。透明感に欠け、粘りは弱いが、冷めても粘度が落ちにくい。

・水溶き片栗粉と沈殿片栗粉の扱い方

◎水溶き片栗粉

片栗粉と水の割合は1対1が基本である。とろみをつけるのに用いる。

［つまみ方］

1 下に沈殿した片栗粉を親指、人さし指、中指で一定量つまむ。

▼

2 素早くそのまま持ち上げて水ごと玉杓子などにとりだす。

◎沈殿片栗粉

水溶き片栗粉の上澄み液を捨てたもの。高級スープの場合、スープで溶いてから混ぜると味が薄くなりにくい。肉団子などのつなぎとしてや、から揚げなどの材料にからめると片栗粉だけの場合よりしっとりとからみつき、仕上がりに粉気を感じさせない。

［使い方］

1 固いので、スプーンなどでとる。

▼

2 材料に加えると材料の水分で流れてからまる。

・失敗例［水溶き片栗粉］

Q1 水溶き片栗粉を加えたらダマができてしまった

A1 入れてすぐ混ぜなかったから

鍋の中の液体に片栗粉が均一に広がる前に、糊状に固まってしまったため。濃度の高い水溶き片栗粉を使ったり、同じ場所にまとめて入れたりするとダマになりやすい。また、濃度がついてきたところに追加すると広がりにくいため、ダマになりやすい。少量ずつ入れてすぐ混ぜるとよい。

Q2 スープが粉っぽく、濁ってしまった

A2 鍋の中の液体の温度が低かったから

温度が低いと水溶き片栗粉は糊状（糊化→左頁）にとろみがつかない。また、片栗粉に火が通っていないので、でき上がった料理に粉気が残ったり、濁ったりする。水溶き片栗粉を入れたあとは、必ず沸騰させること。また、沸騰させないと濃度のつき具合も確認できない。

ひと口メモ

糊化《こか》——「とろみ」の正体

生のデンプンは「アミロース」と「アミロペクチン」という2種類の成分が規則正しく並んでいて水を寄せつけない。この組織を「ミセル構造」という。水を加えて加熱するとミセル構造がゆるんで水を吸って膨らみ、糊状になって溶液の粘度が高くなる。この現象を「糊化」という。「デンプンによるとろみ」の正体は糊化による。片栗粉は60～65℃で糊化がはじまり、トウモロコシ、小麦は85～95℃である。時間をおき、糊化したデンプンの特性が失われていく現象を「老化」という。

【仕上げの調味料と香り油】

調味料やネギ油などの香り油は、料理の仕上げに入れることによって際立った香りや風味、コクやつやを加えることができる。

・仕上げ調味料の使い分け

◎酢を使う

酸味や香りをつける。調味料の角をとり、味に丸みをつける役割も果たす。写真は魚の辛味煮込み。

◎醤油を加える

料理のすぐ脇の鍋肌に入れて焦がし、旨みと香りをつける。すぐに焦げるので料理から離れたところには入れないこと。チャーハンなどによく使われている。

◎酒を加える

旨みと香りをつける。写真は蟹とハルサメの土鍋煮込み。

◎香り油を加える

鍋肌から入れて風味、コクをつける。とろみのついた液体と鍋底の間に油が入り、焦げにくくなる。写真はフカヒレの姿煮込み。

・香り油いろいろ

香り油は植物油や熱で溶かした動物の脂に辛味、香りなどを移した調合油。

主に料理の仕上げに用いて色、香り、味、つや、滑らかさを加える。

中国料理をおいしくする仕上げ方として香味野菜や香辛料などの風味を含んだ香り油の役割は高い。

油を上手に使うことが大切である。香り油のつくり方は↓267頁。

ピーナッツ油　中国山椒油　ゴマ油　ネギ油　ラー油　鶏油

◎花《ホワ》生《ション》油《ヨウ》【ピーナッツ油】

ピーナッツを生のまま、あるいは焙煎してから搾った油。風味、香りがよく、広東料理でよく使われる。
▼［使用例］魚の蒸しもの 広東風（↓90頁）

◎花《ホワ》椒《ヂャオ》油《ヨウ》【中国山椒油】

花椒（中国山椒↓263頁）の香りやしびれるような味を移した油。
▼［使用例］牛肉のパリパリ揚げ 四川風（↓215頁）

◎麻《マー》油《ヨウ》【ゴマ油】

ゴマを生のまま、あるいは焙煎してから搾った油。色と香りは、焙煎の程度によって決まるため、生のゴマを使ったものは無臭で透明に近い。焙煎の深いものは香りが強く、料理の仕上げに使うことが多いが、材料本来の持ち味や香りを損なうおそれもあるため、使う料理や量にも気を使いたい。
▼［使用例］ワタリ蟹のXO醤煮込み（↓99頁）、ジャージャン麺（↓227頁）、カキのあんかけ焼きそば（↓231頁）

◎葱《ツォン》油《ヨウ》【ネギ油】

ネギ、玉ネギの風味を移した油。ラードでつくるとコクがあり、冷蔵庫で冷やすとしまって扱いやすくなるため点心の餡によく用いる。
▼［使用例］エビ餃子（餡↓165頁）、塩漬け魚と豚肩ロースの蒸しご飯（↓251頁）、ハスの葉包み蒸しご飯（↓252頁）

◎葱《ツォン》姜《ヂャン》油《ヨウ》【ネギ生姜油】

溶けた状態のネギ油とほぼ同じ色（↓上の写真）。ネギ、玉ネギ、生姜の風味を移した植物油。冷めても固まることがなく、前菜類によく使用する。
▼［使用例］ゆで鶏の辛味前菜（↓96頁）、エビとササミの辛味ソース和え（↓97頁）、野菜の和えもの 魚香風味（↓108頁）、鴨とクラゲの和えもの（↓109頁）、

◎辣《ラー》油《ヨウ》、辣《ラー》椒《ヂャオ》油《ヨウ》【ラー油】

唐辛子の辛味と香辛料の香りを移した油。酸味のある料理や濃厚な味の料理、ゼラチン質を多く含んだもの、餃子などに合う。
▼［使用例］ワンタンと卵豆腐のスープ（↓51頁）、イカのサテソース和え（↓107頁）、タンタンメン（↓226、227頁）

◎鶏《ヂィ》油《ヨウ》【鶏油】

鶏の脂肪を溶かした上澄み。塩味の炒めもの、煮込みなどによく合う。
▼［使用例］トウモロコシのスープ（↓52頁）

基本の調理

吊湯《ティヤオタン》——スープをとる

煎《ヂェン》——煎り焼く

炒《チャオ》——炒める

炸《ヂャー》——揚げる

焼《シャオ》烤《カオ》——焼く

蒸《チョン》——蒸す

煮《ヂュウ》——ゆでる

焼《シャオ》——煮込む

拌《パン》——和える

抜《パー》絲《スー》——飴がらめ

凍《トン》——固める

［調理：スープをとる］

吊湯《ティヤオ タン》

中国では各地方あるいはレストランによって特徴あるスープがとられている。植物性スープもあるが、たいていの料理では動物性スープが用いられる。主材料は鶏肉、豚肉で、ほかに鶏ガラ、豚骨、牛肉、アヒル、魚なども使われる。旨みを増すために複数の材料を組み合わせてとることが多い。ちなみに植物性スープの材料は大豆モヤシ、干し椎茸、昆布など。精進料理に使われる。

・スープ材料と下処理

コクと風味を高めるために高価な中国ハムを加えたスープもあるが、スープに使う材料は、基本的には安価な部位が望ましい。その旨みを十分に引きだすために新鮮なものを選び、ゆでてアクを除くなどの下処理が必要だ。

◎ひね鶏【メン丸】

——卵を産まなくなったメスの鶏。安価。十分に運動しているので脂肪が落ち、かつ肉にしっかり味がある

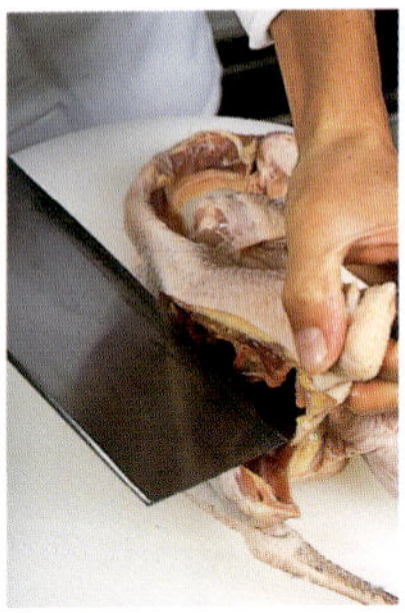

1 肛門から腹側に包丁で15㎝ほど切り込みを入れ、内臓をつかみだして除く。背骨の下側に沿って尾側から包丁を入れて開く。

▼

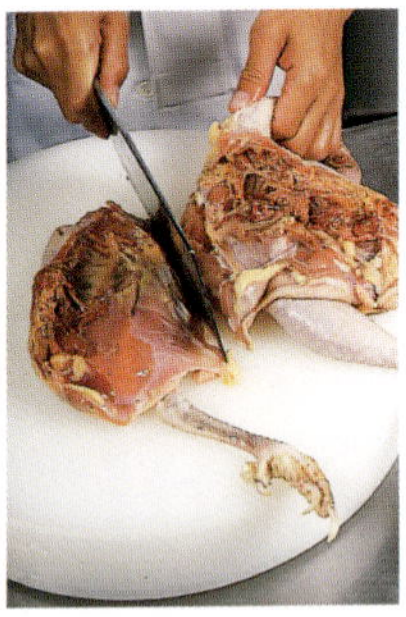

2 開いたら腹側中央に縦に包丁を入れて切り離し、半割りにする。

▼

3 首を切り落とし、爪を切る。足先は「モミジ」という（→下記）。半身を縦に叩き切ってから適当な大きさに叩き切る。

▼

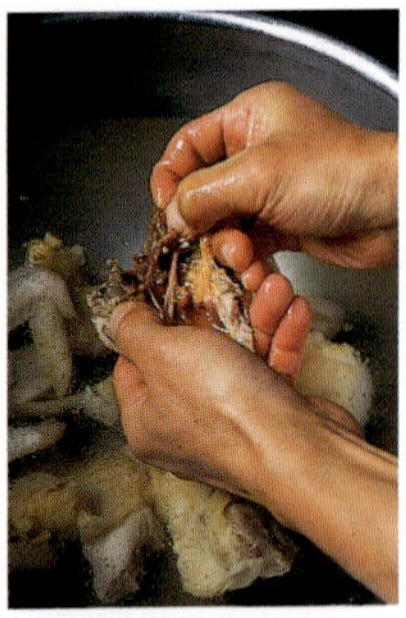

4 ひたひたの湯を沸騰させて3を入れ、ひと沸きさせてアクが出たらザーレンですくいだして水に落とす。水洗いし、残っている内臓や脂肪をとり除く。

◎モミジ【鶏の足先】

脂肪、ゼラチンが多くコクがある

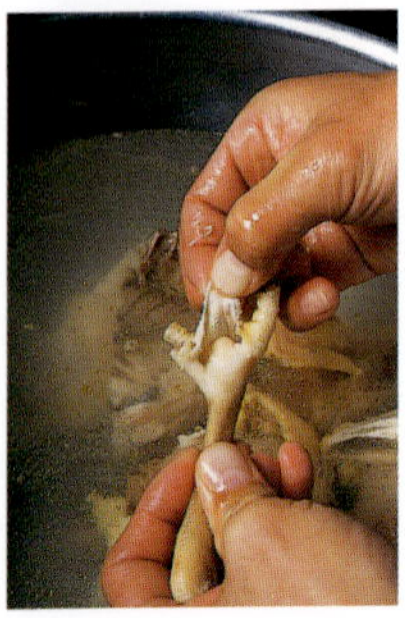

ゆでたモミジは皮をとる。脂肪、ゼラチンが多くコクは出るが、スープが濁りやすい。白湯《パイタン》（→48頁）には多めに入れるとおいしくなる。

◎鶏ガラ

——肉をとったあとのもの。毛湯《マオタン》、二湯《アルタン》（→48、49頁）に用いる安価な材料。骨とついている肉を使う

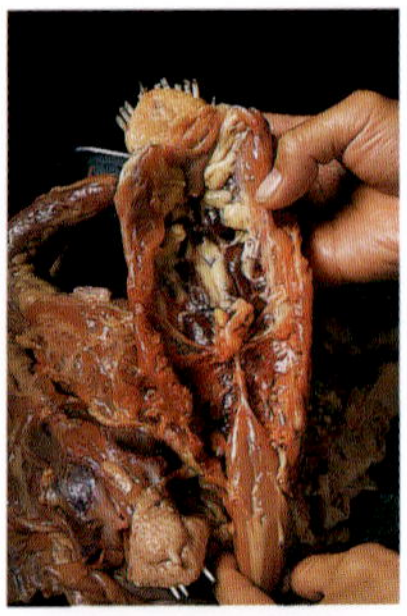

1 生の状態の鶏ガラ。あばら骨の内側に肺、脾臓、肝臓などがついている。

▼

2 沸騰している湯に入れる。ひと沸きさせてアクが出たらザーレンですくいだし、水に落とす。水洗いする。

▼

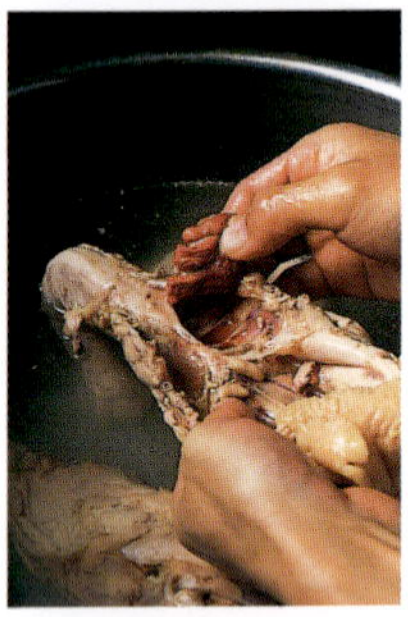

3 赤い丸いのが肺。指を入れて引っ張りだし、とり除く。

▼

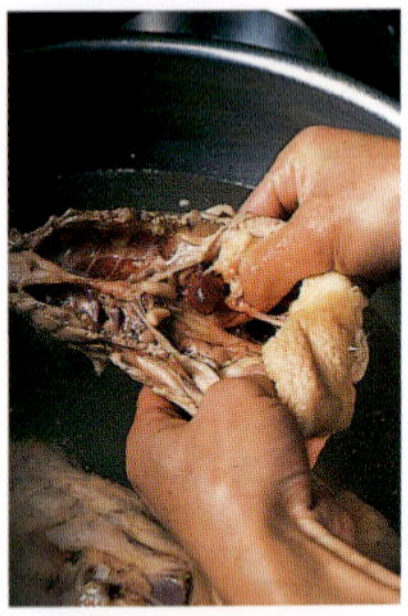

4 腰の骨のあたりについている内臓を指でこそげとる。尾の手前付近にある脂肪も除く。

▼

5 そうじする前のもの（右）とそうじしたもの（左）。

◎豚足——ゼラチン、脂肪が多いのでコクが出る。白湯《パイタン》（→48頁）の主材料

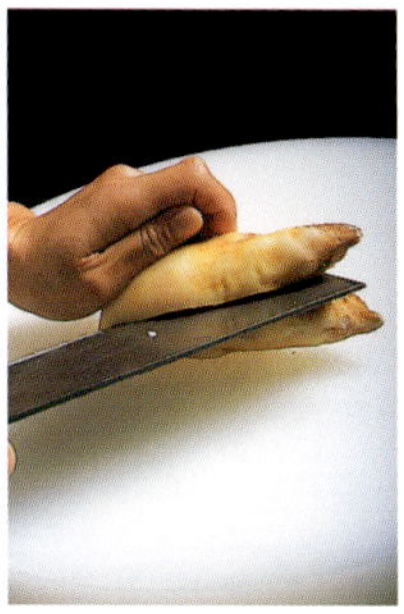

1 ひづめの間に包丁を入れて、のこぎりで切るように押し引き切りにする。

2 最後に持つところがなくなれば、豚足ごと包丁を持ち上げてまな板に叩きつけ、半分に叩き切る。

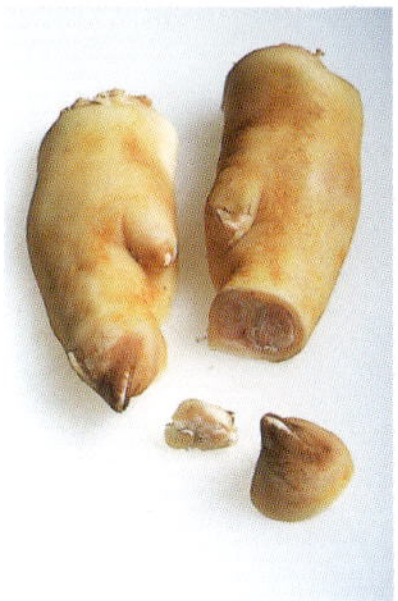

3 爪はくさみがあるので叩き切る。熱湯でゆでてアクを出し、タワシで表面の汚れをこすりとり、水洗いする。

・スープのとり方

◎旨みを引きだす——数ヵ所がフツフツと沸く程度の火で

1 鍋に湯を沸かし、材料を入れる。強火のまま加熱する。アクが出はじめて湯が濁ってくる。
＊水から煮はじめると沸くのに時間がかかるので湯を使う。

2 蓋をせずに煮て十分にアクを出す。アクは少しずつとると濁るのでまとめてとる。とったら火を弱め、数ヵ所がフツフツと沸く程度の火加減で3時間ほど煮だす。

◎漉す——かきまわさずに静かに漉す

1 玉杓子でかきまわすと濁るので、静かにスープをすくいだす。

2 さらしやペーパータオルを網ザーレンなどに広げ、濁らないように低い位置から注ぐ。鍋底近くのスープは濁りやすいため入れないようにする。

◎その他の材料

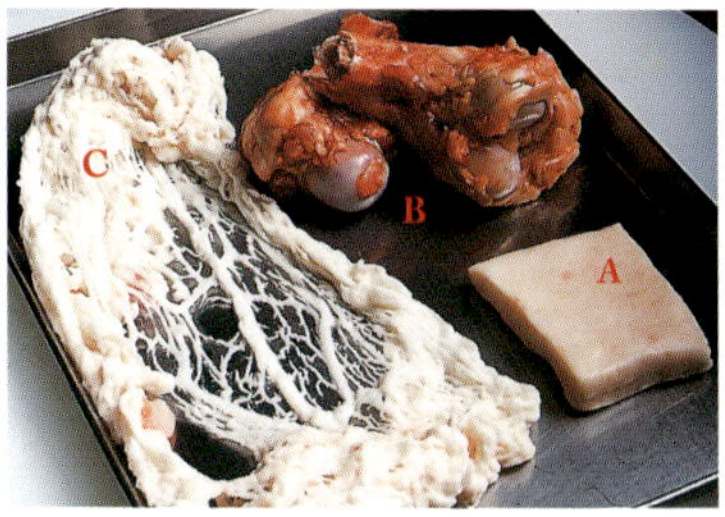

A 豚背脂は白湯に使ってコクを加える。

B 豚の大腿骨、いわゆる豚骨は、叩き割って使う。あっさりした鶏ガラスープにコクをつける役割。その形が握り拳に似ていることから「げんこつ」とも呼ばれる。豚骨ではほかにあばら骨、背骨などが使われる。それぞれ適当な大きさに切り、熱湯に入れてひと煮立ちさせてアクを出し、水洗いする。

C 網脂は脂肪があっさり、さらっとしていて真っ白い白湯がとれる。

◎蒸してとる方法（上湯《シャンタン》→48頁）

蒸す利点はスープの対流がおだやかなので濁らないこと、細かい火加減の調節は必要ないこと、失敗しにくいことなど。ただし、煮詰めることでできる香りは得られない。

［材料］でき上がり約4ℓ分
ひね鶏1・5kg、豚赤身肉3kg、牛スネ肉200g、中国ハム（→263頁）150g、陳皮（→264頁）適量、白粒コショウ適量、湯4ℓ

1 材料は煮てとる上湯と同様。煮詰めないため、湯の分量は少なくする。材料は味が出やすいように少し小さめに切る。途中でアクをすくえないので、しっかり下ゆでして十分アクを出しておく。

2 材料をボウルに入れて湯をはり、ラップなどで密閉して約3時間蒸す。上の写真は蒸し上がり。肉や中国ハムの風味が豊かな、透明度の高いスープである。

でき上がりの状態で清湯「澄んだスープ」（頂湯、上湯、二湯、清湯、毛湯）と「白く濁ったスープ」（白湯）に分かれる。
＊スープの煮だし方、漉し方は「スープのとり方」（↓47頁）を参照する。

［材料］　［約3時間加熱後］　［漉したスープの色］

◎上湯《シャンタン》【上級スープ】

スープ料理や、スープの味で決まる高級な乾燥材料を使った料理などに使う。

でき上がり約4ℓ分
ひね鶏1・5kg、豚赤身肉3kg、牛スネ肉200g、中国ハム（↓263頁）150g、陳皮（↓264頁）適量、白粒コショウ適量、水7ℓ

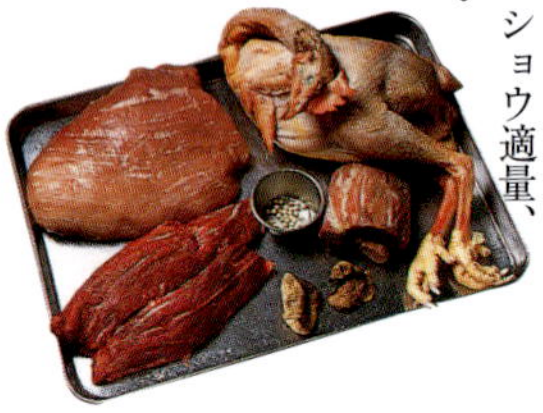

火が弱すぎると黒っぽくなってしまい、煮詰めすぎると肉の酸味が出てくる。

肉や中国ハムの風味がしっかり出ていて透明度の高いスープ。

◎毛湯《マオタン》【鶏ガラスープ】

原価が低く、ほとんどの料理に用いるスープ。野菜の下煮、混合調味料などにも使う。

でき上がり約10ℓ分
ひね鶏1kg、鶏ガラ10羽分、豚背骨1・5kg、ネギと生姜の端各適量、水17ℓ

材料の一部は煮崩れ、スープは少し色づく。クセのない旨みのあるスープ。

赤身肉が入らないため、白っぽい色に仕上がる。材料に骨が入るため、透明度は少し落ちる。

◎頂湯《ティンタン》【最上級スープ】

スープ料理や、スープの味で決まる高級な乾燥材料などを使った料理に使う。

でき上がり約3ℓ分
ひね鶏1・5kg、豚赤身肉3kg、牛スネ肉200g、中国ハム200g、陳皮適量、白粒コショウ適量、水7ℓ

火が弱すぎると黒っぽくなり、煮詰めすぎると肉の酸味が出てくる。肉や中国ハムの旨みと色がしっかり出ている。

透明度は高く、豊かなコクと香りを持つスープ。

◎白湯《パイタン》【白濁した濃厚なスープ】

単独で用いることは少ない。二湯や毛湯と混ぜたり、淡白な材料の料理に用い、旨みとコクを補う。

でき上がり約4ℓ分
豚骨2kg、豚足1・5kg、鶏モミジ1kg、豚背脂100g、網脂500g、ネギの端適量、生姜の端適量、水8ℓ

例外的に蓋をしてグラグラと煮立ててとるスープ。アクはすくいとる。材料は煮崩れて旨み、ゼラチン質がスープに煮だされる。

スープに溶けたゼラチン質の乳化作用により、脂が水と分離せず、牛乳のような色をしている。

◎二湯《アル タン》【二番だし】

原価が低いので、広東ではスープ料理だけでなく、ほとんどの料理に用いる一般的なスープ。野菜の下煮、混合調味料などにも使う。

でき上がり約14ℓ分
ひね鶏600g、
豚赤身肉600g、
牛スネ肉300g、
中国ハムの足首100g、
鶏ガラ10羽分、豚骨1・5kg、
上湯を煮だした材料全量、
龍眼（乾燥→262頁）2〜3個、
陳皮適量、水17ℓ

1 旨みを補うために材料が加わる。鶏ガラ、豚骨は主にコクを補うために加えるが、白く濁りやすいため量は少ない。アクをとって煮だす。

2 約3時間煮詰めた状態。材料は煮崩れて濁りやすいため、煮詰めすぎないようにする。

色も薄く、クセがない。上湯に比べると煮だす材料が少ないために味は劣るが、十分なおいしさを持っている。

◎清湯《チン タン》【クリアーなスープ】

短時間で煮だす、あっさりした味のスープ。

でき上がり2〜2・5ℓ分
鶏胸肉（挽き肉）200g
＊ササミでもよく、白身の肉が適する。
豚赤身肉（挽き肉）200g、
ネギの端（ぶつ切り）適量、
生姜の端適量、水1ℓ
＊鶏胸肉〜水を合わせて挽き肉をよく溶きのばす。
毛湯2ℓ

1 毛湯を沸騰させ、玉杓子でかき混ぜながら水で溶きのばした材料を加える。沈殿すると焦げるので、肉が小さく固まりはじめるまで混ぜる。

2 火を弱めて数ヵ所がフツフツと沸いている程度の火加減で30〜40分煮だす。挽き肉は数ヵ所に集まって固まり、液体は徐々に澄んでくる。

鶏の胸肉と豚赤身肉が材料のため、透明度は高く、肉のクリアーな味が特徴。

［保存方法］
冷凍保存も可能だが、時間がたつと風味が落ちてくさみが出るため、その日のうちに使い切るようにする。

・失敗例［上湯］

Q スープが黒っぽくなってしまった（右）

A 火加減が強すぎたから

火加減が強いと表面のアクが混ざってしまう。一方、火加減が弱すぎてもアクが外に出ないで色が悪くなる。また豚骨も、げんこつ（↓47頁「その他の材料」）は骨髄が多く、たくさん入ると黒っぽくなるため、あばら骨や背骨などを混ぜて使うとよい。そして肉は、多く使用すると血液が多く入り黒っぽくなるので、ゆでてから短時間水に浸けて血を抜くとよい。左はよい例。

・失敗例［白湯］

Q 白湯が黄色くなってしまった（右）

A 材料が水面から出ていたから

煮ている途中で材料が水面より上に出て空気にふれて変色し、その色がスープに移ったため。白湯を煮だす時は必ず蓋をし、液体が煮詰まったり材料が上に出たりしても、蒸気で変色するのを防ぐようにするとよい。左はよい例。

・スープ料理の種類

◎燉湯《トウンタン》【蒸しスープ】

器にスープと下処理した材料を入れ、長時間蒸してつくるスープ。広東料理に多く、香りが閉じ込められ、澄んだでき上がりが特徴。
▼キヌガサタケとフカヒレの蒸しスープ（↓53頁）

◎煲湯《パオタン》【土鍋で長時間煮込むスープ】

土鍋に材料とスープを入れ、蓋をして弱火で長時間煮込んだスープ。旨みの強い材料や部位、漢方薬を材料として用い、材料のエキスがスープに十分プラスされる。

◎湯《タン》【一般的なスープ】

スープに下処理した材料を加え、調味して仕上げたスープ。
▼かぶと塩漬け肉のスープ（↓51頁）
▼アンコウの白コショウ風味スープ（↓52頁）

◎羹《ゴン》【とろみの強いスープ】

スープに下処理した材料を加えて調味し、デンプンでとろみをつけて仕上げたもの。
▼トウモロコシのスープ（↓52頁）

◎汆《ツァン》・川《チュアン》【さっと仕上げるスープ】

スープに下加熱した材料を入れてさっと火を通して仕上げる。あるいは、すでに火の通っている材料と熱いスープを合わせてつくる。
▼ワンタンと卵豆腐のスープ（↓51頁）

［上湯の事例］

雲《ユン》呑《トゥン》滑《ホワ》蛋《タン》湯《タン》◉ワンタンと卵豆腐のスープ

【酸っぱくて辛い、とろんとしたスープがおいしい】

【材料】 4人分
ワンタンの餡(→177頁)……60g
ワンタンの皮……12枚

［卵豆腐］
卵……2個
スープ……350mℓ
＊二湯、毛湯のいずれでもよい。
塩……小さじ½
コショウ……少量
醤油……小さじ1

［スープ］
上湯……500mℓ
紹興酒……大さじ1
塩……小さじ¼
砂糖……少量
コショウ……適量
水溶き片栗粉……大さじ2
＊沈殿片栗粉を同量の上湯で溶いたもの。

［仕上げの調味料］合わせる
ゴマ油……小さじ2
ラー油……小さじ2
シーズニングソース……小さじ2
茘枝の酢(→264頁)……大さじ1
＊なければ黒酢小さじ1、酢小さじ2を混ぜ合わせる。

1 基本のとおりにワンタンの餡をつくり(→177頁)、ワンタンの皮で餡5gを「クラゲ形」(→176頁)に包む。

2 卵豆腐をつくる。卵を割りほぐす。スープと調味料を合わせて混ぜ、卵に加えて混ぜ、網で漉す。器に分け入れて強火で蒸し、表面全体が白く色が変わってくれば弱火にして約10分蒸す。

3 鍋に湯を沸かし、ワンタンをゆでる。

4 鍋に上湯を沸かし、紹興酒〜コショウを入れ、水溶き片栗粉でとろみをつける。2の卵豆腐はスプーンをさし入れて器の底からはずし、ワンタン、熱いスープを加え、仕上げの調味料を入れる。

［二湯・毛湯の事例］

蕪《ウー》菁《チン》鹹《シェン》肉《ロウ》湯《タン》◉かぶと塩漬け肉のスープ

【かぶと豚肉がおかずのポトフ風】

【材料】 4人分
豚ロース肉(塊)……150g
かぶ……1個
花椒……小さじ½
＊中国山椒(→263頁)。
黒コショウ(粗みじん切り)……適量

［豚ロース肉の下味調味料］
塩……小さじ1・½

［スープの調味料］
スープ……1200mℓ
＊二湯、毛湯のいずれでもよい。
紹興酒……大さじ1
塩……少量
コショウ……少量

［食卓調味料］合わせる
醤油……大さじ2
酢……大さじ3
生姜(粗みじん切り)……大さじ2
ゴマ油……小さじ2

1 豚ロース肉は下味調味料の塩をよくすり込み、冷蔵庫に入れて一晩おく。

2 かぶは茎を少しつけて葉を切り落とす。皮をむき、くし形に8等分にする。かぶと豚肉は熱湯に入れて、ひと沸きすればとりだして水洗いしてアクなどを除く。

3 鍋に花椒を入れてから炒りする。スープ、紹興酒、豚肉を入れて約15分弱火で煮る。かぶを加えてさらに約5分煮る(写真a)。花椒はとりだす。

4 豚肉をとりだして、薄切りにする。

5 3のスープに塩、コショウを加えて味を調える。ひと沸きすれば器に注ぎ、豚肉をのせ、上に黒コショウをふる。食卓調味料を添え、豚肉につけて食べる。

a

上　雲呑滑蛋湯：ワン タン ワッ タン トン ／ 下　蕪菁鹹肉湯：モウ チェン ハム ヨック トン

［二湯・毛湯の事例］

栗《スウ》米《ミー》羹《ゴン》◉トウモロコシのスープ

【甘味がある卵とじコーンスープ】

【材料】4人分
トウモロコシ（缶詰、ホール）……200g
溶き卵……½個分
［スープの調味料］
スープ……400㎖
＊二湯、毛湯のいずれでもよい。
紹興酒……大さじ½
生クリーム……大さじ1
塩……小さじ⅔
コショウ……少量
水溶き片栗粉……大さじ2
鶏油（→267頁）……大さじ½

1 トウモロコシをミキサーにかけて砕き、200gとる。

2 鍋にスープと1を入れて沸かす。紹興酒〜コショウまでを加えて味を調え、水溶き片栗粉を加えてとろみをつける。弱火にし、溶き卵を流し入れ、鍋底を玉杓子でゆっくりなでるようにして卵に火を通し、軽く沸騰させ、鶏油を加える。

［白湯の事例］

醋《ツウ》椒《ヂャオ》魚《ユィ》湯《タン》◉アンコウの白コショウ風味スープ

【濃くて複雑な味わいの旨みが広がる】

【材料】4人分
アンコウ（切り身）……400g
絹ごし豆腐……⅔丁
ネギ（細切り）……適量
香菜……適量
［スープ］
ネギ油……大さじ2
ネギと生姜の端……各適量
白コショウ（粗みじん切り）……小さじ2
紹興酒……大さじ3
毛湯……600㎖
白湯……200㎖
塩……小さじ1
コショウ……適量
酢……小さじ1〜2
ゴマ油……2〜3滴
［タレ］
醤油……大さじ2
酢……大さじ3
生姜（みじん切り）……大さじ2

1 アンコウは大きめのぶつ切りにし、熱湯をくぐらせてから水にとって洗い、水気をよく切る。

2 豆腐は7㎜角、3㎝長さの棒状に切る。

3 鍋にスープのネギ油、ネギと生姜の端、白コショウを入れて炒める。香りが出れば紹興酒、スープ（毛湯、白湯）を入れ（写真a）、約2分煮て白コショウの香りを出し、網杓子でネギ、生姜、白コショウをすくいだす。

4 魚、豆腐を加えて煮、アクをとって塩、コショウで味を調え、3〜4分弱火で煮込む。

5 器に酢を入れ、4を盛りつける。ゴマ油を入れ、ネギの細切り、香菜を盛る。魚は合わせたタレをつけて食べる。
＊魚はメバル、カサゴなども合う。大根を入れてもよい。

a

上　栗米羹：ソック マイ ガン／下　醋椒魚湯：チョウ チュー ユィ トン

［頂湯の事例］

竹《ヂュウ》笙《ション》燉《トゥン》魚《ユィ》翅《チー》◉キヌガサタケとフカヒレの蒸しスープ

【コクのある深い味わいに歯切れのいいキヌガサタケが合う】

【材料】4人分
フカヒレ（下処理して↓262頁）……200g
＊素むきの散翅を使用。
キヌガサタケ……4本
＊もどしてかさをとる（↓261頁）。
広東白菜（↓259頁）……4株
中国ハム（↓263頁。細切り）……適量
生姜酒（姜酒↓268頁）……適量
赤酢（↓264頁）……適量

［フカヒレの下蒸し調味料］
スープ……300mℓ
＊二湯、毛湯のいずれでもよい。
紹興酒……大さじ1
中国ハム（薄切り）……2〜3枚

［キヌガサタケの下蒸し調味料］
スープ……300mℓ
塩……小さじ1/3

［広東白菜の調味料］
水……600mℓ
塩……小さじ1
生姜（薄切り）……2〜3枚

［スープ］
頂湯……600mℓ
塩……小さじ1/4
コショウ……適量
紹興酒……大さじ1

1 フカヒレは生姜酒の入った熱湯でゆでて、水気を切ってボウルに入れる。下蒸し調味料を加えて約20分強火で蒸して味をつけ、そのまま冷ます。

2 キヌガサタケは1と同様にゆでて水気を切り、ボウルに入れる。下蒸し調味料を加えて約20分強火で蒸し、そのまま冷ます。

3 広東白菜は葉の部分をハサミで切りとり（写真a。下が葉を切り落としたもの）、根元に十字の切り目を入れて塩（分量外）ゆでする。ボウルに水、塩、生姜の薄切り、広東白菜の茎を入れて約20分強火で蒸し、そのまま冷ます。水気をよくふきとる。

4 フカヒレをキヌガサタケに詰める。

5 スープ碗に残りのフカヒレ、4、広東白菜を入れる。

6 鍋に頂湯と調味料を合わせて強火にかけ、ひと沸きしたらアクをとり、5の碗に注ぐ。碗の蓋をしてラップをし、約1時間強火で蒸す。蒸し上がれば中国ハムの細切りをのせ、赤酢を添える。

＊コラーゲンの多く含まれたフカヒレの料理には、赤酢を加えるとさっぱりする。

a

竹笙燉魚翅：チョック サン タン ユィ チー

煎《チェン》［調理：煎り焼く］

少量の熱い油で材料に火を通す調理法で、両面焼き、片面焼きがある。鍋にあたっている面は香ばしく、中は柔らかい仕上がりとなる。調味が比較的単純なため、香りや旨みなど持ち味がはっきりした材料や、平らな形で火の通りやすい材料、部位が適する。魚や水分の多い材料には小麦粉をつけたり、卵や衣をつけたりする場合もある。

焼き面は香ばしく、中はジューシーなのが基本　煎り焼いて適度な「壁」をつくることがポイント

・基本の煎り焼き方

［下準備］

1、材料は常温にもどしておく。
2、香草などに漬け込む場合以外は、下味は加熱調理する直前につける。
3、デンプンや卵、あるいはその混合液（衣）などをつけることもある。これらは煎り焼く直前につけること（写真は下味をつけて片栗粉をまぶしたホタテ貝）。

◎煎《チェン》【両面焼きA】――小型の材料は片面ずつ強火～中火で焼いて仕上げる

少量の油を熱して強火～中火で両面を香ばしく焼く。肉汁の大半を内部にとどめ、ジューシーに仕上げるのがポイント。

1 鍋に油少量を入れ、鍋から薄煙が少し立つくらいに熱したら材料を入れ、素早く底面に壁をつくる。盛りつけた時に表になる面を常に先に焼くようにする。

▼

2 底から5～6㎜火が通ったら（写真）裏返す。表面に均一な黄金色の「壁」ができている。火の通りは材料や好みに応じて加減する。

▼

3 反対側も同様に煎り焼く。余分な油を除いて仕上げる。指でさわった時の弾力で火の通りを確かめる。材料に接していない部分の油が高温になりやすいので、油の量は少なめにする。

［ポイント］

加熱中に油が汚れたり、上の面に水分が浮きでたりするため、反対側ははじめに焼いた面ほどはきれいに色づかない。盛りつけた時に表になる面から焼くのはこのため。

◎ 煎《チェン》【両面焼きB】——大きな材料は表面を固めてから、油をかけながら火を通す

材料は動かさない方が焼き色がつきやすい。また、魚は鍋の温度が低すぎると、鍋にはりつく。

1 鍋に多めの油（大さじ3）を入れ、鍋から薄煙が立つくらいに熱して材料を入れる。

▼

2 裏を見て黄金色の焼き目が均一についていれば裏返す。魚の両面に焼き目がつけば中火にし、油を魚の厚みの3分の1くらいまで加え、上から油をかけながら火を通す。

▼

3 両面煎り焼いた状態。余分な油をとり除いて温度を上げ、表面をパリッと仕上げる。

◎ 鍋貼《グオティエ》【片面焼き】——裏返さずに火を通すので熱い油をかけたり、焼き餃子のように熱湯を加えて水蒸気で火を通したりする

底面はカリッとして、上部と中心は柔らかくジューシーに仕上がる。この調理法ならばトッピングをすることも可能。

1 鍋に油少量を入れて薄煙が立つくらいに熱して材料を入れ、素早く底面に壁をつくる。加熱中に頻繁に材料を動かすときれいな焼き色がつかないので動かさない。

▼

2 中火〜弱火の火加減で油を材料の3分の1が浸かる程度に少しずつ加え、油をかけながら火を通す。裏返さないので、油を材料の表面にかけながら加熱することが多い。

▼

3 材料に6割程度火が通ったら、鍋の中の油をとり除きながら煎り焼く（写真）。

▼

4 材料の底面は黄金色に色づき、材料についた余分な油も落ちて香ばしく仕上がる。

・失敗例［両面焼き］

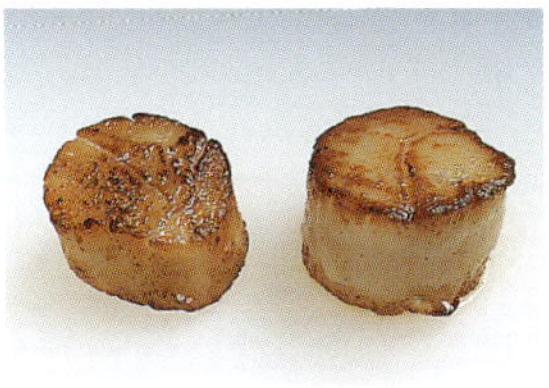

Q 縮んで小さくなってしまった（左）

A 最初に表面に「壁」をつくらなかったから

最初の段階で鍋の温度が低く材料の表面に壁ができなかったため、肉汁が外に出てしまい、縮んで小さくなった。肉汁は外に出ると焦げやすく、材料の表面も汚なくなる。また、焼いている途中で頻繁に動かしたり裏返したりすると、表面の温度が下がり、きれいな焼き色がつかないので気をつけたい。右は正しく焼けたもの。

［片面焼きの事例］

鍋《グオ》貼《ティエ》◉焼き餃子

【キャベツ、白菜、ニラ入りのおなじみのジューシーな餃子】

【材料】40個分

［生地］
強力粉……50g
薄力粉……150g
塩……小さじ⅕
熱湯……200mℓ
ラード……小さじ1
打ち粉（強力粉）……適量

［餡］
豚挽き肉……300g
白菜……300g
キャベツ……300g
ニラ（みじん切り）……50g
ネギ（みじん切り）……30g
ニンニク（みじん切り）……小さじ1

［餡の調味料］
紹興酒……大さじ1
醤油……大さじ3
塩……小さじ½
コショウ……少量
ネギ油……大さじ3
ゴマ油……大さじ1

［食卓調味料］合わせる
醤油……適量
酢……適量
ラー油……適量

a

1「小麦粉を熱湯で練る生地」を参照して生地をつくる（↓152頁）。

2 餡をつくる。白菜、キャベツをそれぞれゆでるか蒸すかして火を通す。粗熱をとり、粗みじん切りにして、水気を絞る。

3 ボウルに豚挽き肉を入れ、粘りが出るまでよく練り、餡の調味料の紹興酒〜コショウで味つけする。白菜、キャベツ、ニラ、ネギ、ニンニクを加え、ネギ油、ゴマ油を混ぜ合わせる。冷蔵庫で少ししめる（写真a）。

4 打ち粉をして生地を40等分にし、「餃子、パオズの皮をのばす」（↓32頁）を参照して、直径約8cmの円形にのばす。

5 皮に餡をのせ、ヒダをとりながら餃子の形に包む（「一般的な焼き餃子の包み方」↓147頁）。

6 フライパンを熱し、薄く油（分量外）を敷いて餃子を並べ、強火にする。餃子が3分の1ほど浸かるまで熱湯を注ぎ、蓋をして中火で焼く。水がなくなれば蓋をとり、油を少量たらしてきれいな焼き色をつける。ヘラではがして器に盛り、食卓調味料を添える。

鍋《グオ》貼《ティエ》帯《タイ》子《ヅ》◉ホタテ貝のスパイシー煎り焼き

【ピリッとスパイシー。表面が香ばしく中がジューシー】

【材料】4人分

ホタテ貝(生食用)……8個
蟹肉(火を通し、軟骨を除いて)……50g
エビのすり身(↓77頁)……30g
椎茸……30g(小2枚)
枝豆(薄皮を除く)……30g
油……適量

[添え野菜]
エリンギ……4本
スナックエンドウ……16個

[ホタテ貝の下味調味料]
塩……小さじ1/3
醤油……小さじ1/3
紹興酒……小さじ1
溶き卵……小さじ2
片栗粉……大さじ1
一味唐辛子……小さじ1/2
黒粒コショウ……小さじ1/4
*香りを出すためにみじん切りに。
五香粉(↓263頁)……小さじ1/5
花椒粉……小さじ1/5
*中国粉山椒(↓263頁)の粉末。

[糊]合わせる
卵白……大さじ1
片栗粉……大さじ1

1 ホタテ貝は下味調味料を加えて混ぜ合わせる。

2 蟹肉はほぐして軟骨を除く。椎茸は粗みじんに切る。枝豆はゆで、氷水にとって色止めをする。水気をふきとり、粗みじん切りにする。

3 2とエビのすり身を混ぜ合わせる。

4 ホタテ貝の上に糊を少量つけ、3を8分の1量ずつのせる。

5 「片面焼き」(↓55頁)を参照して火を通す。皿に盛りつけ、調理したエリンギ、スナックエンドウを添える。

[添え野菜]
エリンギは縦に裂いてから揚げる(↓63頁「野菜の炒め方・根菜、キノコ」1～2)。スナックエンドウは筋をとり、油通しする(↓63頁「野菜の炒め方・茎菜、豆類」1)。一緒に鍋に入れて野菜の下煮用スープ(↓63頁)で煮る。

鍋貼帯子：ウオ ティップ タイ チー

［両面焼きBの事例］

干《ガン》煎《ジュン》帯《タイ》魚《ユィ》◉タチウオの煎り焼き

【脂ののった身がとろけるのは煎り焼くから。香菜、ナンプラーの香りがエキゾチック】

【材料】4人分

タチウオ（胴の部分）……300g
油……適量

［タチウオの下味調味料］
塩……小さじ½
紹興酒……大さじ1
コショウ……少量
醤油……小さじ1
ゴマ油……小さじ1

［煎り焼き用調味料］
スープ……大さじ2
＊二湯、毛湯のいずれでもよい。
醤油……大さじ2
ナンプラー……小さじ2
紹興酒……大さじ2
砂糖……大さじ1
酢……小さじ2
ゴマ油……大さじ1
長ネギ（粗みじん切り）……65g（約1本分）
香菜（ぶつ切り）……15g
生姜（粗みじん切り）……15g
揚げニンニク……大さじ1
＊炸蒜茸（→266頁）。

［衣］
小麦粉……適量
卵……2個

1 タチウオは胴を4等分に筒切りにし、水洗いして、内臓をとり除く。水気をよくふきとり、背ビレの両側に5～6㎜深さの切り目を入れ、背ビレをとる。

2 身の表面に5㎜幅で骨まで達するくらいの深い切り目を入れる。裏も同様にする（切り目を入れた状態。写真a）。下味をつける。
＊味を含みやすく、火が通りやすいように深い切り目を入れる。

3 煎り焼き用の調味料を合わせ、香味野菜を加える。

4 タチウオは水分をよくふきとり、小麦粉をまぶす。
＊水気があると加熱している時に小麦粉の衣がとれやすい。

5 タチウオに卵をつけ、多めの油を熱した鍋に入れる。基本の煎り焼き方を参照して火を通す（→55頁「両面焼きB」）。
＊鍋と油を十分に熱してから材料を入れるのが煎り焼きの鉄則。
＊卵をつけると香りがよく、調味料を含みやすい。

6 皮がパリッとするまで強火で煎り焼く（写真b）。ひっくり返して裏面も同様に煎り焼き、とりだす。

7 鍋の油を除いてタチウオをもどし入れ、鍋が熱いうちに3の調味料を一気に入れてからめる（写真c）。

8 器に盛りつけ、鍋に残った汁をかける。

a

b

c

干煎帯魚：コン チン タイ ユィ

煎《チェン》紅《ホン》衫《シャン》魚《ユィ》◉イトヨリの煎り焼き 香味ソース

【山椒がピリリときいている。魚はしっとりしていてすぐにほぐれる】

【材料】4人分
イトヨリ……1尾(300g)
香菜……1/2株
小麦粉、油……各適量
[イトヨリの下味調味料]
塩……適量
コショウ……適量
[ソース]合わせる
醤油……大さじ4・1/2
酢……大さじ1・1/2
砂糖……小さじ2
スープ……大さじ3
*二湯、毛湯のいずれでもよい。
ゴマ油……大さじ2
生姜(みじん切り)……大さじ1
青ネギ(みじん切り)……大さじ5
花椒粉……小さじ1/2
*中国山椒(→263頁)の粉末。
揚げニンニク……小さじ2
*炸蒜茸(→266頁)。

1 イトヨリは「魚のつぼ抜き」(→258頁)を参照して内臓を除き、水洗いし、水分をよくふきとる。えらぶたから腹に香菜をさし込み(写真a)、塩、コショウをふって下味をつけ、小麦粉をつける。

2 基本の煎り焼き方(→55頁「両面焼きB」)を参照して火を通す。
*フッ素樹脂加工のフライパンで焼くと焦げつきにくい。

3 器に盛りつけ、熱いうちにソースを合わせてかける。

a

煎紅衫魚：チン ホン サム ユィ

［調理：炒める］

炒《チャオ》

小さく切った材料を少量の熱い油を用いて素早く強火で加熱し、調味料を加えて一体化して仕上げる調理法。
炒める材料は生のものを使う場合と火を通したものを使う場合とがある。「煸（ビェン）」という地方もある。

・「炒」の種類――「肉」、「卵」を炒める

「炒」の調理用語にはいくつかあり、炒める前の下味つけ、下加熱の仕方によって分類されている。

◎生炒《ションチャオ》【そのまま炒める】

小さく切った材料を下味をつけずに鍋に入れ、少量の熱い油を用いて強火で短時間炒め、調味して仕上げる調理法。

材料の持ち味を生かした料理になる。
▼イカとセロリの炒め

◎小炒《シャオチャオ》【下味をつけて炒める】

小さく切った材料にデンプンを含む調味料で下味をつけ、少し多めの熱い油を用いて強火で短時間炒め、調味して仕上げる調理法。

大量の調理には向かない。
▼鴨の豆豉炒め

◉豚フィレ肉と黄ニラの炒め

1 豚フィレ肉は細切りにして、下味はつけない。肉質が柔らかく旨みのある材料が向いている。

▼

2 強火で素早く炒めて、肉の表面に壁をつくるようにする。弱火では肉汁が出てしまい、香ばしさが出ない。

▼

3 調味料を加える直前の状態。炒めすぎると表面がカサカサになり縮んで固くなる。手早く炒めるのがコツ。

◉鶏肉の辛味炒め 四川風 （↓64頁）

1 鶏モモ肉を角切りにして、下味をつける。大きく切ると火が通りにくい。

▼

2 鍋に適量の油を熱し、肉を入れる。火は少し強める。肉の表面が少し色づいて固まったら、火を弱めてほぐしながら炒める。

▼

3 調味料を加える手前の状態。油通しをせずに直接炒めることで、より香ばしい仕上がりとなる。

◎

滑炒《ホワチャオ》

【油通しをして炒める】

小さく切った材料にデンプンを含む調味料で下味をつけ、油通しをしてから鍋にもどし、強火で炒めて調味して仕上げる調理法。でき上がりの状態は滑らかで舌触りがよい。

炒める調味料には必ずデンプンを加えるので、薄くとろみがつく。

▼エビと空豆の炒めもの

◉牛肉の黒コショウ炒め

1 牛ロース肉を拍子木切りにして、デンプンを含む調味料で下味をつける。

2 約110℃の油に入れてほぐし、油通しする。徐々に温度を上げながら6～7割火が通り、色が変われば網ザーレンにとりだす。

3 油通しで火が通った状態。デンプンが表面に薄い膜をつくり、肉汁の流出を防ぐので縮みが少なく滑らかに仕上がる。これに調味料を加えて炒める。

◎

熟炒《シュウチャオ》

【火を通してから炒める】

ゆでる、蒸すなど加熱した材料を、少量の熱い油を用いて強火で炒め、調味して仕上げる調理法。

一般に肉類に用い、塊で火を通し、小さく切ってから炒める。

▼ゆで鶏の辛味炒め

◉豚肉とキャベツの味噌炒め (→67頁)

1 豚バラ肉(皮つき)はゆでて冷ました後、薄切りにする。

2 油ならしをした鍋に薄切りの肉を広げて並べる。

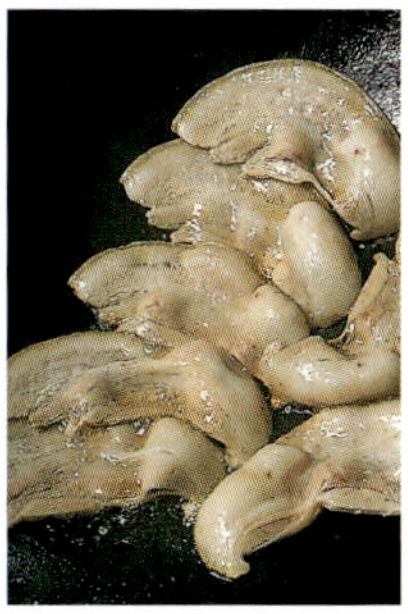

3 鍋をゆり動かしながらゆっくり煎り焼く。肉が少し縮む。焼き目がつけば裏返し、同様にして焼く。

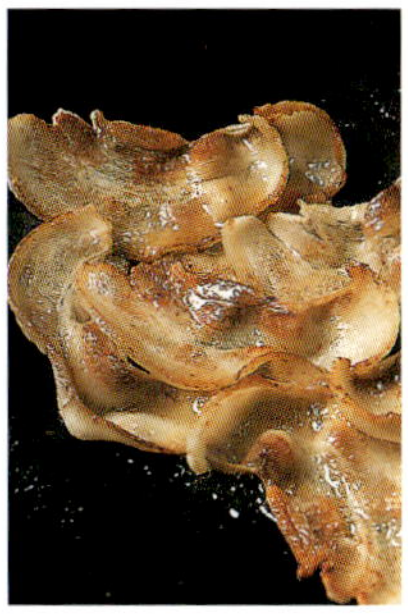

4 豚バラ肉から脂が出て香ばしさが加わる。固い材料や脂肪分が多い材料はそのまま炒めても歯切れのよさ、柔らかさなどは望めないので前もって加熱しておく。

◎

軟炒《ルワンチャオ》

【液体を炒める】

液体やペースト状にした材料に調味料や副材料を混ぜ合わせて鍋に入れ、強火から中火にして混ぜながら炒めて仕上げる調理法。

▼卵とチャーシューの炒めもの

◉蟹肉とミルクの柔らか炒め (→67頁)

1 材料を混ぜ合わせる。副材料は生で食べるもの以外はあらかじめ火を通しておく。

2 よく油ならしをした鍋に適量の油を入れ、生地を流し入れる。玉杓子の底で大きく混ぜながら火を通す。柔らかなとろみがついてまとまってくる。

3 鍋底が焦げやすいため、途中で少量の油を加え、鍋底が見えるくらいにたえず大きく混ぜ、ふっくらとして滑らかな食感に仕上げる。

野菜が注目される今日の状況に合わせて、野菜の炒め方も示した。

食感を残しつつ味を含ませるように炒める

野菜を炒めるむずかしさは水分の多い材料に味を含ませ、必要に応じた食感を残すことにある。
この目的を満たすためには茎と葉を分けて炒める、強火で炒めるなどのほかに、
材料に応じて直接炒める、ゆがいてから炒める、油通しをしてから炒めるなどの方法をとる。
野菜は鮮度のよいものを選び、調理する前に水分を十分含んでいる状態にしておくことも大切である。

◎葉菜【早く火が通る、味がからみやすいもの】

早く火が通り、味がからみやすいものはそのまま炒める。
▼トウミョウ、ニラ、黄ニラ、ホウレン草、モヤシなど

1 野菜はザーレンの上にのせ、余分な水分を切る。炒める直前に材料の上に分量の調味料をのせておく(炒める時間を短くするため)。

2 鍋に少し多めの油を入れ、薄煙が出るくらいに熱したところに投入。強火で、手早く鍋をあおりながら一気に炒める。

3 この程度でとりだす。短時間で炒めるので色が鮮明で、繊維が壊れず旨みが閉じ込められている。食感も残る。

◎葉としっかりした茎を持つ野菜【柔らかいが味を含みにくいもの】

厚みがあり、繊維がしっかりして味を含みにくい野菜はスープで下煮して味を含ませてから炒める。
▼アブラナ、ブロッコリー、下ゆでした根菜、根茎葉(ニンジン、タケノコ、ゆり根など)、クセが強い野菜、チンゲンサイなど
＊時間をおいても色が変わることがないニンジン、タケノコなどはあらかじめ下ゆでしておく。

1 チンゲンサイなど株状になっているものは、火が通りやすいように根元に十字の切り目を入れておく。

2 鍋に下煮用スープ(↓左頁)を入れ、沸かしたところにチンゲンサイを入れる。火の通りが均一になるように熱したスープをかけながら加熱するとよい。

3 指で弾力をはかり、火の通り具合を見る。柔らかく弾力が残っている程度がよい。

4 スープを少し残して捨てる。スープに水溶き片栗粉、香り油(↓267頁)、紹興酒などを入れてそのまま炒め合わせ、チンゲンサイに味をからめる。

◎茎菜、豆類【表面が固く、味を含みにくいものや豆類】

表面が固くて味を含みにくいけれど比較的火が通りやすいものは、一度油通ししてスープで下煮し、炒める。油通しによって柔らかく、味が入りやすくなるため、短時間で調理でき、かつ野菜の色を保つことができる。

▼スナックエンドウ、アスパラガスなど

1 油を約165℃に熱してスナックエンドウを入れ、まわりに小さな泡が出たらすぐにとりだす。

▼

2 湯をかけて油抜きをする。

＊さっと揚げることでゆでるよりも熱が早く入り、色が残り、味も入りやすい。

▼

3 鍋に下煮用スープ(↓左記)を入れ、沸かしたところにスナックエンドウを入れて下煮する。

▼

4 スープを少し残して捨てる。スープに水溶き片栗粉、香り油、紹興酒などを入れて、スナックエンドウに味をからめる。

◎根菜、キノコ【固くて水分が多いもの】

固くて味を含みにくいものや、油を吸いやすいキノコなどは比較的高温で一度揚げて水分をよく抜く。湯をかけて油抜きをしてからスープで下煮し、炒める。揚げることで水分が抜けたところに味が入っていき、歯切れのよさと香ばしさも加わる。

▼サヤインゲン、キノコ、タケノコなど

1 約175℃の油でサヤインゲンをさっと揚げる。投入すると泡がたくさん出る高めの温度で水分を抜く感じ。

▼

2 揚げ終わったところ。表面に気泡ができて、柔らかくなっている。シャキシャキ感が残っているくらいの揚げ具合にする。湯をかけて油を抜く。

▼

3 鍋に下煮用スープ(↓下記)を入れ、沸かしたところにサヤインゲンを入れて下煮する。スープを少し残して捨てる。水溶き片栗粉、香り油、紹興酒などを入れて炒めて味をからめる。

【下煮用スープ】
スープ(二湯、毛湯のいずれでも)600ml、塩小さじ1、砂糖小さじ⅔、生姜酒(姜酒↓268頁)小さじ1、油大さじ2を混ぜたもの。

・失敗例

［軟炒］

Q1 滑らかにならない

A1 均一に熱が入らなかったから

液体の中のデンプンは沈殿しやすいため、その部分から先に火が入って固さが不均一になった結果もろもろしてしまっている。たえず全体を混ぜながら炒める。

Q2 でき上がったあと水が出てきてしまった

A2 炒め足りなかったから

デンプンに火が通らず水とデンプンが糊化(↓43頁)していないので離水してしまった結果。柔らかめの濃度がきっちりつくまで炒める。

［野菜炒め］

Q1 スナックエンドウのシャキシャキ感がなくなった

A1 油通しの時の温度が高すぎたから

下煮用スープ(↓右記)で煮る時間を短くするため、あらかじめ約165℃の油で火を通すが、油の温度が高すぎると表面に気泡ができ、歯ごたえが失われる。

［小炒の事例］

宮《コン》保《パオ》鶏《ディ》丁《ティン》◉鶏肉の辛味炒め 四川風

【鶏肉が柔らかくて香ばしい】

清代末に、かつて宮保(皇太子の補佐職)であった丁宝楨の家でつくられた料理なので、このように名づけられた。鶏丁の「丁」はさいの目切りを表わす。中国では一般にピーナッツを用いるが、日本ではやや柔らかいカシューナッツが好まれている。

【材料】4人分

鶏モモ肉……200g
カシューナッツ……40g
甘長唐辛子(青)……20g
甘長唐辛子(赤)……30g
花椒(中国山椒)……小さじ¼
チャオテンジャオ(乾燥)……15個
*四川の唐辛子(↓264頁)。
ネギ(筒切り)……⅔本分
生姜(薄切り)……10枚
油……適量

［鶏モモ肉の下味調味料］

紹興酒……小さじ1
醤油……小さじ½
塩……小さじ¼
コショウ……少量
溶き卵……大さじ2
片栗粉……小さじ2
油……大さじ1

［炒め調味料］

醤油……大さじ1・½
砂糖……大さじ1
酢……大さじ1
酒醸……小さじ1
紹興酒……小さじ1
*中国甘酒(↓264頁)。
中国たまり醤油……少量
コショウ……少量
水溶き片栗粉……小さじ⅔
スープ……小さじ1
*二湯、毛湯のいずれでもよい。

1 鶏モモ肉は水洗いし、水気をよくふきとり、1・5cm角に切る。

2 鶏モモ肉に下味をつける(↓37頁)。

3 カシューナッツは「一度揚げ・ナッツの場合」(↓71頁)を参照して揚げる。

4 赤・青唐辛子は軸をとって1・5cm幅に切り、中の種をとる。

5 チャオテンジャオは軸の部分を切りとり、種をとる。
*チャオテンジャオがない時はタカの爪などを用いるが、辛味が強いため4〜5本程度でよい。

6 炒め調味料を小碗に合わせる。

7 鍋に油大さじ2を入れ、花椒を弱火で炒めて黒い色になればとりだす。残った油にチャオテンジャオを入れてゆっくりと炒め、色が変わったら鶏肉を広げるように入れる。火を強めて焦がさないように煎り焼く。肉の表面が固まれば火を弱めて火を通していく。5〜6割火が通ったところで赤・青唐辛子、ネギ、生姜を加えて炒める。

8 鶏肉に8割ほど火が通れば強火にし、6の合わせた調味料を加えながら炒め合わせる。仕上げにカシューナッツを入れて混ぜる。
*合わせ調味料を入れる前は、鍋も材料も熱々の状態になっていること。調味料は材料と鍋肌の境目あたりに入れる。そうすると、調味料が鍋肌で焦げて香りがよく、材料にからまりやすく、でき上がった料理も冷めにくい。からんだソースも濁らず、透明度の高い仕上がりとなる。

［滑炒、野菜の炒め「茎菜、豆類」の事例］

甜椒《ティエンヂャオ》牛《ニュウ》肉《ロウ》絲《スー》◉パプリカと牛肉の炒めもの

【肉の旨み、パプリカの甘味などそれぞれの味が凝縮している】

【材料】4人分
牛ロース肉……200g
パプリカ（黄）……½個
パプリカ（赤）……⅓個
ネギ（3㎝長さ）……3本分
ニンニク（粗みじん切り）……小さじ2
黒粒コショウ（粗みじん切り）
……大さじ1
油……適量

［牛肉の下味調味料］
塩……ひとつまみ
コショウ……適量
醤油……小さじ½
紹興酒……小さじ1
卵……大さじ½
片栗粉……小さじ1
油……大さじ1

［炒め調味料］
紹興酒……小さじ1
醤油……大さじ½
砂糖……小さじ⅓
カキ油……小さじ½
コショウ……少量
中国たまり醤油……小さじ¼
スープ……大さじ½
＊二湯、毛湯のいずれでもよい。
水溶き片栗粉……小さじ½
ゴマ油……小さじ½

［パプリカの下煮用スープ］
スープ……400㎖
＊二湯、毛湯のいずれでもよい。
塩……小さじ⅔
砂糖……小さじ½
生姜酒（姜酒→268頁）……小さじ1
油……大さじ1

1 牛肉は5㎜角の細切りにし、下味をつける（→37頁）。

2 黄・赤パプリカは種をとり、細切りにする。

3 炒め調味料の紹興酒～水溶き片栗粉までを合わせる。

4 鍋に油を約160℃に熱し、肉をほぐしながら手早く入れ、5～6割火が通ればとりだす。続いてパプリカを入れ、周囲から小さな泡が出はじめればとりだす。さらに鍋に残った油をとり除く。
＊一般的な肉類の油通しは110℃の油に入れるが、ここでは肉の香りを出すために、高温で素早く処理する。

5 4の鍋にパプリカの下煮用スープの材料を加えて沸かし、パプリカを30秒ほど煮て味を含ませ、スープを切る。

6 鍋に油大さじ1、ネギ、ニンニクを入れて弱火で炒め、香りを出す。黒コショウを入れて炒め、黄・赤パプリカ、牛肉をもどし入れ、強火にして炒める。鍋とすべての材料が熱くなれば、3の合わせ調味料を加えて炒め合わせ、ゴマ油を加えて仕上げる。

甜椒牛肉絲：ティム チュー ガウ ヨック シー

［滑炒の事例］

韮《チュウ》黄《ホワン》星《シン》鰻《マン》絲《スー》◉アナゴと黄ニラの炒めもの

【モヤシと黄ニラの歯切れがよい。XO醤の旨みがほのかに残る】

【材料】4人分
アナゴ（開き）……1本（180g）
黄ニラ（5cm長さに切る）
……2束（100g）
モヤシ（根をとったもの）……80g
乾燥赤唐辛子……3本
ニンニク（みじん切り）……小さじ2
XO醤（→266頁）……30g
油……適量

［アナゴの下味調味料］
塩……小さじ¼
コショウ……少量
卵白……大さじ2
紹興酒……小さじ2
片栗粉……適量
油……大さじ1

［炒め調味料］
塩……小さじ½
砂糖……小さじ½
コショウ……少量
スープ……大さじ2
＊二湯、毛湯のいずれでもよい。
水溶き片栗粉……小さじ1
ゴマ油……小さじ1

［モヤシの調味料］
熱湯……200mℓ
塩……小さじ⅓
砂糖……小さじ¼
生姜酒（姜酒→268頁）……少量
油……小さじ2

1 アナゴは皮目に熱湯をかけてぬめりをとり、水洗いして水気をふきとる。頭と背ビレをとり、長さ5cm、幅7〜8mmの細切りにし、下味をつける。

2 炒め調味料の塩〜水溶き片栗粉を合わせる。

3 鍋にモヤシの調味料を沸かしてモヤシを約30秒下煮し、水気をよく切る。

4 鍋に油を入れて約170℃に熱する。アナゴを1本ずつ重ならないように入れる。表面がカリッとなればとりだす。
＊アナゴは揚げている途中でくっつき、団子状になりやすい。無理にほぐそうとすると崩れるので、表面が固まってからほぐす。

5 鍋に油大さじ1、赤唐辛子を入れて弱火でゆっくり炒める。唐辛子が赤黒くなったら、ニンニク、XO醤を加え、アナゴ、モヤシを入れて強火で炒める。鍋とすべての材料が熱くなれば、黄ニラ、2の合わせた調味料を入れ、手早く炒め、ゴマ油を加えて仕上げる。
＊黄ニラは火を通しすぎると持ち味のシャキシャキ感がなくなる。仕上げ直前に加えて5〜6秒炒めればよい。

韮黄星鰻絲：ガウ ウォン シン マン シー

［熱炒の事例］

回《ホエイ》鍋《グオ》肉《ロウ》片《ピエン》

◉豚肉とキャベツの味噌炒め

【濃くて辛くて歯ごたえもある。ご飯が欲しくなる一品】

塊肉をゆでてから薄切りにしてふたたび鍋にもどし入れるので「回鍋肉（鍋にもどす肉）」といい、野菜は日本ではキャベツを、本場四川では葉ニンニクを使う。

【材料】4人分

皮つき豚バラ肉……250g

*ゆでると180gになる。

キャベツ……120g

葉ニンニク……80g（2本分）

*なければニンニクの芽を使う。

油……適量

［調味料］

豆瓣醤（↓266頁）……大さじ1・½

甜麺醤（↓265頁）……大さじ3

酒醸（↓264頁）……大さじ2

豆豉（↓266頁）……小さじ1

紹興酒……大さじ1

醤油……小さじ2

1 豚バラ肉は塊のままを浸かるくらいの熱湯に入れ、コトコト表面が沸騰している状態でゆでる。とりだしてバットなどではさんで重石をし、粗熱をとって薄切りにする。

*重石をした肉は形が安定して切りやすく、薄切りの形もそろう。水に浸けて冷ましてもよい。

*豚肉は皮なしでもよい。

2 キャベツは一辺が5～6㎝の大きさに切る。葉ニンニクは斜め薄切りにする。

3 鍋に約300㎖の油を入れて170℃に熱し、キャベツを入れてすぐにとりだす。

4 油をあけ、鍋に豚バラ肉を1枚1枚広げるように並べ、中火でしっかり炒めて焼き目をつける。肉が色づいて香りが出ればとりだす。肉から出た脂は残しておく。

5 4の鍋に豆瓣醤、甜麺醤、酒醸を入れ、中火で炒めて少し煮詰める。豆豉、炒めたバラ肉をもどし入れ、調味料をからめるように炒める。

6 葉ニンニクを入れて炒め、しんなりしたらキャベツ、紹興酒、醤油を加えて強火で炒め合わせる。

［軟炒の事例］

蟹《シエ》肉《ロウ》炒《チャオ》鮮《シエン》奶《ナイ》◉蟹肉とミルクの柔らか炒め

【生クリーム入りのリッチな蟹の炒めもの】

【材料】2人分

牛乳……50㎖

生クリーム……50㎖

コーンスターチ……大さじ2

塩……小さじ⅓

卵白……110g（3個分）

蟹肉（火を通したものをほぐす）……25g

中国ハム（↓263頁。みじん切り）……適量

油……適量

1 ボウルに牛乳、生クリーム、コーンスターチ、塩を入れて混ぜる。卵白を加えて混ぜ、蟹肉を加えて生地をつくる。

*生地を混ぜ合わせる時、箸で切るようにして混ぜ、卵白のコシは残す。コシを切りすぎると、できあがった料理にプリプリした食感がなくなる。

2 鍋に油大さじ2を入れ、鍋全体を熱する。鍋の温度は、合わせた生地を少し入れて柔らかく固まるくらい。高いと焦げ、低いと鍋底にはりついて炒めづらい。

*焦げつきやすいので、鍋ならしを何度もやっておくとよい。

3 鍋に1の生地を流し入れ、弱火でゆっくり火を通す。鍋底から火が通るので、玉杓子でたえずかき混ぜながら炒める。途中で少量の油を2回に分けて入れ、全体に熱が加わるように鍋を動かしながら炒める。

*途中で補う油は生地と鍋の間に加えると炒めやすくなる。

4 火が通って滑らかになれば皿に盛り、中国ハムをふりかける。

*火の通りが不十分だと、水が出て、コーンスターチの粉気も残る。

上　回鍋肉片：ウイ ウオ ヨック ピン／下　蟹肉炒鮮奶：ハイ ヨック チャウ シン ナイ

［野菜炒め「葉菜」の事例］

清《チン》炒《チャオ》豆《トウ》苗《ミャオ》◉トウミョウの炒めもの

【シャキッとしたさっぱり炒め】

【材料】2人分
トウミョウ……180g
ニンニク……2片

［調味料］
ピーナッツ油……大さじ3
塩……小さじ⅔
スープ……100㎖
＊二湯、毛湯のいずれでもよい。
ゴマ油……小さじ2

1 トウミョウは芽、葉、茎の部分に手でちぎる（写真a）。水洗いして水気を切って、ザーレンにのせる。
＊茎の部分が太くて固い場合は炒め料理には使わず、ほかの料理に用いる。トウミョウのつるが長ければとる。

2 ニンニクは軽く叩きつぶす。分量の塩をトウミョウに炒める直前にふりかける。

3 鍋にピーナッツ油、ニンニクを入れて熱する。ニンニクの表面が色づき、鍋から薄煙が出るくらいになればトウミョウを入れて強火で一気に炒める。スープをふり入れ（写真b）、ゴマ油を加えて仕上げ、皿に盛る。
＊ピーナッツ油は野菜によく合う。スープを入れることで均一に火が通り、塩味もまんべんなくからむ。

a

b

［野菜炒め「葉としっかりした茎を持つ野菜」の事例］

炒《チャオ》青《チン》菜《ツァイ》◉チンゲンサイと椎茸の炒め

【柔らかい！　それでいて繊維が口に残らない】

【材料】4人分
チンゲンサイ……8株
椎茸……8枚
ニンニク（薄切り）……1片分
下煮用スープ（→63頁）……基本分量

［炒め調味料］
ピーナッツ油……大さじ2
水溶き片栗粉、紹興酒、ゴマ油
……各少量

1 チンゲンサイは葉先を切り落とし、根元に十字の切り目を入れる。太いものは外側の茎をとり、大きさをそろえる。椎茸は石づきの固い部分を切り落とし、半分に切る。

2 鍋に下煮用スープの材料を合わせて沸かし、チンゲンサイを入れてしばらく煮てから、椎茸を入れる。味を含んだらザーレンにあげて水気を切り、鍋のスープ大さじ3をとり分ける。

3 鍋に炒め調味料のピーナッツ油、ニンニクを入れて炒める。2のチンゲンサイと椎茸を入れて鍋をふり、油をからめる。玉杓子に2のスープ大さじ3、水溶き片栗粉、紹興酒、ゴマ油を合わせ、鍋に加えて炒める。

上　清炒豆苗：チェン チャウ タウ ミュウ ／下　炒青菜：チャウ チェン チョイ

［野菜炒め「根菜、キノコ」の事例］

干《ガン》煸《ビエン》四《スー》季《ディ》豆《トウ》◉サヤインゲンの炒めもの

【インゲンらしいほどよい歯ごたえが残る香ばしい炒めもの】

【材料】4人分

サヤインゲン……350g
干しエビ（もどして→262頁）……50g
＊粗みじん切りにする。
ザーサイ（粗みじん切り）……40g
生姜（粗みじん切り）……小さじ1
豚挽き肉の味噌炒め……50g
＊炸醤肉末（→226頁）。
ネギ（粗みじん切り）……30g
油……適量

［調味料］
紹興酒……大さじ1
醤油……大さじ1
塩……ひとつまみ
ゴマ油……小さじ1

1 サヤインゲンはへたを切り落とし、4～5cm長さに切り、水に浸ける。

2 鍋に油を入れて約175℃に熱して、1のサヤインゲンを水気をふきとって入れ、表面にシワができればとりだす。

3 鍋に油少量、干しエビ、ザーサイ、生姜を入れて弱火で香りが出るまでしっかり炒める。炸醤肉末、サヤインゲンを入れて炒め合わせる。調味料を加えて強火で炒め、仕上げにネギの粗みじん切りを加える。

◎炒めない炒めもの

汁気がなく、野菜炒めと同じような仕上がりになるので「炒めもの」と呼ばれる。実はゆでて油で和えたもの。炒めないので形が崩れないという利点があり、よく用いられる手法。覚えておくといい。

炒《チャオ》莧《シエン》菜《ツァイ》◉ひゆ菜のホットな炒めもの

【さっぱりあっさり味】

【材料】2人分

ひゆ菜……200g
ピーナッツ油……大さじ1
カキ油……大さじ2

［調味料］
スープ……600mℓ
＊二湯、毛湯のいずれでもよい。
塩……小さじ1
砂糖……小さじ2/3
生姜酒（姜酒→268頁）……小さじ1
油……大さじ1
ピーナッツ油……大さじ1

1 ひゆ菜は水洗いし、適当な大きさに切る。

2 鍋に調味料のスープ～油までを入れて沸かす（写真a）。ひゆ菜を入れてゆがき（写真b）、ザーレンにとって水気を切る。ピーナッツ油をまぶして器に盛りつける。

3 ピーナッツ油とカキ油を鍋で温め、ひゆ菜にかける。

a

b

上　干煸四季豆：コン ピン セイ クワイ タウ ／ 下　炒莧菜　チャウ ヒン チョイ

炸《ヂャー》［調理：揚げる］

生あるいは火を通した材料に下味をつけてから衣をつけたり、薄い材料で巻いたりして、比較的多くの油で加熱する調理法。材料の外側はカリッとし、内部は適度の水分と旨みを保つ「外脆裏嫩（ワイツェイリーネン）」という状態に仕上げる。揚げものをする時は、鍋を十分に焼いてから油を入れると、鍋ならし（↓36頁）をしたのと同じ効果が得られる。

・揚げ方の基本

二度揚げすることが基本である

油は低温（衣の中に入った油）から高温（鍋の中の油）に流れる性質があるので、とりだす時に油の温度を上げれば材料中の油が外に出て、カリッと仕上がる。

◎二度揚げ

【鶏のから揚げの場合】

一度めは材料の内部に水分（肉汁など）をとどめながら火を通すことを目的とし、二度めで表面の水分を飛ばし、カリッとした食感と香りをつける。大量の場合は、少量ずつ揚げたものを、全部一緒に二度揚げして、色や食感など仕上がりを均一にする。

1 油を１６５～１７０℃にして鶏肉を入れ、材料の表面を固める。多めに揚げる場合は温度が下がるので少し高めにする。

▼

2 このままだと表面だけ火が通ることになるので、低温の油を加えるか火を弱めるかして少し温度を下げ、全体にゆっくりと火を通していく。

▼

3 パチパチと音がしたらさわってみる。カリッとしているが柔らかい弾力を感じたら網ザーレンでとりだす。やっと火が通って表面は水分を含んで柔らかい状態。

4 二度揚げする。油を減らして少し温度を上げてから入れる。表面の水分を除き、カリッとさせることが目的。焦がさないように注意する。

▼

5 パチパチとはっきり音がして小さい泡が出てきたらとりだす。表面はカリッと香ばしく、中は肉汁がたまり柔らかい。「外脆裏嫩」の状態。

◎一度揚げ

【ナッツの場合】

比較的小さな形で、火の通りやすい材料や部位が適する。

1 ナッツは１４０℃の油に入れ、徐々に温度を上げながら火を通す。

▼

2 材料が沈んでいる時は、底にあたる部分が焦げるので材料をたえずかき混ぜる。火が通ってくるとナッツの水分が抜けて油が白濁してくる。

▼

3 色がつきだすと早い。余熱でさらに色づくのでちょうど欲しい色の手前でとりだす。粗熱をとり、乾燥剤と一緒に密封する。

【野菜（サヤインゲン）・キノコの場合】

比較的高い温度に入れて短時間でとりだす。

▼下加熱によく用いられる。

高めの温度（１７０～１７５℃）でさっと揚げる。野菜の表面に気泡をつくりながら火を通し、変色させずにシャキッとした歯触りに揚げる。また、キノコは水分を抜くことで香りが強くなる。

［温度はどう調節するか］

A

B

A レバーで火力を調節する。

B 油の量を加減することで温度調節する。鍋の中の油を適量すくいだして温度を上げる。冷たい油を加えて温度を下げる。

C このほか鍋を火から離して温度を下げる手法がよく使われる。

［油の温度の見分け方］

A

B

A 油を玉杓子ですくい、落として切れ具合を見る。温度が高くなるほど粘度が下がり、高い位置から油が点滴状になる。落とした高さの半分くらいからだと１６０℃くらい、上部３分の１程度で点滴状態になれば１７０℃くらい。

B 鍋の油を上から落として泡立ち具合を見る。温度が高くなるほど泡は小さくよく泡立つ。

C このほか衣を落として判断する方法がある。鍋底についてすぐ上がってくるのが１６０～１６５℃。底についてなかなか浮いてこないと１５０℃以下。中ほどまで沈んで浮いてくるのが約１７０℃。衣が沈まず油の表面に広がれば約１８０℃。

・揚げ方の種類——揚げる温度は材料によって異なる

◎清炸《チンヂャー》【素揚げ】

切って下味をつけた比較的小さな材料や火の通りやすいものを、熱い油の入った鍋に入れ、素早く火を通して仕上げる調理法。

◎軟炸《ルワンヂャー》【柔らかい材料の衣揚げ】

柔らかく小さな材料に下味、衣をつけ、多量の油の入った鍋に入れて中火～強火で、外はカリッと中は柔らかく仕上げる調理法。

◉トビアラの香り揚げ（→76頁）

1 材料に下味をつける。粉や衣はつけない。

2 高温で揚げる。写真のトビアラの場合は、約１７５℃の油に入れ、長めに加熱し、しっかり揚げる。

3 殻がもろくなり、香ばしくカリッと揚がった状態。揚げ上がりは二度揚げのもの。以下同様。

◉カキの衣揚げ

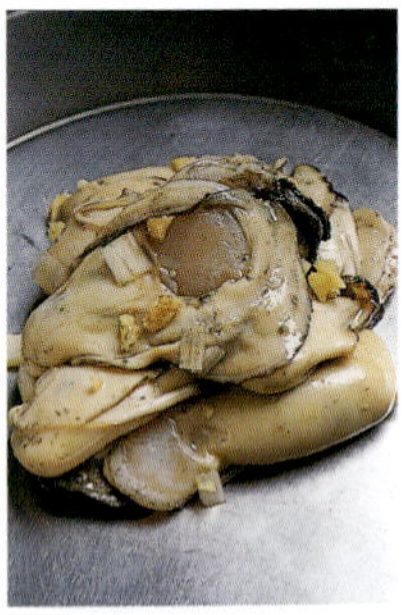

1 材料に下味をつける。水気の多いカキなどの場合は揚げる直前に行う。

2 衣をつけて中温の油で揚げる。写真のカキの場合は１６５～１７０℃。衣が膨らんでくるまで手を離さない。

3 水分のパチパチはじける音がすれば網ザーレンですくい上げる。衣はサクサクで中はカキの柔らかさが保たれている。

◎酥《スウ》炸《ヂャー》

【加熱したものを揚げる】

火を通した材料に衣をつけ、多量の熱い油で揚げる。衣で中の材料の旨みを閉じ込めて仕上げる調理法。火の通りが異なる材料や衣を一緒に揚げることが可能になる。また、生の材料に酥炸糊（↓75頁・卵入りベーキングパウダーの衣）をつけて揚げたものにも料理名に「酥炸」がつけられる。

◉鶏肉のエビすり身揚げ

1 鶏モモ肉を蒸しておく。火の通りが異なる材料を組み合わせて揚げる時は、加熱時間が長くかかるものにあらかじめ火を通す。火を通すことでクセもやわらぐ。

▼

2 1の鶏モモ肉をゆば（衣）の上にのせ、肉の表面にエビすり身、アーモンドスライス（衣）をつける。

▼

3 約160℃の油に入れ、徐々に温度を上げていく。底に沈むので焦げないようにヘラを下に敷く。

▼

4 アーモンドスライスと底のゆばはカリッとし、鶏とエビすり身は柔らかく揚がっている。

◎脆《ツェイ》炸《ヂャー》

【飴をかけて揚げる】

下処理した皮つきの材料に飴を塗って陰干しにしてから、熱い油をかけて火を通すか、中温の油の入った鍋に入れて徐々に油の温度を上げるかして、皮をカリッと仕上げる調理法。

◉若鶏の揚げもの 広東風

1 下処理した鶏に熱湯をかけ、飴（↓83頁「若鶏の香味焼き」）をまんべんなくかける。吊るして表面を十分に乾燥させる。

▼

2 首を落とし、網ザーレンにのせ、140～150℃の油をかけながらゆっくりと揚げる。油温は徐々に上げていく。途中で上下をひっくり返して同様に揚げる。

▼

3 約7割火が通って（片面6分、計12分）均一に色づけば、引き上げる。吊るして粗熱をとり、皮と肉の間にたまった水分を蒸発させる。

▼

4 ふたたび徐々に温度を上げながら揚げ、色をつける。3で水分を蒸発させたことで、皮はカリッと仕上がる。

◎包《パオ》炸《ヂャー》

【包んで揚げる】

小さく切った材料またはペースト状のものを調味し、薄い材料で包み、多量の油で揚げる調理法。火の通りにくいものは下加熱する。粉、衣をつけて揚げることもある。

◉豚バラ肉と黄ニラの春巻（↓79頁）

1 春巻の皮などの薄い材料で餡を包む。少しゆるく包むと皮の内側までカリッと揚がる。

▼

2 低中温の油でゆっくり揚げて中まで火を通す。春巻の場合は140～150℃。薄く色づけば徐々に温度を上げ、カリッとなったらとりだす。

▼

3 揚がった状態。皮に透明感が出る。

・衣揚げの種類

いろいろな衣をつけて揚げるとでき上がりもさまざまである。

◎麺《ミエン》包《パオ》糊《フウ》

【パン粉の衣】

麺包とはパンのこと。エビフライなどと同じ手法でパン粉の香りが香ばしい。

片栗粉（または小麦粉）、溶き卵、パン粉各適量

1 片栗粉、卵、パン粉の順に衣をつける。

2 160~165℃の油に入れ、徐々に温度を上げていく。

3 パン粉は色づきやすく、油を吸収しやすい。キツネ色になったら手早くとりだす。3の写真は二度揚げ後のもの。以下同様。

【衣の断面】 衣は材料の表面に密着し、片栗粉と卵の壁でエビの水分がさえぎられてパン粉はカリッとしている。

◎蛋《タン》泡《パオ》糊《フウ》

【泡立て卵白の衣】

甘い点心にも使う。北方では「高麗《ガオリー》」という。ソフトな食感。魚やササミ、果物など火の通りがよく、柔らかい素材と相性がよい。

小麦粉40g、片栗粉20g、卵白5個分、カスタードパウダー大さじ1、水大さじ1~2

1 すくうとピンと立つまで卵白をしっかり泡立て、ほかの材料を混ぜ合わせて衣をつくる。カスタードパウダーが入っていることで色づきがよく、香りもよい。

2 140~150℃の油に入れると浮く。表面が固まってきたら油をかけながら揚げる。固まらないうちに勢いよく油をかけると衣に穴があく。

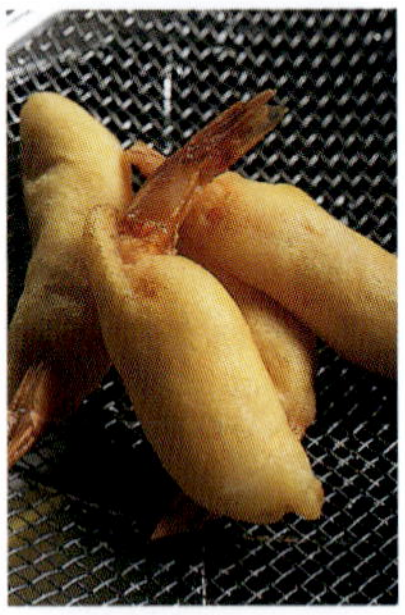

3 表面が滑らかになり、薄いクリーム色になったらとりだす。揚げすぎるとかえって油を吸ってしまう。

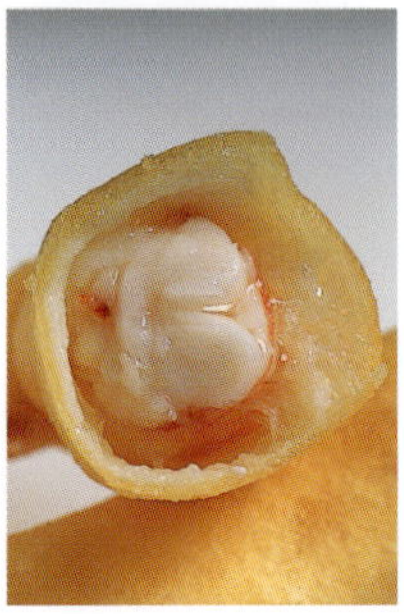

【衣の断面】 卵の気泡で膨らむので、時間がたつとしぼみやすい。スポンジのような食感が特徴。

◎酥《スウ》炸《ヂャー》糊《フウ》

【卵入り ベーキングパウダーの衣】

油を加えたサクサクした食感の衣。ポピュラーなエビの衣揚げに使われる。

小麦粉80g、片栗粉20g、卵½個、塩少量、ベーキングパウダー大さじ1、水115㎖、油大さじ2

1 小麦粉～ベーキングパウダーを混ぜ、水を加えながら練って、リボン状に落ちる固さにする。最後に油を加えてざっくり混ぜる。油が入ると衣は少し固くなる。

2 160～165℃の油に入れる。油の温度が低いとベーキングパウダーが反応せず、衣が膨らまない。温度が高いと膨らむ前に表面が固まってしまう。

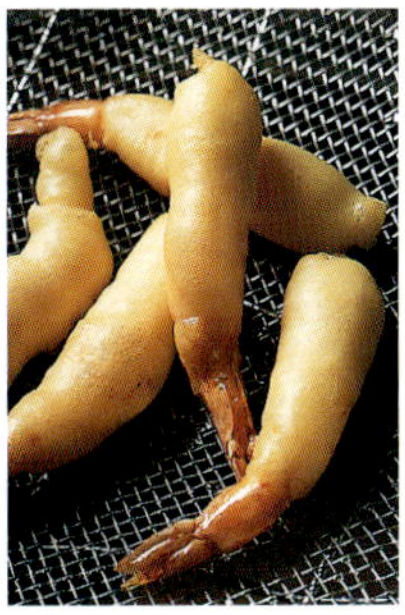

3 衣が膨らんで滑らかになり、光沢が出てきたらとりだす。

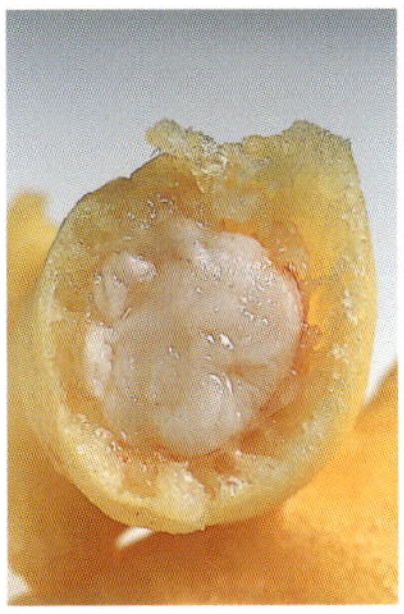

【衣の断面】油を加えることで衣に小さな気泡ができてサクサクするが、卵が入るのでもろさはない。ベーキングパウダー入りのため時間がたってもしぼみにくい。

◎脆漿《ツェイヂャン》

【卵なし ベーキングパウダーの衣】

広東料理で用いる透明感があるサクサクした食感の衣。

小麦粉150g、片栗粉10g、塩少量、ベーキングパウダー10g、水180～200㎖、油大さじ5

1 小麦粉～ベーキングパウダーを混ぜ、水を加えながら練って、リボン状に落ちる固さにする。最後に油を加えてざっくり混ぜる。油が入ると衣は少し固くなる。

2 160～165℃の油に入れる。油の温度が低いとベーキングパウダーが反応せず、衣が膨らまない。温度が高いと膨らむ前に表面が固まってしまう。

3 衣が固まり、火が通ってくるとパチパチと水分のはじける音がする。これがとりだす目安。

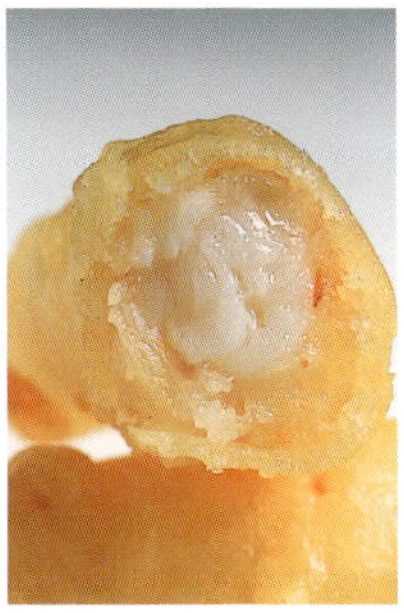

【衣の断面】右の卵入りの衣と酷似しているが、透明感があって薄い衣に仕上がる。もろく崩れやすい食感。

◎糯《ヌオ》米《ミー》糊《フウ》

【白玉粉の衣】

湖南料理でよく用いられる、もちの香りがする軽い衣。

白玉粉100g、片栗粉大さじ1、塩ひとつまみ、ベーキングパウダー小さじ2、水150㎖、油大さじ2

1 白玉粉～ベーキングパウダーまでを混ぜ合わせ、水を少しずつ加えながらダマができないようによく練る。最後に油を加え混ぜる。

2 165～170℃の少なめの油（油を高温に保って少量ずつ揚げ、均一に火を通すため）に入れる。温度が高くないと膨らみにくく、衣同士がくっつきやすい。

3 衣の表面が固まり、パチパチと水分のはじける音がしてもちの香りがしたらとりだす。

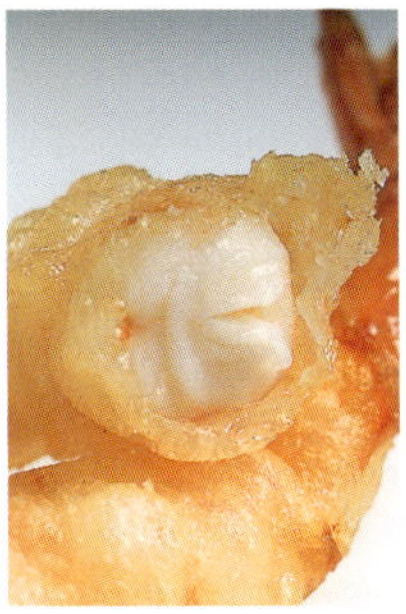

【衣の断面】薄い衣のため、表面はしっかりしているが、軽さともろさがある。

［清炸の事例］

清《チン》炸《ジャー》蝦《シャー》仔《ザイ》◉トビアラの香り揚げ

【殻の香ばしいエビの揚げもの】

【材料】4人分
トビアラ……20尾
ネギ（粗みじん切り）……大さじ3
揚げニンニク……大さじ1
＊炸蒜茸（→266頁）。
生姜（粗みじん切り）……大さじ1
油……適量

［下味調味料］
蝦醬（エビミソ→265頁）
……小さじ1/6
紹興酒……大さじ1/2
ゴマ油……小さじ1/4
ネギと生姜の端……各適量
＊包丁の腹で叩く。

［炒め調味料］
醬油……小さじ1
花椒塩（中国山椒塩）……ひとつまみ
＊つくり方は→268頁。
ゴマ油……小さじ1

1 トビアラは目から先と足、尾の先を切り落とす。水洗いして水分をふきとり、下味調味料と混ぜ合わせて約20分おく。

2 水分をふきとって175℃の油で長めにしっかり揚げる。
＊殻ごと食べるので、長めにしっかり揚げないと殻が固い。

3 油小さじ1を熱し、揚げたトビアラ、醬油、花椒塩、ゴマ油、香味野菜を入れて炒め合わせる。

清炸蝦仔：チェン ヂャー ハー チャイ

［軟炸の事例］

龍《ロン》帯《タイ》玉《ユィ》梨《リー》香《シャン》◉ホタテ貝と洋梨のはさみ揚げ

【ホタテ貝の旨みと洋梨の甘さがいいバランス。食感の落差も味のうち】

【材料】6人分
ホタテ貝（生食用冷凍）……4個
エビ（下処理して→97頁）……100g
中国ハム……適量
洋梨……½個
香菜……少量
生パン粉……適量
片栗粉、卵白、油……各少量

［ホタテ貝の調味料］
塩……小さじ1/5
砂糖……小さじ1/5
コショウ……少量
卵白……大さじ1
片栗粉……小さじ1
重曹……小さじ1/5
ゴマ油……少量

［エビすり身の調味料］
塩……小さじ1/5
砂糖……小さじ1/5
コショウ……少量
卵白……小さじ2
片栗粉……小さじ1
ゴマ油……少量

1 ホタテ貝は乾いた布巾に並べ、一晩冷蔵庫に入れて自然解凍し、水気をよくふきとる。ホタテ貝の調味料をボウルに合わせ、ホタテ貝を入れて柔らかく混ぜる。
＊重曹が保水を助け、プリプリとした食感になる。
＊ホタテ貝や魚などの繊維の粗いものの解凍は、水に浸けると旨みが逃げるので避ける。イカ、エビは水に浸けて解凍しても旨みは逃げにくい。

2 エビは包丁の腹で叩いてすり身にし、エビすり身の調味料を順に入れながらよく混ぜる。

3 中国ハムは菱形に薄く6枚切る。香菜の葉を6枚用意する。

4 洋梨は縦半分に切り、ホタテ貝よりひとまわり小さな抜き型で抜く。7㎜厚さにへぎ、6枚用意する。下味をつけたホタテ貝は3枚にへぐ。
＊ホタテ貝は加熱すると縮むため、洋梨はホタテ貝より少し小さめに抜く。

5 ホタテ貝を並べて少量の片栗粉をふる。6枚の上にエビのすり身12分の1量ずつをのせ、平らにならす。洋梨、エビのすり身、ホタテ貝の順に重ねる。上から軽く押さえて、円柱状に形を整える。

6 周囲に卵白少量をつけ、上部だけを残してパン粉をつける。中国ハム、香菜は卵白を糊にして上につける（写真a）。

7 ホタテ貝を網ザーレンに並べ、165℃の油に入れ、上部が油から出ている状態で表面を固める（写真b）。温度を少し下げて中まで火を通し、徐々に温度を上げ、仕上げに上部に油をかけて火を通す。
＊乾燥パン粉を使う場合は早く火が通って焦げやすいので、霧吹きで水気を与える。
＊ホタテ貝の側面から白いジュースが出てくれば、ほぼ火が通っていると考えてよい。

a

b

龍帯玉梨香：ロン タイ ヨック レイ ヒョン

［軟炸の事例］

沙《シャー》爹《ティエ》炸《ヂャー》鱈《シュエ》魚《ユィ》◉タラと雲子のサテ風味揚げ

【ふっくらした雲子とタラ、サクサクした衣をエスニックな味わいで食べる】

【材料】 4人分

タラ（切り身でもよい）……250g
雲子……100g
＊雲子はタラの雄の精巣で、一般には白子と呼ばれている。
塩、片栗粉……各少量
油……適量

［タラの下味調味料］
塩……小さじ⅓
紹興酒……小さじ1
コショウ……少量

［ソース］
サテソース……大さじ1・½
＊沙茶醤（→265頁）。
醤油……大さじ2・½
砂糖……大さじ1・½
酢……大さじ1・½
水……大さじ1
スダチ（薄切り）……½個分
カレー粉……小さじ½
ネギ（粗みじん切り）……大さじ2
生姜（粗みじん切り）……大さじ½
揚げニンニク……大さじ½
＊炸蒜茸（→266頁）。
香菜（みじん切り）……大さじ1
ラー油……小さじ¼

［衣］
白玉粉……100g
片栗粉……大さじ1
塩……ひとつまみ
ベーキングパウダー……小さじ2
水……135〜150㎖
油……大さじ2

1 タラは鱗、えら、内臓をとり（→258頁「魚のつぼ抜き」）、水洗いし、水気をよくふきとる。1㎝幅の筒切りにし、下味調味料を加えて混ぜる。

2 雲子は塩少量でもみ、水洗いしてぬめりをとる。ザーレンにのせて熱湯に浸け、全体が白くなり、火が通れば（写真a）水に落とす。水気をふきとり、8等分にする。

3 衣、ソースの材料をそれぞれ合わせる。

4 タラと雲子に少量の片栗粉をつけて、3の衣をつけ、170℃の油で揚げる。皿に盛りつけ、ソースをかける。

a

沙爹炸鱈魚：サー テ ヂャー シュッ ユィ

［包炸の事例］

韮《チュウ》黄《ホワン》肉《ロウ》絲《スー》春巻《チュンヂュエン》◉豚バラ肉と黄ニラの春巻

【餡にコクのある卵の風味が加わった、品のいい味わい】

【材料】20本分
春巻の皮（四角形のもの）……10枚
油……適量

［餡］
豚バラ肉……60g
タケノコ（水煮）……60g
干し椎茸（もどす→262頁）……2枚
黄ニラ……1束
卵……1個

［豚バラ肉の下味調味料］
塩……少量
砂糖……少量
コショウ……少量
片栗粉……少量

［餡の炒め調味料］
油……大さじ2
スープ……150ml
＊二湯、毛湯のいずれでもよい。
紹興酒……小さじ2
醤油……小さじ2
カキ油……小さじ2
砂糖……小さじ1
塩……適量
コショウ……少量
水溶き片栗粉……少量
ゴマ油……小さじ1

［糊］混ぜ合わせる
小麦粉……大さじ3
水……大さじ2

［食卓調味料］
花椒塩（中国山椒塩）……適量
＊つくり方は→268頁。

a

1 豚バラ肉は細切りにし、下味調味料を加えて混ぜ合わせる。

2 タケノコ、椎茸は細切りにする。タケノコはゆでてくさみを除き、絞って水気をよくとる。

3 黄ニラは3cm長さに切る。

4 卵は半熟の目玉焼きにする。

5 餡をつくる。鍋に油大さじ2を熱し、豚肉を入れて炒めほぐす。タケノコ、椎茸を入れて炒め合わせ、餡の調味料をスープから順に加えて味を調え、皿にとりだして目玉焼きと黄ニラを混ぜる（写真a）。

6 春巻の皮を三角形に半分に切り、頂点を向こう側にして広げる。手前に餡15gをのせて包み（→179頁「春巻の包み方・筒形」）、糊で閉じる。

7 油を150℃に熱し、6を入れる。薄く色づいたら徐々に温度を上げ、カリッとなればとりだす（→73頁「包んで揚げる」）。

8 皿に盛り、花椒塩を添える。

韮黄肉絲春巻：ガウ ウォン ヨック シー チョン ギュン

［調理：焼く］

焼《シャオ》烤《カオ》

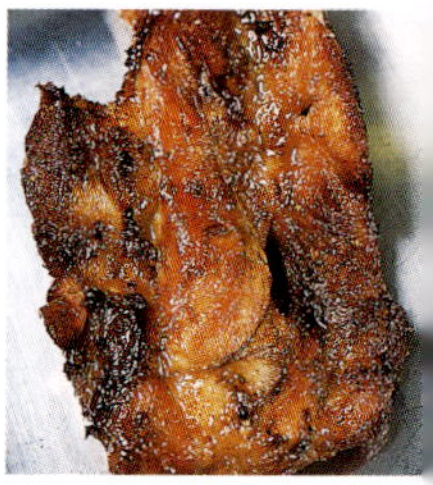

焼く調理には、丸のままか大きく切った材料を下処理し、直接火にあぶって仕上げる方法と密閉された窯（炉）、オーヴンに入れて中の熱い空気が対流することによって火を通す調理法とがある。現在はほとんどが窯、つまりオーヴンで焼いている。

・直火焼きと窯焼き

◎明《ミン》火《フォ》烤《カオ》【直火焼き】

直火で材料に火を通す。材料にまんべんなく火があたるように動かしながら焼く。子豚の丸焼き（焼乳猪）など。

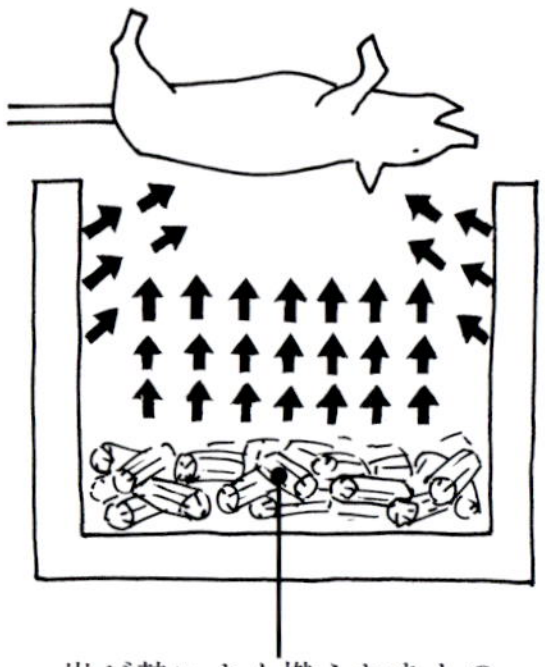
炭が勢いよく燃えたあとの
安定した火力で焼く

◎暗《アン》火《フォ》烤《カオ》【窯焼き】

窯（炉）を密閉して加熱し、熱した空気が窯の中を対流して材料に火が通る仕組み。北京ダックなどの焼き方。

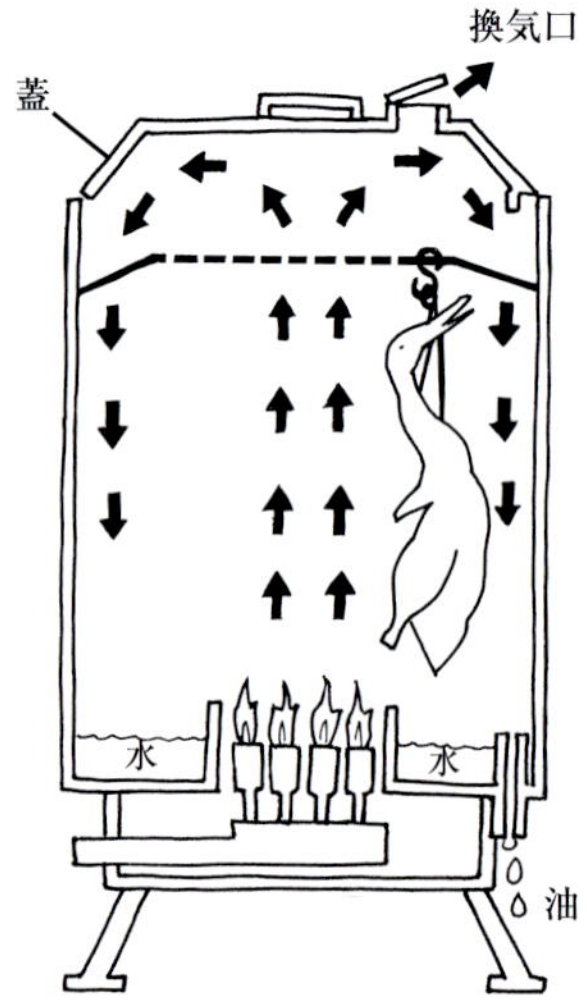

・焼き串、鈎《かぎ》いろいろ

豚肉、鶏、アヒルなどをひっかけて吊るす串や鈎で、よく用いるものに次のようなものがある。

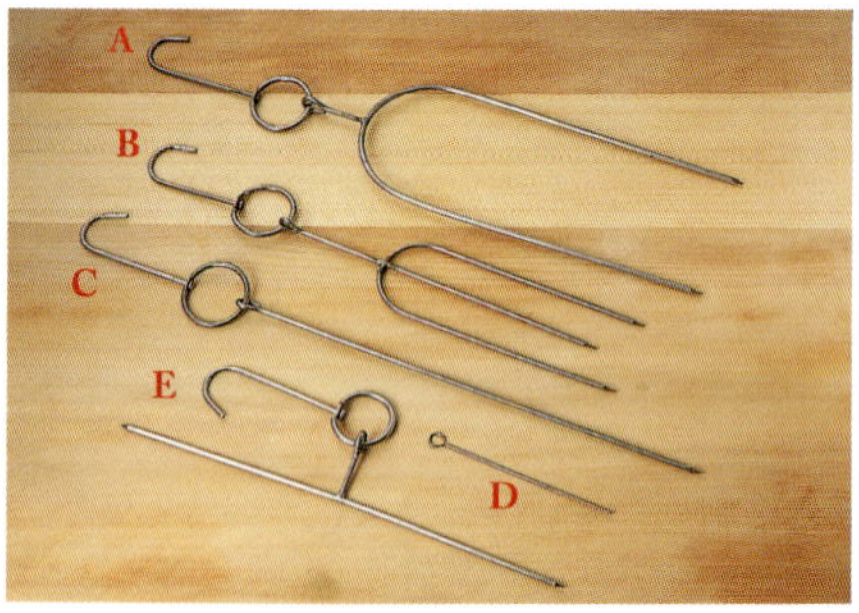

A
琵《ピー》琶《パー》鴨《ヤー》叉《チャー》
開いたアヒル（琵琶鴨《ピーパーヤー》）を焼くためのU字形の串。

B
乳《ルウ》鴿《ゴー》叉《チャー》
小バトを焼くためのフォーク状の串。

C
金《チン》銭《チエン》鶏《ディ》針《チエン》
薄切りの肉を刺して焼く（金銭鶏《チンチエンディ》）ための太い針状の串。

D
尾《ウエイ》針《チエン》
詰めものをした鶏やアヒルの腹の切り口を縫合するための鉄針。

E
叉《チャー》環《ホワン》
チャーシューを焼くためのT字形の串。

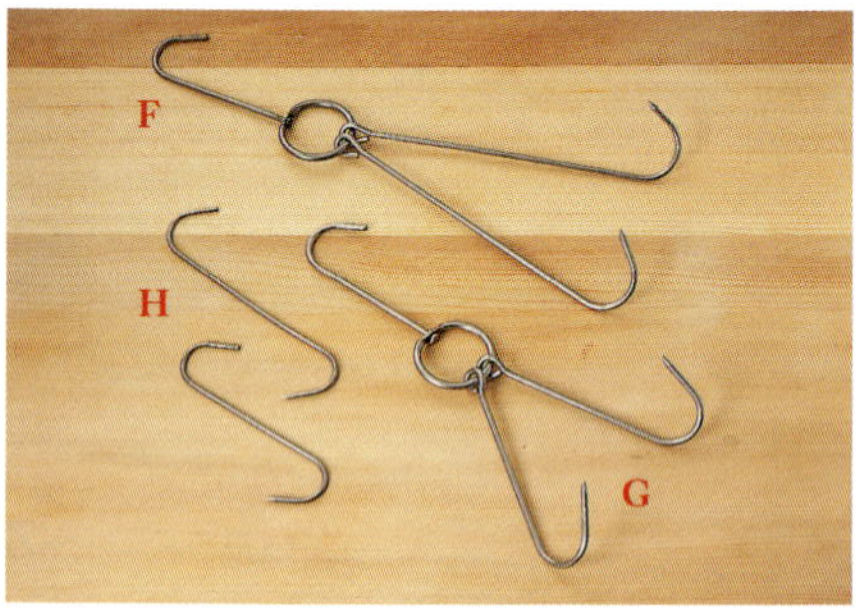

F
焼《シャオ》鴨《ヤー》鈎《ゴウ》
丸のままのアヒルを焼くための串で、二股に分かれ、先端が鈎状になっている。

G
叉《チャー》焼《シャオ》鈎《ゴウ》
チャーシューを焼く時に用いる。焼鴨鈎より短い。

H
炸《ヂャー》鶏《ディ》鈎《ゴウ》
鶏を揚げるのに用いるS字形の串。

・焼きものいろいろ

材料は比較的大きく、タレに漬けて長時間おくことが多い。焼き上がった肉や魚などに食卓用の調味料として味噌やジャムなどを添えることはあるが、そのままでもおいしく食べられるようにしっかり味をつけておくことが肝心だ。

◎丸のまま焼く

▼若鶏の香味焼き（↓83頁）
北京ダック、子豚の丸焼きなど

◎漬け込んで焼く

▼スペアリブの焼きもの（↓84頁）
チャーシュー（↓254頁）など

◉若鶏の香味焼き（↓83頁）

1 鶏（またはアヒル）は腹から切り開き、身の内側に下味調味料を塗り、ハマナスの酒（↓264頁）をすり込んで30分ほどおく。特に身の厚い部分はよくすり込む。

▼

2 鶏のモモの骨、肩の骨の下を通るように串（↓右頁のA）を刺して琵琶形にする。割り箸2本を横に刺して固定し、焼き色が均一につきやすいように形を整える。

▼

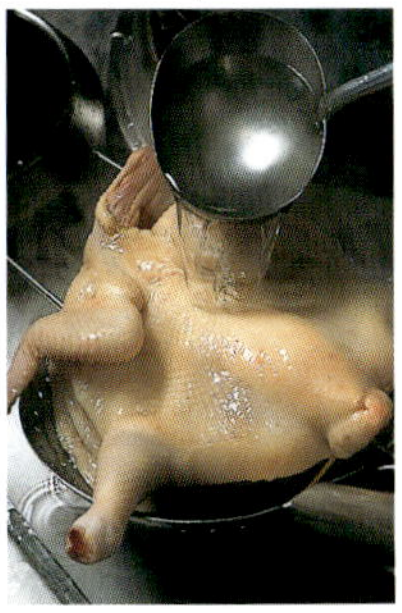

3 吊るして余分な水分を落としてから腹側に麺豉醤（ミンシー醤↓83頁）を塗る。皮に熱湯をかけて表面の脂分を流し、ピンと張らせる。

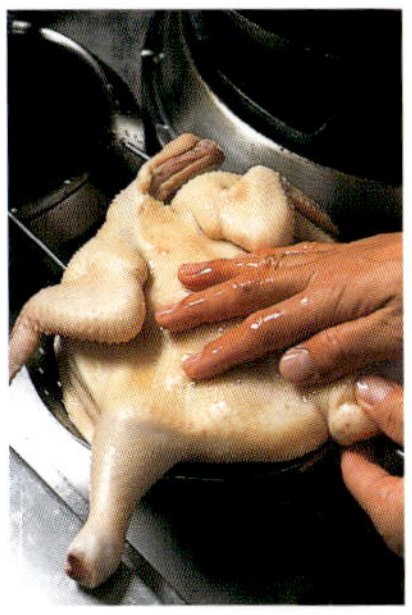

4 皮の表面に飴（↓83頁）をまんべんなく塗る。

▼

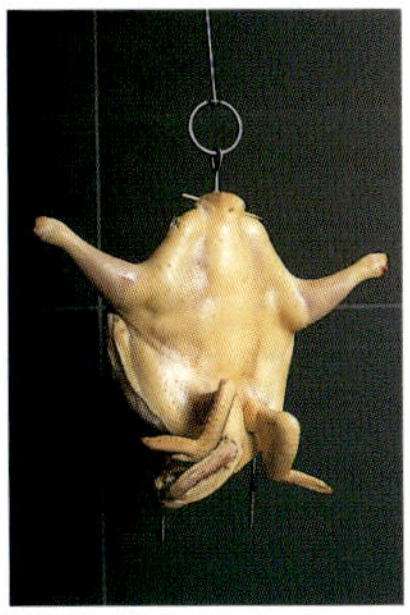

5 直射日光を避け、風のあたるところで表面を乾かす。190～230℃のオーヴンで徐々に温度を上げて焼く。

［ポイント］

＊3で、熱湯がかかっていない部分は飴ののりが悪く、焼きむらができるので、まんべんなくかける。

＊5では、十分に乾かないと焼き色がつきにくく、色むらができやすい。

◉スペアリブの焼きもの（↓84頁）

1 スペアリブは骨に沿って切り離す（↓257頁「スペアリブのさばき方」）。水に30分さらしてクセをやわらげた後、タオルなどで水気をしっかりとる。

▼

2 漬けダレ（↓84頁）を合わせ、肉にすり込み、約40分おく。厚みによって漬ける時間を加減する。

▼

3 余分なタレをとり除き、串（↓右頁のE）に刺して、210℃のオーヴンに入れて焼く。

◎下加熱してから焼く

▼ココナッツ風味のカキグラタン(↓85頁)などグラタン類

◉ココナッツ風味のカキグラタン(↓85頁)

1 材料(カキ)をゆでる、蒸すなどして下加熱し、必要ならば下味をつけておく。

2 鍋に油少量を入れ、グラタンソースの調味料を加えて弱火で少し煮詰める。1を加え、バターで炒めた小麦粉でとろみをつける。

3 グラタン皿や貝殻など表面が広くてあまり深くない容器にバターを塗り、2を入れる。250℃のオーヴンの上段に入れて短時間焼いて焼き目をつける。

◎包んで焼く――塩は熱伝導率が低いので、材料にゆっくり火を通せる

▼ソイの塩包み焼き、エビの塩包み焼き、鶏の塩包み焼きなど
＊火の通りにくい材料はあらかじめ下加熱をしておく。

◉ソイの塩包み焼き

1 材料(魚、鶏)は水洗いし、魚の場合はえらと内臓を除く(↓258頁「魚のつぼ抜き」)。水分をよくふきとり、塩、紹興酒、コショウ、ネギ、生姜で下味をつける。

2 腹の中にザーサイ、椎茸、タケノコ、豚肉の細切りを塩味で炒めたものを詰め、笹の葉、硫酸紙で包む。

3 岩塩は鍋でから炒りして熱くする。

4 土鍋に3の岩塩を敷き、材料をおいて、上から包み込むよう塩をかける。250℃に熱したオーヴンの上段に入れ、火を通す。

ひと口メモ

鶏の泥包み焼きと塩包み焼き

浙江省杭州の名物料理の一つ「鶏の泥包み焼き」は〝こじき鶏(叫化鶏〈チャオホワヂィ〉)〟ともいわれる。こじきが拾った鶏を泥に包んで焚き火の中に入れて焼いたのがはじまりだとされる。

一方、似た料理に「鶏の塩包み焼き」(塩焗鶏〈イエンヂュイヂィ〉)がある。これは広東省に住む客家の人たちの料理だ。彼らは黄河中流から逃げてきて交通の不便な山中に住んだため、労働がきつくて、塩分の多い料理、中でもこの料理を好んだ。現在ではどちらもオーヴンで焼く。泥や塩を通して火が間接的に柔らかく入り、香りが閉じ込められ、あけるとよい香りがただようという演出効果も期待できる。

［丸のまま焼くの事例］

脆《ツェイ》皮《ピー》琵《ピー》琶《パー》鶏《ディ》◉若鶏の香味焼き

【キャラメリゼされた香ばしい皮もおいしい】

a

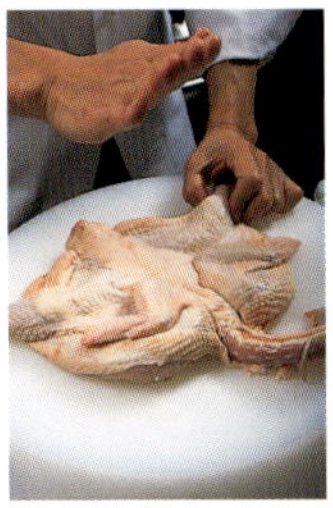

b

c

【材料】4人分

若鶏……1羽
麺豉醤（↓左記）……40g
＊なければ甜麺醤で代用する。
ハマナスの酒……大さじ1
＊玫瑰露酒（↓264頁）。

［麺豉醤（ミンシー醤↓265頁）］
＊以下を合わせてつくる。
八丁味噌……1kg
芝麻醤（油を除いたもの）……200g
＊ゴマペースト（↓265頁）。
カキ油……300g
海鮮醤（↓265頁）……500g
トマトケチャップ……50g
南乳（↓266頁）……2個
ハマナスの酒……大さじ3
砂糖……300g

［鶏の下味調味料］合わせる
塩……20g
砂糖……30g
五香粉……小さじ¼
カレー粉……少量

［飴］合わせて煮溶かす
麦芽糖飴……100g
酢……200g

［食卓調味料］
熟醤（↓下記）……適量

【熟醤〈シュウヂャン〉〝焼きものの食卓調味料〟のつくり方】

［材料］
油50㎖、
ネギと生姜の端各適量、
ニンニク2片、
エシャロット1個、
米酒（↓264頁。代用は日本酒）大さじ1、
ハマナスの酒大さじ1、
麺豉醤（↓上記）2カップ、
カキ油大さじ1、
醤油大さじ1、
砂糖大さじ6、
OK汁（↓266頁）小さじ2、
水50㎖

1 ニンニク～ハマナスの酒をミキサーにかけてペースト状にする。

2 麺豉醤～水までをボウルに合わせる。

3 鍋に油を熱し、ネギ、生姜を炒めて香りを出し、ネギと生姜をとりだす。1を入れ、炒めてアルコールを飛ばし、香りが出たら弱火でゆっくり炒める。

4 2を加えて煮詰める。冷まして密閉容器に入れて冷蔵保存する。

1 鶏は足先を切り落とし、胸から切り開き、よく水洗いして内臓や脂肪の残りを除き、水気をよくふきとる。皮を上にして、押さえて板状にする（写真a）。

2「丸のまま焼く」（↓81頁）を参照して鶏の下処理を行う。

3 オーヴンを熱し、鶏を焼く。まず約50℃で10～15分焼いて皮を乾燥させ、190℃で15～18分焼き、230℃で3分焼く。表面がパリッとしたらとりだす。

4 鶏を切りさばく。まず焦げたところをハサミで切りとり、箸をはずし、串を抜く。
＊冷めると串が抜きにくいので温かいうちに抜く。

5 頭を切り落とす。背骨に沿って骨の両側に切り目を入れ、背骨をとる（写真b）。

6 横半分に切って手羽、モモ肉を切り離し、ひと口大に切る（写真c）。器に盛りつけ、好みで熟醤をつけて食す。

脆皮琵琶鶏：チョイ ペイ ペイ パー カイ

［漬け込んで焼くの事例］

蜜《ミー》汁《ヂー》排《パイ》骨《グゥ》◉スペアリブの焼きもの

【甘めの味噌風味がおいしいジューシーな焼きもの】

【材料】6〜8人分
スペアリブ……1・2kg
空豆……4サヤ

［漬けダレ］合わせる
砂糖……225g
塩……37g
醤油……37g
カキ油……37g
麺豉醤（↓83頁）……37g
＊なければ甜麺醤で代用する。
ゴマ油……10g
卵……大さじ1
エシャロット（みじん切り）……1個
揚げニンニク……10g
＊炸蒜茸（↓266頁）。
香菜（刻む）……少量
ハマナスの酒……適量
＊玫塊露酒（↓264頁）。

［蜜汁《ミーヂー》：仕上げ用水飴］
＊以下を合わせて煮溶かす。
砂糖……50g
麦芽糖飴……250g
水……100㎖

［焼きもの用ソース］
焼味汁（左記）……適量

1 スペアリブは「漬け込んで焼く」（↓81頁）を参照して、漬けダレにつけて下処理する。

2 1を210℃に熱したオーヴンで20分焼き、とりだして吊るす。焦げたところをハサミで切りとる。仕上げ用水飴をかけ、余分な水飴を落としてから3分焼く。

3 空豆はサヤをとって黒い部分を除き、210℃に熱したオーヴンで2〜3分焼く。

4 切り分けて皿に盛り、3の空豆を添える。焼味汁をかけて食す。

【焼味汁〈シャオウェイヂー〉〝焼きもの用ソース〟のつくり方】

［材料］
青ネギ（ぶつ切り）適量、
生姜（ぶつ切り）適量、
エシャロット（ぶつ切り）½個分、
麺豉醤（↓83頁）小さじ1、
八角1片、紹興酒大さじ1、
スープ200㎖
＊二湯、毛湯のいずれでもよい。
砂糖小さじ⅔、塩小さじ⅓、
醤油大さじ½、
油鶏水（↓109頁）50㎖、油適量

1 鍋に少量の油を入れ、青ネギ〜八角を入れて香りが出るまで炒める。

2 1に残りの材料を順に加えてひと煮立ちさせ、漉す。肉などの焼きものにつけて供する。

蜜汁排骨：マッ チャップ パイ グワッ

［下加熱してから焼くの事例］

椰《イエ》汁《ヂー》焗《ヂュイ》鮮《シェン》蠔《ハオ》

◉ココナッツ風味のカキグラタン

【カキの旨みとカレー風味がマッチ】

この料理はココナッツミルクが入っているので「椰汁」というが、カレー風味のグラタンはマカオでできた料理で、通常「葡汁〈プゥヂー〉」とつけられる。ポルトガル（葡萄牙）〈プゥタオヤー〉のソースという意味で、かつてポルトガル船がインドのスパイスを植民地であったマカオに運んだそうだ。

【材料】 4人分

殻つきカキ……4個
玉ネギ……50g
マッシュルーム……4個
卵黄……1個
バター、油……各適量

［炒め調味料］
塩……2つまみ
砂糖……ひとつまみ
コショウ……少量
水溶き片栗粉……適量
ゴマ油……少量

［グラタンソース］
小麦粉……大さじ1・½
バター……大さじ2
カレー粉……小さじ½
スープ……50㎖
＊二湯、毛湯のいずれでもよい。
ココナッツミルク……50㎖
生クリーム……25㎖
牛乳……50㎖
塩……2つまみ
砂糖……小さじ⅔

［下準備］
カキを盛る前に、殻にバターを塗っておく。

1 カキを下加熱する。カキは殻からはずし、殻はしっかりゆでて水気をふきとる。身は熱湯の中をくぐらせて表面だけを固める程度に火を入れ、水気をふきとる。

2 カキに下味をつける。玉ネギ、マッシュルームは粗みじんに切る。鍋に油小さじ1を入れ、玉ネギを炒めてマッシュルームを加え、香りが出たらカキを加えて、炒め調味料を順に加えて味を調え、炒め合わせてとりだす。

3 鍋にグラタンソースの小麦粉、バターを入れてゆっくり炒め、とりだす。

4 鍋に油少量を入れ、グラタンソースのカレー粉～砂糖を合わせてから加えて弱火で少し煮詰める。2を加え、3を溶き入れてとろみをつける。火を止めて卵黄を加えて混ぜる。殻にソースごとカキを盛る。

5 「下加熱してから焼く」3（→82頁）を参照して250℃のオーヴンの上段に入れて約7分焼いて仕上げる。

椰汁焗鮮蠔：イエ チャップ ゴック シン ホウ

蒸《チョン》

［調理：蒸す］

下処理した材料を蒸し器に入れ、蒸気で火を通す調理法。形が崩れにくく、材料本来の栄養分や旨み、香りが逃げず、しっとりと仕上がる。蒸気が料理や材料をまんべんなく包み込んで加熱するので、一度に大量の調理ができるという利点がある。煮詰まらないためにスープは濁らないが、加熱による香りやコクはつきにくい。新鮮な材料を用い、火加減と時間を把握しておくことが重要である。

蒸すとは１００℃の蒸気が熱を伝えること

沸点１００℃の水蒸気が料理を包みながら加熱することが蒸すこと。水蒸気は冷たい食材に接すると熱を放出して熱を伝える。これが「蒸す」仕組みだ。つまり「蒸気の量」が十分にあることが大切で、限りなく１００℃を保って蒸気を充満させることがポイントになる。

セイロでは、蒸気は湯に近い下段がもっとも多く、上の段にいくほど少なくなる。上段ほど蒸気の力が弱まるので、温度を落とす場合は最上段に移して蓋をずらすなど調節するとよい。

・下準備で大切なこと

◎水分をとる

材料に余分な水分が残っていると、味を含まず水っぽく仕上がる。布巾などで包み、水分をふきとること。

◎下味をつける

蒸気により水分が加わるので、下味はしっかりとつけることが大切。加熱による香りやコクは得にくいので、香味野菜や香辛料などを用いる場合も多い。

◎下加熱をするもの

内臓類や肉類などでアクが出るもの、においの強いもの、火の通りにくいものなどは下ゆでする。表面が固い材料、水分が多いものは、揚げて水分を除き気泡をつくることで味を含みやすくする。

・材料による火力の調整

蒸気が十分に上がっているのを確かめてから材料を入れる。
蒸している途中で蓋をあけると中の温度が下がり、
水蒸気が冷えて水滴になり、料理のでき上がりに影響する。
材料によって火力を調節し、望ましい火の通し具合に仕上げる。

◎魚、野菜（葉と茎を持つ野菜）、米――強火で

火力が弱いと生ぐささが残ったり、色が飛んだり、余分な水分を含んだりするため、強火で一気に蒸し上げる。新鮮な魚は強火で一気に蒸すと皮と身が裂け、ふっくらした火の通りになる。

◎スープ、固い肉、脂肪を含んだもの――強火で長時間

スペアリブ、スネ肉は長時間の加熱で形が崩れずに柔らかくなる。材料の旨みが十分に出てスープが濁らずに仕上がるので、脂肪の多い肉やフカヒレなどゼラチン質の材料を用いたスープ料理にも向く。

◎点心や小さく切った肉類――強火で一気に蒸す

焼売、饅頭など比較的小さい形状のものは火加減を調節する必要はない。粉でつくった皮を用いる点心類は、弱火で蒸すと水分を吸って質感や味を損なう。また、パオズなどに用いられる膨張剤（→121頁）は温度が低いと反応が鈍く、皮が十分に膨らまない。

◎塊の肉類――蒸し器の蓋をずらして70～80℃で蒸す

塊肉の場合、加熱温度が高いとタンパク質が凝固して固くなりがち。蓋をずらして温度を低くして（ササミ70gなら75℃で10分、豚背ロース500gの塊なら80℃50分）蒸し、固くなるのを防ぐ。ゆでる時と違って、旨みの流失が少なく、柔らかくしっとり仕上がる。

◎茶碗蒸しなど――強火で表面を固めてから弱火に

卵を多く使用した料理は強火で表面が固まればすぐに弱火に落とし、「す」ができないように蒸す。最初から弱火だと固まらないうちに液体が分離する。そのため最初は強火で蒸して表面が固まるまである程度の熱を加え、そのあとゆっくりと火を通していく。

・蒸し料理いろいろ

◎清蒸《チンチョン》【そのまま蒸す】

調味料と少量のスープ（加えないこともある）を入れ、強火で短時間蒸して仕上げる調理法。魚など新鮮な材料に用いることが多い。

◎粉蒸《フェンチョン》【米粉をまぶして蒸す】

切った材料を調味し、香りをつけた米粉をまぶして、強火で蒸す調理法。米粉が材料と調味料の旨みを吸収して、材料にからまる。

◎軟蒸《ルワンチョン》【液体を蒸し固める】

卵などの調味した液体を器に入れ、弱火で蒸し固める調理法。日本の茶碗蒸しと同様の蒸し方である。

◎扣蒸《コウチョン》【蒸してひっくり返す】

「扣」は器をふせる、かぶせるという意味。形を整えた材料を碗に詰めて調味料を加え、強火で蒸してから、碗をひっくり返して盛りつける調理法。「冬瓜、中国ハムのはさみ蒸し」などが知られる。

◎包蒸《パオチョン》【包んで蒸す】

材料を調味し、ハスの葉、網脂、ゆば、薄焼き卵などで包み、強火で蒸す調理法。材料の香りを閉じ込め、ハスの葉などを使えばその香りも加わる。

・下加熱としての「蒸す」

形が崩れることなく味を含み、柔らかくなる。
材料をそのまま蒸すこともあるが、
次の方法は液体に浸けて蒸す利点を十分に生かしている。

◎乾燥材料をふっくらともどす

液体が煮詰まらないという利点から、材料に熱を加えてふっくらともどす操作に適している。

▼干し貝柱、干しエビ（→262頁）など

◎味を含ませる

液体が煮詰まらない、形が壊れにくいことから、柔らかく淡白な味の材料をスープに浸けて蒸し、味を含ませることができる。そのまま仕上げることはまれで、煮込んだりソースをかけて仕上げたりすることが多い。

▼冬瓜、フカヒレなど

・蒸し器の扱い方

竹でつくったセイロのほか、金属製の蒸し器が使われる。
店には大型の蒸し器が設置されている場合が多い。

［水滴に注意］

竹のセイロは蒸気が蓋から上に抜け、水滴が落ちにくいが、ステンレス製のものなどは蓋に布巾をはさんで水滴が落ちないようにするなどの工夫が必要である。

［セイロのサイズはさまざま］

小さなセイロは点心などを入れて蒸してそのまま食卓に出せ、器代わりともなる。大きなセイロに入れて蒸して熱する。高さのないものは焼売など小さい点心用。

［ひとまわり大きな中華鍋にのせる］

セイロはひとまわり大きな中華鍋と組み合わせて使う。鍋に直に接する部分は水がないと焦げてしまうので、セイロの下の部分は常に水に浸かっているようにする。

［使用後は乾かす］

大小いずれも使用後はよく洗い、重ならないように並べて通気をよくし、完全に乾かしてからしまうこと。清潔さを保つ大切なことだ。

［清蒸の事例］

蒜《スワン》茸《ロン》蝦《シャー》◉車エビのニンニク風味蒸し

【エビの味わいをニンニクの香りで引きしめる】

【材料】4人分
車エビ……8尾
揚げニンニク……大さじ3
＊炸蒜茸（↓266頁）。
青ネギ（みじん切り）……大さじ4
香菜（粗みじん切り）……適量
ピーナッツ油……適量
［エビのソース］
魚汁A（↓107頁）……適量

1 魚汁Aの材料を鍋に合わせて一度沸かす。

2 エビは足、ひげを切り、背開きにする。背ワタをとり、曲がらないように2～3本切り目を入れる。揚げニンニクをふり、強火で3～4分蒸す。

3 蒸し上がったエビにネギのみじん切りをふる。鍋にピーナッツ油を入れて高温に熱してかける（↓104頁「熱い油で風味をつける」）。

4 同じ鍋に1を入れて余熱で温めてエビにかけ、香菜をふる。

清《チン》蒸《チョン》鮮《シェン》魚《ユィ》◉魚の蒸しもの 広東風

【魚汁とネギの香りであっさりとした魚を食べる】

【材料】5～6人分
キジハタ……1尾（800g）
青ネギ（ぶつ切り）……適量
生姜（薄切り）……適量
青ネギ（細切り）……適量
香菜……適量
ピーナッツ油……50mℓ
［魚のソース］
魚汁B（↓107頁）……200mℓ

1 キジハタはえらと内臓を除く（↓258頁「魚のつぼ抜き」）。盛りつけて裏になる側の身の厚い部分に（背ビレに沿って）切り込みを入れる。処理したものは700gほどになっている。

2 魚汁Bの材料を鍋に合わせて一度沸かす。

3 皿に箸を渡した上に魚をのせ、その上にぶつ切りのネギ、生姜をおき、強火で8～10分蒸す。
＊蒸し時間の目安は100gにつき70～90秒。魚は皿から浮かせて下からも蒸気があたるようにする。

4 魚の蒸し汁、3のネギと生姜、箸を除き、胸の部分にネギの細切りをのせ、鍋に入れて高温に熱したピーナッツ油をかける。

5 同じ鍋に2を入れて余熱で温め、魚のまわりにかけ（写真a）、香菜をのせる。

a

上　蒜茸蝦：シュン ヨン ハー／下　清蒸鮮魚：チェン チェン シン ユィ

［清蒸の応用］

豉《チー》汁《ヂー》蒸《チョン》排《パイ》骨《グゥ》

◉スペアリブの蒸しもの 豆豉風味

【弾力のある肉は噛むと肉汁と豆豉の旨みがジュワッ】

【材料】4人分
スペアリブ……600g
豆豉……小さじ1・½
＊下処理（↓266頁）したもの。
揚げニンニク……小さじ1
＊炸蒜茸（↓266頁）。
生姜（細切り）……小さじ1
生赤唐辛子（細切り）……適量

［調味料］
片栗粉……大さじ3
塩……小さじ1・½
中国たまり醤油……大さじ2
醤油……小さじ1・½
砂糖……大さじ2・⅔
コショウ……少量
麺豉醤（↓83頁）……小さじ2
梅肉……小さじ⅔
カキ油……大さじ1・½
ラー油……小さじ½
ゴマ油……少量
ピーナッツ油……少量

1 スペアリブは一口大に切る（↓257頁「スペアリブのさばき方」）。
＊肉を柔らかくしたい場合は、水600g、重曹小さじ2を合わせた液に約30分浸け込む。

2 1を流水で約30分さらして血とくさみをとり、水気を切る。布巾などでしっかり水分をふきとる。

3 水気を切ったスペアリブに片栗粉をまぶす。

4 3に調味料の塩〜カキ油、豆豉、揚げニンニク、生姜、生赤唐辛子を入れて混ぜ合わせる。全体に調味料が混ざればラー油、ゴマ油、ピーナッツ油を入れて混ぜる。

5 下味をつけたスペアリブを器に入れ、強火で8〜10分蒸す。

梅《メイ》子《ヅ》蒸《チョン》排《パイ》骨《グゥ》

◉スペアリブの蒸しもの 梅肉風味

【甘酸っぱい梅の味が新鮮な蒸しもの】

【材料】
スペアリブ……600g

［調味料］
片栗粉……大さじ3
塩……小さじ2
砂糖……大さじ5
コショウ……少量
梅肉……大さじ3
トマトケチャップ……大さじ5
水……小さじ1・½
ゴマ油……小さじ2
ピーナッツ油……大さじ5

1 上記の1〜3を参照してスペアリブを下処理する。

2 1に調味料の塩〜水を入れて混ぜ合わせる。全体に調味料が混ざればゴマ油、ピーナッツ油を入れて混ぜる。

3 下味をつけたスペアリブを器に入れ、強火で8〜10分蒸す。

上　豉汁蒸排骨：シー チャップ チェン パイ グワッ／下　梅子蒸排骨：ムイ ヂー チェン パイ グワッ

［清蒸の応用］

滑《ホワ》子《ヅー》鶏《ヂィ》◉鶏の香味蒸し

【ふっくらした鶏肉を上品なオイスターソースで食べる】

【材料】4～5人分（でき上がり450g）
鶏モモ肉……300g
長ネギ（筒切り）……1/3本分
生姜（薄切り）……適量
金針菜（乾燥→261頁）……20本
フクロタケ（缶詰）……70g
生姜酒（姜酒→268頁）……適量

［調味料］
片栗粉……大さじ1・2/3
塩……小さじ1・1/4
砂糖……大さじ1・1/5
コショウ……少量
醤油……小さじ1/2
カキ油……小さじ1
生姜汁……小さじ1
揚げニンニク……小さじ1/2
＊炸蒜茸（→266頁）。
ゴマ油……小さじ1/2
ピーナッツ油……小さじ2

1 鶏モモ肉は水洗いし、水分をしっかりふきとる。身の厚い部分を切り開いて厚みをそろえ、足首に近い部分の筋切りをして一口大に切る。

2 金針菜は一晩水に浸けてもどし、固いつけ根をとり、水分をふきとる。フクロタケは縦半分に切り、生姜酒を入れた熱湯でさっとゆで、水分をしっかりふきとる。

3 ボウルに鶏モモ肉を入れ、片栗粉をまぶす。塩～揚げニンニクまでを加えて混ぜる。

4 3にフクロタケ、金針菜、ネギ、生姜を混ぜる。ゴマ油、ピーナッツ油を混ぜ、約30分冷蔵庫に入れる。

5 1人分ずつ小皿に盛りつけて常温にもどし、小籠（小型セイロ）に入れて強火で約7～8分間蒸す。

X《エックス》O《オー》醤《ヂャン》滑《ホワ》子《ヅー》鶏《ヂィ》◉鶏のXO醤風味蒸し

【ピリッとした辛味の後に旨みが追いかけてくる】

上記「鶏の香味蒸し」と同じ材料を使って同じ要領でつくる。ただし、つくり方4で、XO醤（つくり方→268頁）35g、ラー油（→267頁）小さじ1/4を混ぜてから蒸す。

上　滑子鶏：ワッヂー カイ ／ 下　XO醤滑子鶏：エックス オーチョン ワッヂー カイ

［粉蒸の事例］

咖《ガー》喱《リー》蒸《チョン》鶏《ディ》翼《イー》◉手羽先の米蒸し カレー風味

【鶏肉はふっくら。エキゾチックなカレー風味】

【材料】4人分

手羽先……10本（約400g）
じゃが芋……2個
ニンニク（みじん切り）……小さじ1
生姜（みじん切り）……小さじ1
青ネギ（みじん切り）……大さじ4
ゴマ油……適量
油……適量

［香辛料入り米粉］

米……80g
八角（↓264頁）……少量
桂皮（↓263頁）……少量
陳皮（↓264頁）……少量

［調味料］

紹興酒……大さじ2
塩……小さじ1・⅔
砂糖……大さじ2
豆瓣醤……小さじ1
カキ油……小さじ1
醤油……小さじ1
コショウ……少量
ゴマ油……大さじ1
カレー粉……小さじ¼
カレーペースト（市販）……大さじ1

a

b

1 鍋で米、八角、桂皮、陳皮をから炒りし、米が白くなり少し色づいてきたら（写真a）とりだし、すべてをミキサーで粗めに砕く。
＊米は炒って香りを出し、香辛料の香りを移す。

2 手羽先は両端を切り落とす。

3 じゃが芋は皮つきのままくし形に切り、170℃の油で外側に火が通って表面が色づき、パリッとする程度に揚げる。

4 2と調味料、ニンニク、生姜をよく混ぜ合わせる。3を加え、1をまぶして全体にからめ、油大さじ1を混ぜて常温で30分おく。

5 皿に4のじゃが芋を間隔をあけてのせ、上に手羽先をのせて20分蒸す。
＊蒸気が通るように、じゃが芋はすき間をあけてのせる。

6 蒸し上がり（写真上）に青ネギのみじん切りをふり、ゴマ油を高温に熱してかける（写真b。↓104頁「熱い油で風味をつける」）。

咖喱蒸鶏翼：ガー レイ チェン カイ イック

［調理：ゆでる］

煮《ヂュウ》

処理した材料をたっぷりの液体（水やスープ、調味液など）の中で加熱し、火を通す調理法。料理の下処理法としても用いられる。

・ゆでるの基本

水、湯、スープでゆでる場合があり、材料の特徴に合ったゆで方をする。

土の下で育つ野菜は水から、地上のものは湯から

◎水からゆでる

一般に材料の下加熱に行う。くさみやアクを抜くことができる。地下にできる根菜、根茎菜（タケノコ、レンコン、芋など）は固いものが多く、丸のまま水からゆでることで柔らかくなり、甘味も出る。

◎湯からゆでる

材料の表面に素早く火が通り、壁をつくることで旨みを内部にとどめることができる。アクやクセの少ない豚肩ロース肉や若鶏などは湯からゆでる。また地上で育つ緑の濃い葉野菜はその色と歯ごたえを生かし栄養分を保つために、さっとゆでることが基本だ。根茎類も小さく切った場合は湯からゆでる。

◎スープでゆでる

ゆでると材料の持つ旨みが少なからず液体の中に出てしまうが、味と香りのよい液体を用いることで補うことができる。レタスなどの野菜は味をつけたスープでゆがく。また、材料の旨みが溶けだした煮汁を使うこともある。スナックエンドウ、レタスなど。

・ゆでる温度について

◎沸騰させながらゆでる——殻つきの魚介類や粉でつくるもの

餃子は必ず沸いている湯の中に入れる。沸騰がおさまると底に沈むので、ふたたび沸騰して浮くまで鍋をゆり動かす。

カニなど甲殻類などは沸騰している湯で一気に火を通す。においがこもらず味が逃げにくい。また麺や餃子、ワンタンなど乾麺以外の小麦粉を用いたものは長くゆでると小麦粉が溶けるので、熱湯でゆでる。

▼カニ、ワンタン、餃子、麺など

◎沸騰させないでゆでる——火の通りにくい材料を柔らかく

肉、魚、卵などは、火の通し方次第で味や食感にはっきりとした差をつけることができる。肉の「タンパク質の凝固」は60℃くらいからはじまり、68℃以上で水分が分離するからである。豚肩ロースなど大きな塊の肉類の場合は80℃くらいの温度を保ちながらゆっくりゆでる。写真は豚背ロース肉で一部がフツフツと沸いているくらいが80℃（肉500gで約40分）。

▼肉、魚、卵など

◎温度を下げながら火を通す——柔らかく仕上げる時

1 寸胴鍋にたっぷりの湯を沸かし、材料を入れる。たっぷりの熱湯を用意すること。

▼

2 湯が冷めにくいように蓋をし、火を止めて、余熱でゆっくりと火を通す。

鶏などの比較的火の通りやすい塊の肉類は沸騰している湯に入れ、火を止める。鶏は弱火で5分ゆでてから火を止める。小さいエビは火を止めてから入れる。湯の余熱で火を通す（蓋をしない場合もある）と旨みが逃げにくく、柔らかい仕上がりとなる。

▼鶏、エビなど

［温度を下げながら火を通すの事例］

香《シャン》辣《ラー》酸《スワン》鶏《ヂィ》◉ゆで鶏の辛味前菜

【ゆでたものをスープに一晩漬けてしっとりした食感】

【材料】4人分
若鶏……モモ1本分
＊1羽（内臓抜きで1.4kg）を用意し、丸ごとゆでてモモを使用。
フキの和えもの（↓下記）……1本分
ネギと生姜の端……各適量

［漬け汁］
スープ……500㎖
＊二湯、毛湯のいずれでもよい。
紹興酒……50㎖
塩……小さじ1
花椒……小さじ1
＊中国山椒（↓263頁）。
ネギと生姜の端……各適量

［ソース］
葱姜油（↓267頁）……大さじ1
醤油……大さじ4
砂糖……大さじ1・½
黒酢……小さじ2
＊鎮江香醋（↓264頁）を使用。
芝麻醤……小さじ2
＊ゴマペースト（↓265頁）。
おろしニンニク……小さじ1
香辣醤（↓265頁）小さじ2
＊または炒めた豆瓣醤（↓268頁）。
花椒粉……小さじ1
＊中国山椒（↓263頁）の粉末。
青ネギ（みじん切り）……大さじ1

1 鶏は内臓の残りや脂肪をとり、水洗いする

2 寸胴鍋にたっぷりの湯（10ℓ）を沸かし、ネギと生姜の端を入れ、鶏の首を持って入れる。鶏の腹が温まったら熱湯に完全に浸け、落とし蓋をして約5分間弱火でゆでる。火を止めて蓋をし、約40分間おいて余熱で中まで火を通す。

3 漬け汁の材料を鍋に入れて沸かし、冷ます。

4 鶏に火が通ったら水に落として冷まし、さばいて骨を除き（↓256、257頁「ゆで鶏のさばき方、モモの骨をはずす」）、3に一晩漬ける。

5 ソースの材料を合わせる。

6 皿にフキを盛り、4を一口大に切って盛りつけ、5のソースをかける。

［フキの和えもの］
フキは適当な長さに切り、塩少量をまぶしてからゆでる。水に落とし、筋をとる。水気をふきとって一口大に切り、包丁の腹で叩いて亀裂を入れ、塩、ゴマ油各少量で和える。

香辣酸鶏：ヒョン ラッ シュン カイ

［沸騰させないでゆでるの事例］

麻《マー》辣《ラー》鶏《ヂィ》柳《リュウ》蝦《シャー》◉エビとササミの辛味ソース和え

【ぷりっとしたエビと香ばしいササミを酸っぱくて辛いタレで】

【材料】8人分
エビ（下処理して↓下記）……8尾
ササミ……1本
ニラ……1束
黄ニラ……1束
フルーツトマト……1個
片栗粉、油……各適量

［エビ、ササミの下味調味料］
塩……少量
コショウ……少量

［ニラの下煮調味料］
水……1ℓ
塩……小さじ2
砂糖……小さじ1
油……大さじ2

［ソース］
葱姜油（↓267頁）……大さじ1
ニンニク（みじん切り）……大さじ1
生姜（みじん切り）……小さじ1
長ネギ（みじん切り）……大さじ3
紹興酒……大さじ1
砂糖……小さじ⅔
醤油……大さじ3
酢……大さじ1
スープ……大さじ1
＊二湯、毛湯のいずれでもよい。
花椒粉……小さじ½
＊中国山椒（↓263頁）の粉末。
ゴマ油……大さじ1
ラー油（↓267頁）……適量

【エビの下処理】
殻をむき、竹串などで背ワタをとり除く。塩少量と素材にからみつく程度の片栗粉をふってもみ、片栗粉が汚れを吸いとって黒くなったら水を数回かえて洗う。水気をふきとる。

1 ササミは塩、コショウで下味をつける。少量の油で両面を煎り焼いてとりだし、ホイルで包んで余熱で中まで火を通す。

2 エビは2枚の薄切りにし、塩、コショウで下味をつける。表面に片栗粉をつけてラップではさみ、麺棒などで叩いて倍ぐらいの大きさにする。

3 フルーツトマトは湯むきし、くし形に8つに切って種をとる。

4 ニラの下煮調味料を沸かし、ニラ、黄ニラの順に束ねたまま入れてシャキシャキした食感が残るようにゆがく。水気をふきとり、4〜5cm長さに切る。

5 ソースをつくる。鍋に葱姜油、ニンニク、生姜、ネギを入れ、炒めて香りを出し、小さなボウルにとりだす。紹興酒〜ゴマ油を加えて混ぜ合わせ、ラー油を好みの量入れる。

6 トマト、ニラ、黄ニラ、ソースは冷蔵庫に入れて冷やす。ササミをエビと同じ大きさに切る。熱湯にエビを入れてゆで、氷水に落として冷やし、水気をふきとる。

7 ボウルにすべての材料を入れ、ソースを加えてざっくりと和える。器に盛り、ボウルに残ったソースをかける。
＊辛味ソース（麻辣汁）、マスタードソース（芥末汁）も合う（↓105頁）。

麻辣鶏柳蝦：マー ラッ カイ ラウ ハー

焼《シャオ》［調理：煮込む］

主に下加熱した材料に適量のスープと調味料を加えていったん沸騰させ、材料を液体の中でゆっくりと火を通し、適度に柔らかくなったら、汁を煮詰めるかとろみをつける調理法。

・煮込み方の基本

液体を煮詰めながら調理するため、はじめは薄めに味をつけ、仕上げに調節することが多い。

長時間の煮込みには火の通りがゆるやかで保温性に富む土鍋を用い、蓋をして密閉し、沸騰させてから弱火で煮込む。

また、数分煮て調味料をからめる程度の料理も「煮込む」調理法に含まれる。

◎生から煮込む——さっと煮込むもの

クセが少なく火の通りが早い野菜や肉類はさっと煮込む。
▼レタス、サイシン（→259頁）、薄切り肉など

◉牛ロースと野菜の四川風辛味煮込み（→100頁）

味をつけたスープを沸かして牛肉を入れ、スープを沸かしながら煮て、材料の柔らかさ、食感を残す。

◎ゆでてから煮込む——固いもの

固いものはゆでたり蒸したりして柔らかくし、くさみや脂分、アクを除いてから煮込む。
▼スネ肉、スジ肉、内臓類、大根、カイラン（→259頁）など

◉牛アキレス腱とネギの煮込み

1 牛アキレス腱、水、日本酒、ネギ、生姜の端を鍋に入れ、約2時間ゆでる（蒸してもよい）。くさみが抜けて柔らかくなる。

▼

2 途中でとりだして内側と外側の部分に分け（→257頁「牛アキレス腱の解体」）、固いところはさらにゆでて柔らかくする。

▼

3 調味料、スープなどと一緒に煮込む。

◎揚げてから煮込む——水分を除き、香りをつける

揚げることで材料の水分を除き、香りをつける。また表面だけ火を通して固めることで煮崩れを防ぎ、味を逃がさない。色をつけたくない材料以外は比較的高温で揚げる。衣をつけて揚げると煮込んだ時に衣が煮汁を吸う。

▼冬瓜、豆腐、魚、肉類、甲殻類など

◉ワタリ蟹のXO醤煮込み（↓左記）

1 蟹に片栗粉を少量つけ、180～190℃の油でさっと揚げて表面を固める。殻の持つくさみを消し、香りをつける。

▼

2 鍋に蟹をもどし入れ、少なめのスープで煮る。揚げた殻から出た旨みとコクで濃厚なソースとなる。水溶き片栗粉でとろみをつけ、蟹にからませる。

◎ゆでてから揚げて煮込む——脂身が多いもの

◉皮つき豚バラ肉

ゆでて余分な脂肪分を抜く。中国たまり醤油をまぶして180～190℃の油で揚げてから煮込む。

豚バラ肉のように脂身が多い肉類を煮込むと、油っぽく煮崩れしやすい。一度ゆでて余分な脂肪分をとり除いてから揚げる。それから煮込む。

[揚げてから煮込むの事例]

XO《エックス オー》醤《ヂャン》焗《ヂュイ》青《チン》蟹《シエ》◉ワタリ蟹のXO醤煮込み

【旨みとともに蟹を揚げた香ばしさが口の中に残る】

【材料】4人分

ワタリ蟹（雌）……2杯
自家製XO醤（つくり方↓268頁）……大さじ3
青ネギ（3cm長さ）……1束分
生姜（薄切り）……適量
乾燥唐辛子（種をとる）……3本
片栗粉、油……各適量

[調味料]

紹興酒……大さじ1
スープ……300mℓ
＊二湯、毛湯のいずれでもよい。
塩……小さじ2/3
砂糖……小さじ1/2
醤油……大さじ1
カキ油……小さじ2
水溶き片栗粉……適量
ゴマ油……小さじ1

1 ワタリ蟹は料理する直前にさばき（↓258頁「ワタリ蟹のさばき方」）、胴体は足を一本ずつつけた形で横に切る。

＊ワタリ蟹は活けが望ましい。

2 蟹はザーレンにのせ、余分な水分を切り、身の部分に少量の片栗粉をつけて（卵がついている部分には多めに）180～190℃の油でさっと揚げる（↓右記「揚げてから煮込む」1）。

＊高温の油に投入するので、ザーレンにのせて水気をよく切る。

3 鍋に油大さじ2を入れ、乾燥唐辛子、ネギ、生姜、XO醤を入れて炒め、紹興酒～カキ油までを入れ、蟹を加える。蓋をして中火～強火で約30秒鍋を動かしながら煮込む。蓋をとって上下を入れかえるように混ぜ（写真a）、蓋をして鍋を動かすという操作を2回ほどくり返す。水溶き片栗粉でとろみをつけ、ゴマ油を加える。

a

XO醤焗青蟹：エックス オー チョン ゴック チェン ハイ

［生から煮込むの事例］

水《シュエイ》煮《ヂュウ》牛《ニュウ》肉《ロウ》◉牛ロースと野菜の四川風辛味煮込み

【とろっとした食感の肉をマイルドな味わいで食べる】

北宋年間に四川省自貢市で井戸の塩を採るのに使っていた牛が役に立たなくなると、労働者たちは牛肉を熱湯でゆでて塩と花椒をつけて食べていた。これが発展していまのような料理になった。

【材料】4人分

牛ロース肉（薄切り）……250g
セロリ……60g
ニラ……100g
乾燥唐辛子……6本
大豆モヤシ……100g
花椒……小さじ1
＊中国山椒（↓263頁）。
油……適量

［牛肉の下味調味料］合わせる
紹興酒……大さじ1
塩……小さじ½
コショウ……少量
卵……大さじ3
沈殿片栗粉……大さじ2
片栗粉……大さじ2

［煮込み調味料］
豆瓣醬……大さじ2
紹興酒……大さじ2
スープ……500㎖
＊二湯、毛湯のいずれでもよい。
塩……小さじ¼
醬油……大さじ1・½
砂糖……小さじ1・½

1 牛肉は食べやすい大きさに切り、バットに広げる。合わせた調味料を加えて軽く混ぜて下味をつける。
＊壊れやすい材料には調味料すべてを合わせてから混ぜる。
＊片栗粉に沈殿片栗粉を加えるのは、ちぎれやすい肉にさっと混ざるようにするため（↓42頁「沈殿片栗粉」）。

2 セロリは皮をむき、太めの細切りにする。ニラは4㎝長さに切る。乾燥唐辛子は種をとる。モヤシは根をとり、固めにゆでてクセをとる。

3 鍋に油100㎖を入れ、乾燥唐辛子、花椒を黒く色づくまで弱火でゆっくり炒め、漉し網で漉す。とりだした唐辛子と花椒を包丁で細かく刻む。

4 3の漉した油から大さじ3を鍋にもどし入れ、煮込み調味料の豆瓣醬を炒め、紹興酒～砂糖を加える。

5 セロリを加えてひと煮立ちさせ、ニラ、モヤシを加える。野菜に火が通れば、とりだして器に盛りつける。

6 5の煮汁に牛肉を1枚ずつ広げながら入れ、牛肉に火が通ればひと煮立ちさせて野菜の上から汁ごとかけて入れる。

7 3のみじん切りにした唐辛子と花椒を肉の上に散らし、3の残りの油適量を薄煙が出る程度まで熱してかける。
＊主材料は海鮮でもよい。副材料の野菜はキャベツ、白菜、ワケギなどでもよい。

水煮牛肉：ソイ ヂュー ガウ ヨック

麻《マー》婆《ポー》豆《トウ》腐《フ》◉マーボー豆腐

【じわっと辛くて旨みもあるおなじみの豆腐の煮込み】

100年あまり前に四川省成都で小さな飯屋を営む陳さんの奥さんがつくった料理。このおばあさんの顔にあばた（中国語で「麻」という）があったので名づけられた。

【材料】2人分

絹ごし豆腐……½丁
豚挽き肉……40g
ニンニク（みじん切り）……小さじ1・½
青ネギ（粗みじん切り）……大さじ3
花椒粉……適量
＊中国山椒（↓263頁）の粉末。
油……適量

［調味料］
紹興酒……小さじ1
醤油……小さじ½
甜麺醤（↓265頁）……小さじ½
豆瓣醤（↓266頁）……小さじ2
豆豉（↓266頁）……小さじ1
スープ……130㎖
＊二湯、毛湯のいずれでもよい。
醤油……大さじ1
水溶き片栗粉……大さじ2
油……適量

1 豆腐は約2㎝角に切る。豆豉は水洗いして粗みじんに切る。

2 鍋に油大さじ1、豚挽き肉を入れてほぐすように炒める。肉の香ばしさが出れば、調味料の紹興酒～甜麺醤を加え、挽き肉が調味料を吸い込み、油が透明になるまで炒める。

3 さらに大さじ2の油を加え、豆瓣醤、豆豉、ニンニクを入れて炒め、1の豆腐、スープ、醤油を加えて中火で約2分煮込む。

4 味を調え、ネギを加えて水溶き片栗粉でとろみをつける。鍋肌から油小さじ2をまわし入れ、強火であおって仕上げる。

5 器に盛りつけ、花椒粉をふりかける。

［豚挽き肉の味噌炒め（↓226頁）を使用する場合］
豚挽き肉の味噌炒めをつくりおくと、手間が省ける。プロセス2の作業は不要。3で油ならしした鍋に大さじ2の油を加えて豆瓣醤、豆豉、ニンニクをよく炒め、1の豆腐とスープを入れ、そこに豚挽き肉の味噌炒め、醤油を加えて煮込むとよい。

［ポイント］

＊豆瓣醤を炒める時は必ず多めの油を使い、弱火でゆっくりと炒めて辛味と香りを移す。油が少ないと焦げつきやすく、十分に特徴を引きだすことができない。

＊豆腐は煮込んでも味はつきにくいが、マーボー豆腐は濃厚な味の煮汁をしっかりからめて食べる料理である。たくさんの豆腐を使ってつくる場合は、どうしても煮込んでいる時に豆腐から水が出て煮汁の味が薄くなる。また、水溶き片栗粉でとろみをつけても豆腐から出る水分でからみにくい。そのため、煮込む前に水1200㎖に塩大さじ1を入れた中でコトコト約5分煮ておくと、豆腐は柔らかいが壊れにくく、余分な水分の抜けた状態になる。

麻婆豆腐：マー ポー タウ フー

［揚げてから煮込むの事例］

干《ガン》葱《ツォン》豆《トウ》豉《チー》鶏《ディ》煲《パオ》◉鶏肉とエシャロットの煮込み

【下味をつけた鶏肉の味が封じ込められている一品】

【材料】4人分
鶏骨つきモモ肉……1本（300g）
エシャロット……小4個
ニンニク（みじん切り）……小さじ2
ネギ（筒切り）……1本分
豆豉（下処理して→266頁）……大さじ1
生栗（殻と渋皮をむいたもの）……4個
油……適量

［鶏の下味調味料］
塩……小さじ⅕
砂糖……少量
醤油……小さじ½
紹興酒……小さじ1
片栗粉……小さじ1

［煮込み用調味料］
紹興酒……大さじ1
スープ……200㎖
＊二湯、毛湯のいずれでもよい。
カキ油……小さじ1
砂糖……小さじ⅓
醤油……小さじ2
コショウ……少量
中国たまり醤油……小さじ¼
水溶き片栗粉……小さじ1
ゴマ油……小さじ½

1 鶏肉は水洗いして水気をよくふきとり、3㎝のぶつ切りにする。下味調味料を順に加え混ぜて下味をつけ、30分ほどおく。

2 エシャロットは皮をむき、半分に切る。

3 鍋に油を約150℃に熱し、栗を入れて温度を徐々に上げながら少し色づくまで火を通し、とりだす。油の温度を170〜175℃にし、鶏肉を入れて揚げる。鶏肉をとりだす直前にエシャロットを加えて香ばしくなるまで揚げ、鶏肉と一緒にとりだす。
＊鶏肉は中まで火が通らなくてもよく、表面が固まればとりだす。

4 鍋に油大さじ1、ニンニクを入れて弱火でゆっくり炒める。ネギ、豆豉を炒め、紹興酒〜コショウまでと、鶏肉、栗、エシャロットを入れ、蓋をして弱火で約3分煮込む。その間に2回ほどかき混ぜて上下を入れかえる。

5 鶏に火が通り、スープが半量ほどに煮詰まれば、中国たまり醤油で色を調える。水溶き片栗粉を入れてとろみをつけ、仕上げにゴマ油を入れる。

［土鍋で提供する場合］
土鍋の底に油小さじ1を広げ、仕上がった料理を入れて蓋をして強火にかける。沸いてきたら焦げやすいので底からかき混ぜ、ふたたび沸騰させてから提供する。

干葱豆豉鶏煲：コン チョン タウ シー カイ ポウ

拌《パン》

小さく切った生の材料、あるいは、蒸す、煮込む、ゆでる、揚げる、煎り焼く、炒めるなどして火を通して余分な水分を切った材料に、調味料やソースを混ぜ合わせる調理法。前菜に用いることが多く、酒の肴になるように味は濃いめに仕上げ、材料の組み合わせで食感にアクセントをつける。

・和えものいろいろ

冷たい仕上がりと温かい仕上がりの2種類がある（中国料理では「冷」というのは「温かくない」ものもさす）。

◎涼拌《リャンパン》【冷たい和えもの】

野菜、ゆで鶏、クラゲなどが向く。冷たくしても風味が変わらず、つくりおきしてもおいしいものが前菜として用いられることが多い。

◎温拌《ウェンパン》【温かい和えもの】

内臓類、魚介類などに向く。味がよく染み込み、温かく柔らかいうちに提供する。

涼拌 ——生や火を通した材料を調味料で和えた冷菜

◉板ハルサメと黄ニラの和えもの

1 和えやすいように材料は薄切りか細切りにする。写真は板ハルサメ（拉皮《ラーピー》）を1cm幅に切っているところ。

▼

2 調味料を加えて和える。和えてから時間がたつと水分が出てくるので、和えるタイミングは提供する直前がよい。

温拌 ——火を通した材料を熱いうちに調味して和えたもの

◉アキレス腱のニンニク風味和え

1 材料をゆでて余分な水分を除き、クセをやわらげる。アキレス腱の場合はゆでてさばいた（→257頁「牛アキレス腱の解体」）ものを使うが、冷たいと固いので、さっとゆでて温めて柔らかくする。

▼

2 温かいうちに調味料で和える。温かいうちだと味が染み込みやすい。水気を多く含んだ材料は余分な水分を引きだすために、少量のソースで下和えする。

▼

3 仕上げのソースで和える。揚げニンニクなどの香りのよいものは最後に加える。

◎熗《チャン》【熱い油で風味をつける】——香りづけとしてネギや生姜をのせて熱い油をかける

主に前菜に使われる手法。材料に香りの強い熱い油をかけ、または香味野菜をのせて熱い油をかけ、風味を材料に移してから調味料で和える。

▼魚の蒸しもの 広東風（↓90頁）、イカのサテソース和え（↓107頁）

◉イカのサテソース和え（↓107頁）

1 鮮度のよい魚は表面が白くなる程度にゆで、水分はしっかりふきとる。イカは切り込みを入れることで、火の通りがよくなってソースがからみやすくなる。

▼

2 青ネギ、生姜、唐辛子などをのせ、熱い油をジュッとかける。熱い油をかけることで香味野菜の香りがグッと引き立つのがポイント。

▼

3 ほかの調味料を加えて混ぜる。ほどよく油がからむためソースが材料に強く染み込むことが少なく、材料の持ち味が生かされ、香味野菜の香りも加わる。

・和えもののポイント4ヵ条

1、水分はしっかりふきとる。

2、提供する直前にソースで和える。

3、味の入りにくいものはあらかじめ下味をつける（漬け込む）。

4、水気を多く含んだものは和える前に少量のソースで下和えし、余分な水分を出す。

【和えもの用ソースいろいろ】

いろいろな風味のソースがあると和えもののバリエーションが増え、前菜などのメニューも広がる。ここでは和えもの以外の料理や点心などにも使えるものを紹介する。

◎麻《マー》醤《ヂャン》汁《ヂー》【ゴマソース】

棒棒鶏（バンバンヂィ）ソースで有名。肉類、海鮮類に合う。冷麺のタレにも

【材料】
砂糖大さじ2、酢小さじ2、醤油大さじ4、
芝麻醤（ゴマペースト→265頁）大さじ3、
ゴマ油大さじ1、ラー油小さじ1、
ネギのみじん切り大さじ3、
生姜のみじん切り小さじ1

砂糖と酢をよく溶き、醤油、芝麻醤、ゴマ油、ラー油を入れて香味野菜を加える。液体調味料の上に芝麻醤、ラー油、香味野菜が浮いている。端から使う量だけ混ぜてとる。

◎怪味《クワイウェイ》汁《ヂー》【辛味ゴマソース】

調味料が多く複雑な味が特徴。特に肉類、海鮮類に合う

【材料】
砂糖小さじ2、酢小さじ2、醤油大さじ2、
豆瓣醤（→266頁）小さじ1、ゴマ油小さじ1、
芝麻醤大さじ2、ラー油小さじ1、
生姜のみじん切り小さじ1、
ニンニクのみじん切り小さじ2

砂糖〜豆瓣醤までを合わせてよく溶く。ゴマ油、芝麻醤、ラー油を入れて香味野菜を加える。全体をざっくりと混ぜ合わせてから用いる。

◎麻《マー》辣《ラー》汁《ヂー》【辛味ソース】

「麻」（マー：しびれる）「辣」（ラー：辛い）な味。クセの強い内臓類や海鮮類に

【材料】
砂糖小さじ2、酢大さじ2、醤油大さじ3、
ゴマ油小さじ2、花椒粉小さじ1、
ラー油小さじ2、花椒油（→267頁）小さじ1、
ネギのみじん切り大さじ3、
生姜のみじん切り小さじ2

すべてを混ぜ合わせる。
▼エビとササミの辛味ソース和え（→97頁）、ネギの焼きもち（→156頁）、一口煎り焼き餃子（→156頁）

◎椒《ヂャオ》麻《マー》汁《ヂー》【花椒ソース】

花椒（中国山椒）などの風味をきかせた軽いソース。海鮮類、肉類に合う

【材料】
砂糖少量、酢小さじ1、醤油大さじ4、
ゴマ油大さじ1、椒麻（→左記）大さじ2、
スープ（二湯か毛湯）または水大さじ2

すべてを混ぜ合わせる。
＊「椒麻」とは青ネギのみじん切り2、生姜のみじん切り1、花椒粉1の割合で合わせ、包丁で細かく叩いたもの。しっとりする程度のゴマ油を入れておくと香りが飛ばない。
▼まつぶ貝の冷製（→216頁）

◎姜味《ヂャンウェイ》汁《ヂー》【生姜ソース】

「生姜酢」といった感じのさっぱり味。海鮮類、野菜に合う

【材料】
酢大さじ3、醤油大さじ1、ゴマ油大さじ1、
生姜のみじん切り大さじ2

すべてを混ぜ合わせる。
▼まつぶ貝の冷製（→216頁）、ピータンのゼリー寄せ（→218頁）、水餃子（→153頁）

◎芥《ヂェ》末《モー》汁《ヂー》【マスタードソース】

マスタード風味のソース。海鮮類、特にクラゲに合う

【材料】
砂糖小さじ1・½、酢大さじ2、醤油大さじ1、
ゴマ油大さじ1・½、粒マスタード大さじ1、
練りマスタード大さじ1

すべてを混ぜ合わせる。
▼エビとササミの辛味ソース和え（→97頁）、鴨とクラゲの和えもの（→109頁）

◎蒜《スワン》茸《ロン》汁《ヂー》【ニンニクソース】

香辛料のきいた甘辛いニンニク風味のソース。脂肪分の多い肉類や、内臓類、点心に合う。

【材料】
酢小さじ1、醤油大さじ2、
甜醤油（つくり方→267頁）大さじ2、
ラー油小さじ2、
ニンニクのみじん切り小さじ2

すべてを混ぜ合わせる。
▼アボカドのライスペーパー巻き（→181頁）、水餃子（→153頁）

◎葱《ツォン》油《ヨウ》汁《ヂー》【ネギ油ソース】

ネギ風味のさっぱり醤油ソース。さっと加熱した肉類、海鮮類に合う

【材料】
砂糖小さじ⅔、酢小さじ2、醤油大さじ3、
ゴマ油小さじ1、スープ（二湯か毛湯）大さじ3、
ピーナッツ油大さじ2、
青ネギのみじん切り大さじ8

ピーナッツ油で青ネギのみじん切りを弱火で炒める。残りの調味料を加え混ぜる。

◎翡《フェイ》翠《ツェイ》葱《ツォン》油《ヨウ》汁《ヂー》【翡翠《ひすい》ネギ油ソース】

ネギの甘さ、香ばしさがあるソース。焼いた野菜や海鮮類に合う

【材料】
青ネギペースト（左記）大さじ1、醤油小さじ1、
水大さじ1、塩小さじ¼、砂糖小さじ⅓、
ゴマ油小さじ1

すべてを混ぜ合わせる。

［青ネギペーストのつくり方］
ネギの青い部分をゆでて、水に落として色止めをする。これを切り開いて中のぬめりをとり除いたもの40gと、ピーナッツ油60㎖をミキサーにかけてペースト状にする。

◎紅《ホン》油《ヨウ》汁《ヂー》【ラー油ソース】

うっすら甘味すら感じる奥行きのある辛さで、とろみがある。肉類、海鮮、点心に合う

［材料］
酢小さじ1、醤油大さじ2、
甜醤油大さじ1・½、
芝麻醤（ゴマペースト→265頁）大さじ1、
ラー油小さじ2、
ニンニクのみじん切り小さじ1

すべてを混ぜ合わせる。
▼タラ白子の煎り焼き辛味ソース（→210頁）、水餃子（→153頁）

◎沙《シャー》姜《ヂャン》汁《ヂー》【ジンジャーソース】

生姜の甘さ、風味が生きている。肉類や海鮮類に合う

【材料】
砂糖小さじ¼、塩小さじ⅓、
沙姜粉（→264頁）小さじ¼、
ピーナッツ油大さじ4、
青ネギのみじん切り大さじ2、
姜茸（左記）大さじ2

すべてを混ぜ合わせる。

［姜《ヂャン》茸《ロン》のつくり方］
生姜をすりおろして布巾で包み、水洗いして生姜の強い辛味をとる。水分をよく絞る。

◎拼《ピン》盤《パン》汁《ヂー》【前菜ソース】

塩の角がとれ、マイルドな醤油味の前菜用ソース。しっかりした味の材料に変化をつけるために用いる

【材料】
砂糖小さじ⅔、醤油大さじ2、
ゴマ油小さじ2、スープ（二湯か毛湯）大さじ4、
生姜（1㎝角の薄切り）適量、
青ネギ（1㎝長さ）適量

すべてを混ぜ合わせる。
＊拼盤とは2種類以上の冷菜を一皿に盛った前菜。

◎ 沙爹《シャーティエ》汁《ヂー》【サテ風味ソース】

揚げニンニクと甲殻類が香ばしいスパイシーなソース。
鹿や羊、内臓類などクセの強い食材に合う

【材料】
サテソース(沙爹醤→265頁)50g、塩少々、砂糖小さじ2、酢大さじ1、醤油大さじ3、スープ(二湯か毛湯)大さじ2、ゴマ油小さじ1、ラー油小さじ1、生姜のみじん切り小さじ1、ネギのみじん切り大さじ3

すべてを混ぜ合わせる。
▼水餃子(→153頁)、ネギの焼きもち(→156頁)、一口煎り焼き餃子(→156頁)

◎ 魚《ユィ》汁《ヂー》【蒸し魚ソース】

生姜がきいた品のある醤油ソース。海鮮類、肉類に合う

【魚汁Aの材料】 さっぱりした味
スープ(二湯か毛湯)320mℓ、醤油40mℓ、中国たまり醤油20mℓ、シーズニングソース(→265頁)60mℓ、砂糖小さじ⅔、ゴマ油小さじ½

【魚汁Bの材料】 旨みを加えた味わい
スープ(二湯か毛湯)200mℓ、醤油20mℓ、中国たまり醤油30mℓ、魚醤(→265頁)30mℓ、シーズニングソース25mℓ、砂糖小さじ½

それぞれを混ぜ合わせ、ひと煮立ちさせる。
▼車エビのニンニク風味蒸し(→90頁)

◎ 香菜《シャンツァイ》汁《ヂー》【香菜ソース】

揚げニンニクと香菜の香りたっぷりのソース。海鮮類に合う

【材料】
塩小さじ⅓、砂糖小さじ1、酢小さじ1、醤油大さじ1、ネギ油大さじ2、スープ(二湯か毛湯)大さじ2、揚げニンニク(炸蒜茸→266頁)大さじ1、生姜のみじん切り小さじ1、ゴマ油小さじ1、ネギと香菜の粗みじん切り各大さじ3

すべてを混ぜ合わせる。
▼和えもののほか、炒めものや鉄板焼きなどのソースにも使われる

[温かい和えものの事例]

沙爹《シャーティエ》魷《ヨウ》魚《ユィ》

●イカのサテソース和え

【ニンニクのきいた辛さ。サテ風味ソースと香菜がおいしい】

サテソースは、インドネシアの「サテ(串焼き肉)」につける調味料が広東に伝わり、さらに材料が加えられたもの。

【材料】4人分
イカ(生食用)……280g
生赤唐辛子(細切り)……⅓本分
青ネギ(細切り)……½本分
生姜(細切り)……適量
ピーナッツ油……大さじ1
香菜(ぶつ切り)……適量

[ソース]合わせる
コショウ……少量
紹興酒……小さじ1
塩……小さじ½
砂糖……ひとつまみ
レモン汁……小さじ1
ゴマ油……大さじ2
サテソース(→265頁)……大さじ2
ラー油……小さじ1
揚げニンニク……大さじ1
スープ……小さじ1
＊二湯、毛湯のいずれでもよい。

1 イカは水洗いし、縦に細かく切り目を入れる。その切り目に直角に包丁を入れ、三～四刀めで切り離して(→26頁「羽根形薄切り」の応用)一口大にする。足は吸盤をとり、ぶつ切りにする。赤唐辛子の細切りはさっとゆでる。

2 イカは熱湯にさっとくぐらせ、水気をよくふきとってボウルに入れ、ネギ、生姜、赤唐辛子をのせる。ピーナッツ油を熱して香味野菜にかける。

3 香菜のぶつ切りと、合わせたソースを加えてざっくりと混ぜる。

沙爹魷魚：サー テ ヤウ ユィ

［冷たい和えものの事例］

魚香拌時蔬《ユィシャンパンシーシュウ》◉野菜の和えもの 魚香風味

【ピリ辛さっぱり醤油ダレで野菜の素材が生きた一品】

「魚香」は四川独特の魚を煮る調味法から名づけられた。塩水に漬けた赤唐辛子、ネギ、生姜などを用い、塩味、辛味、甘味、酸味の調和した味つけが特徴だ。

【材料】6人分

ナス……3本
アスパラガス……2本
白霊茸（→259頁）……50g
白キクラゲ（もどして→261頁）……50g
大葉……3枚
ピーナッツ（加熱して）……10g
＊ゆでてからローストするか揚げるかして火を通す。
パプリカ（赤）……½個
油……適量

［野菜の下煮用スープ］
スープ……200㎖
＊二湯、毛湯のいずれでもよい。
塩……小さじ1
砂糖……小さじ1
油……大さじ1

［ソース］
葱姜油（つくり方→267頁）……30㎖
泡辣椒（粗みじん切り）……30g
＊塩水漬けの唐辛子（→263頁）。
生姜（みじん切り）……小さじ1
ニンニク（みじん切り）……大さじ½
長ネギ（みじん切り）……大さじ2・½
砂糖……小さじ2
黒酢……大さじ1
＊鎮江香醋（→264頁）を使用。
醤油……大さじ1

1 ナスは油がはねないように縦に1本切り目を入れる。アスパラガスは皮をむき、根元を切りそろえ、3cm長さに切る。白霊茸は一口大に切る。

2 白キクラゲは適当な大きさに切る。大葉は3cm長さの細切りにする。ピーナッツはみじん切りにする。

3 ナスは160℃の油で揚げ、氷水に落とし、皮をむく。縦に手で裂いてから半分の長さに切り、水分をふきとる。

4 パプリカは表面をしっかり焼いて皮を除き、種をとって拍子木切りにする。

5 野菜の下煮用スープを鍋に合わせて沸かし、白キクラゲ、アスパラガス、白霊茸、パプリカを入れ、ひと煮立ちしたら、火を止め、3を入れてスープに浸けたまま冷ます。冷めたら水分を切り、冷蔵庫に入れる。

6 鍋を熱してソースの葱姜油を入れ、泡辣椒、生姜、ニンニク、ネギを順に炒めて香りを出し、器に入れる。残りの調味料を加える。

7 皿に5を盛り、大葉、ピーナッツを散らし、6のソースをかける。

［冷たい和えもの、熱い油で風味をつけるの事例］

醬《チャン》鴨《ヤー》海《ハイ》蜇《ヂョー》頭《トウ》◉鴨とクラゲの和えもの

【素材一つひとつにしっかり味がついて、マスタードがきいたさっぱり味】

【材料】4人分
合鴨ロース肉……1枚（350g）
クラゲの頭（もどして↓263頁）
……70g
おかひじき……120g
油、塩……各適量

［油鶏水：鶏の煮込みタレ］
スープ……250mℓ
＊二湯、毛湯のいずれでもよい。
醤油……225mℓ
氷砂糖……250g
麦芽糖飴……200g
中国たまり醤油……40mℓ
生姜の搾り汁……適量
八角（↓264頁）……1個
生姜……適量

［クラゲの調味料］
塩……少量
砂糖……小さじ½
酢……小さじ½
醤油……小さじ⅓

［ソース］
長ネギ（細切り）……½本分
生姜（細切り）……5g
葱姜油（つくり方↓267頁）
……大さじ2
醤油……大さじ1
酢……大さじ½
油鶏水（↓前記）……大さじ2
マスタード……小さじ2
粒マスタード……大さじ1

1 鴨は油大さじ1で皮目を焼いて余分な油を抜く。油鶏水の材料を鍋に入れて沸かし、火を止めた中に鴨を入れ、落とし蓋をして一晩そのままおく。
＊鴨がすっかり漬け汁に浸かるようにする。

2 クラゲは塩適量でよくもんで水分を抜き、調味料を加えてよくもみ、そのまましばらくおく。

3 おかひじきは茎の固い部分をとり除き、さっと塩ゆでして、水に落として冷ます。水気を絞り、適当な長さに切り、少量の塩を加えて余分な水分をとり除く。

4 1の鴨を薄切りにし、半分に切る。70g使用。

5 ソースのネギ、生姜を器に入れ、葱姜油を熱してかける。残りの調味料を加え混ぜる。

6 ボウルにおかひじきを入れ、少量のソースで和え、水気を切る。

7 すべての材料をボウルに入れて、5のソースを加えてざっくりと和える。
＊水気を多く含んだものは少量のソースで和えて水気を絞ってから残りのソースを加えて和えると味がぼけない。

醬鴨海蜇頭：チョン アップ ホイ ヂッ タウ

［調理：飴がらめ］

抜《パー》絲《スー》

材料に煮詰めた糖液（飴）をからませる調理法。
一般に飴がらめは糸を引くものが主で、糖液を１５０～１６０℃に煮詰める。透明感がある飴がけのほか、糖液を白っぽく再結晶化させる技法もあり、いずれも飴の温度が決め手。温度にも注目したい。

・飴がらめいろいろ

◎抜絲【飴がらめ】――糸を引く

揚げた材料を煮詰めた糖液（飴）の入った鍋に入れ、混ぜながら加熱し、飴をからませる調理法。熱いうちに食べる。

できあがりは糸を引く（抜絲）状態になる

A　固めの材料で――素揚げして飴をからめる

▼さつま芋、栗など

◉さつま芋の飴がらめ（↓１１３頁）

1 ぶつ切りにした材料（さつま芋。栗の場合は渋皮を除く）の水分をよく切り、１６５～１７０℃の油で表面がパリッとなるように素揚げする。２と同時進行で作業する。

▼

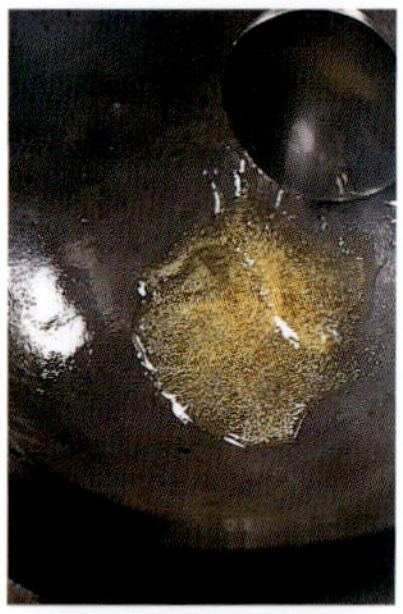

2 鍋に少量の油、砂糖、水飴、水を入れて中火にかけて煮詰める。飴が焦げないで均一の温度になるように玉杓子で全体を混ぜながら煮詰める。飴の気泡は大きい。

▼

3 飴が薄く色づくと気泡は細かくなって糸を引くようになる（１６０～１７０℃）。揚げたてのさつま芋を入れてヘラで返しながら手早くからめる。

▼

4 油を薄く塗った皿にとりだす。１つずつ離して食べる。離した時、飴が糸を引く状態になる。

B 崩れやすいもの、水分を多く含む材料で――衣揚げにして表面を固めてから飴をからめる

▼グレープフルーツ、パイナップル、リンゴ、イチゴなど

◉グレープフルーツの飴がらめ（↓114頁）

1 フルーツは必要なら薄皮をむいて水気をふきとり、揚げる直前に衣をつけて170℃の油で揚げる。表面が固まれば一度とりだし、油の温度を上げて二度揚げする。

▼

2 Aの2を参照して飴を煮詰め（1と同時進行で）、飴が薄く色づいて糸を引くようになったら（↓Aの3）揚げたてのフルーツを入れ、ヘラで返して手早くからめる。

▼

3 油を薄く塗った皿にとりだす。1つずつ離して食べる。離した時、糸を引く状態になる。衣をつけて揚げることにより、材料の水分を保ったまま飴をからめることができる。

◎琉《リュウ》璃《リー》【ガラス状飴がらめ】――透明な糖衣にする手法

下加熱した材料を糸を引く状態になった飴に入れ、からませる、または砂糖をまぶして揚げる調理法。冷めると表面がガラス（琉璃）状になるのが特徴。

170℃以上の高い温度で熱した飴はガラス状になる

▼クルミ、カシューナッツ、松の実、アーモンドなど

◉クルミの飴がらめ（↓113頁）

1 クルミはゆでて、ザーレンにとりだして水分を切る。ゆでることでクルミのクセが抜け、また水分を含んで温まることで砂糖がからみやすくなる。

▼

2 クルミが温かいうちに全体が白くなる程度の砂糖をまぶす。クルミにつかない余分な砂糖はとり除く。

▼

3 表面についた砂糖が落ちないように170〜175℃の油に入れて表面を固める。火を弱めてクルミに火が通り、飴色に色づくまで玉杓子で混ぜながら揚げる。

▼

4 表面の飴に気泡ができたらよい。余熱でカラメル化が進むため、少し浅い色でとりだして油を切る。油を薄く塗った皿に移して炒りゴマをまぶし、1つずつ離す。

◎掛《グワ》霜《シュワン》【砂糖がらめ】——砂糖を結晶化させてからめる

下加熱した材料に飴をからませてから温度を下げて結晶化させる。表面に霜がかかったような仕上がりになることからこの名前がある。水分の多い材料は衣をつけて揚げてから飴にからめる。

▼カシューナッツ、アーモンド、リンゴ、イチゴなど

◉カシューナッツの砂糖がらめ（↓114頁）

1「飴がらめ」Aの2（↓110頁）を参照して飴をつくる。粘りが出て鍋の周囲が色づく手前まで煮詰めたら（110〜115℃）火を止め、玉杓子で勢いよく混ぜてクリーム状に結晶化させる（写真）。

▼

2140℃の油で揚げたナッツ（↓71頁「一度揚げ・ナッツの場合」）を入れて、手早く返しながらからめる。

▼

3ナッツにからまりながら砂糖が結晶化したら、バットにあけて冷ます。

・失敗例［抜絲］

成功例

飴の色はきれいだがしっかり固まらずべとべとしている

芋から汁が出ている

表面が濁る

Q1 しばらくしたらべたついてきた

A1 糖液の煮詰め具合が不十分だったから

糖液の煮詰め具合が不十分で、160〜170℃の適温に達していない状態でからめたため。火が強すぎると液の周囲だけが高温になりカラメル状に色づくが、全体の温度は低いために、材料をからめてもすぐに柔らかくもどってしまう。

糖液は130℃以上に煮詰めてから冷やすとガラスのようにパリッと割れる飴状になる性質があるが、常温におくと煮詰めた温度が低いほどすぐに表面がべたつく。一方、170℃以上に煮詰めると、カラメルが濃い褐色になり、苦味が強くなる。抜絲は160〜170℃の中で行う技法だが、シャリシャリした食感を高めるためには170℃に近い温度で仕上げることが理想。温度を把握するまではゆっくりと均一に温度を上げ、少量の飴を水に落として丸め、大きな塊になる（120〜130℃）のを確認してから適温まで上げるとよい。

Q2 つくっている途中で飴が突然白濁してきてしまった

A2 糖液に粘りが出たあと、かき混ぜすぎたから

高濃度に煮詰まった飴は水分をほとんど含んでいないため、非常に結晶化（「シャル」という）しやすい。混ぜることで空気が入り、飴の温度が下がってさらに結晶化しやすくなる。水飴を少量加えると、中に含まれている「デキストリン」に再結晶化を防ぐ効果がある。

飴が煮詰まってきた時に油を少量加えると、高温になった油が飴の温度が下がるのを防ぐことができる。ただし、たくさんの油が入ると、飴が材料にからまりにくくなるので注意したい。

［抜絲の事例］

抜《パー》絲《スー》地《ティ》瓜《グワ》◉さつま芋の飴がらめ

【ホクホク、パリパリ、飴がさつま芋の味を高めている】

【材料】2人分
さつま芋……220g
油……適量

［飴］
砂糖……100g
水飴……大さじ1
水……大さじ2
油……少量

1 さつま芋はぶつ切りにし、水に浸けて余分なデンプンをとり、水気をよくふきとる。

2 1を165～170℃の油で表面がパリッとなるように素揚げし、飴の材料を加熱して飴を炊き、飴がらめをつくる（➡110頁「飴がらめ・A 固めの材料で」）。飴が完全に冷めてから盛りつける。

［琉璃の事例］

甜《ティエン》合《ホー》桃《タオ》◉クルミの飴がらめ

【カラメルとクルミの香ばしい風味でいくつでも食べられてしまう】

【材料】
クルミ（皮なし）……600g
砂糖……225g
炒りゴマ……適量
油……適量

1 「ガラス状飴がらめ」（➡111頁）を参照してゆがいたクルミに砂糖をまぶし、170～175℃の油で揚げ、ゴマをふる。
＊クルミは鍋からとりだしたあとも熱い飴に包まれているので、余熱で火が入る。火が通りすぎると苦くなるので注意する。

上　抜絲地瓜：パッ シー テイ グワ　下　甜合桃：ティム ハップ トウ

[抜絲の事例]

抜《パー》絲《スー》葡《プゥ》萄《タオ》柚《ヨウ》◉グレープフルーツの飴がらめ
抜《パー》絲《スー》菠《ポー》蘿《ルオ》◉パイナップルの飴がらめ

【ガシャと飴が壊れてジュワーと果汁が広がる】

【材料】2人分

グレープフルーツ……½個
＊ルビー、ホワイトのどちらでもよい。
パイナップル
……皮と芯を除き300g
油……適量

[衣]合わせる
＊フルーツ1種類につきこの分量。
薄力粉……140g
片栗粉……50g
卵白……1個分
水……150mℓ

[飴]
＊フルーツ1種類につきこの分量。
砂糖……120g
水飴……大さじ1
水……大さじ2
油……少量

[グレープフルーツ]

「飴がらめ・B崩れやすいもの、水分を多く含む材料で」(→111頁)を参照して薄皮をむいたグレープフルーツに衣をつけ、170℃の油で二度揚げし、炊いた飴に入れてからめる。油を薄く塗った皿にとりだし、1つずつ離して飴を固める。

[パイナップル]

1 パイナップルは一口大に切る。

2 前項「グレープフルーツ」と同じ要領で飴がらめをつくる。冷めればドライパイナップルにのせて盛りつける。

[ドライパイナップルのつくり方]

1 パイナップル(分量外)はごく薄い輪切りにし、シロップ(砂糖と水が同量。分量外)に約10分浸ける。

2 軽く水気を押さえ、硫酸紙の上にのせ、70〜80℃に熱したオーヴンに入れて約3時間焼く。

3 熱いうちにプリンカップなどの上にのせて形を整え、さらに同じ温度で3時間焼く。

[掛霜の事例]

掛《グワ》霜《シュワン》腰《ヤオ》果《グオ》◉カシューナッツの砂糖がらめ

【角がとれた甘さのナッツの糖衣がけ】

【材料】

カシューナッツ……300g
油……適量

[飴]
砂糖……150g
水……大さじ3
油……少量

1 カシューナッツは「一度揚げ・ナッツの場合」(→71頁)を参考に140℃の油で揚げる。

2 「砂糖がらめ」(→112頁)を参照して飴の材料を110〜115℃に炊き、火を止めてクリーム状に結晶しはじめてから1を加えて飴をからめ、砂糖がらめにする。

上　抜絲葡萄柚：パッ シー ポウ トウ ヤウ ／上　抜絲菠蘿：パッ シー ポー ロー ／下　掛霜腰果：グワ ション イウ グオ

凍《トン》 ［調理：固める］

ゼラチンや寒天などで液体を寄せ固める調理法。ゼラチン質の多い材料を煮込んでつくる煮こごりや、ゼラチンや寒天などの凝固剤（ゲル化剤）で固めるゼリー類がある。カラギーナンや愛玉子《あいぎょくし》などを用いた前菜や冷たいデザートが普及し、ゼリー類の表現の幅が広がっている。

・凝固剤いろいろ

◎寒天――テングサやオゴノリといった海藻からつくられる

透明度がやや低く、弾力、粘りはほとんどない。サクッとした口あたりで喉ごしがよい。離水しやすいので砂糖を多く加えて保水性と透明感を高めるとよい。

酸に弱く、室温で溶けないというのが大きな特徴。いったん溶かしてふたたび固めても同じように固まる。水でもどして沸騰させて（90〜100℃）溶かし、常温（30〜40℃）で固まる。角寒天、細い糸寒天、粉寒天があり、糸寒天はコシが強くて質がよく、粉寒天は角寒天を粉にしたもので水にもどすことなく煮溶かして使える。

◎カラギーナン――ツノタマ、スギノリといった海藻が原料

透明度が高く美しい光沢があり、軽い弾力と粘りがある。ゼラチンほど滑らかではないが、寒天より柔らかい。

50℃以上で溶ける。衛生上、通常は80℃以上で煮溶かし、常温で固める。ただしダマになりやすいので、あらかじめ砂糖と混ぜておくか（ブドウ糖が加えてある製品が多い）、しっかり攪拌しながら徐々に加えていく。牛乳成分で凝固力が高まるものと水で固まるものがある。「〇〇アガー」という名称で売られている。

◎ゼラチン――牛や豚の骨や皮に含まれるコラーゲンが原料

弾力と粘りが強く、柔らかくて口溶けがよい。また、泡を抱き込む力を持っているのでムースのようなふわっとした食感も表現できる。

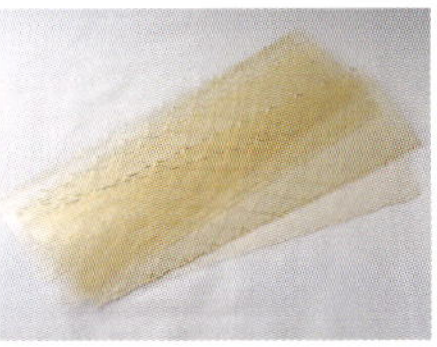

冷水に浸けて膨潤させて40〜50℃で溶かし、粗熱をとって冷蔵庫に入れて固める。酸が入ると凝固力が落ちる、室温で溶けやすいなどの特徴がある。一度溶けたものをふたたび凝固させると強度が弱まる。粉ゼラチンよりも板ゼラチンのほうが質がよく、透明度も高い。生のパイナップルやキウイなどタンパク質分解酵素を含むものは、加熱してから加える。

◎愛玉子――台湾特産のクワ科植物の種子で、ペクチンの一種

やや柔らかく、適度に弾力がある。安定性がなく、すぐに離水するので保存できない。

ペクチンの一種が含まれている。一般のペクチンは加熱しなければ溶けださないが、愛玉子のペクチンはガーゼに包んで液体の中で成分をもみだすと、酵素の作用によって常温（30〜40℃以下）で固まる。酸に強い。

［すまし粉］

凝固剤として、ほかにすまし粉（硫酸カルシウム）がある。豆乳のタンパク質は熱とすまし粉によって固まるが、ニガリに比べて柔らかく仕上がる。中国では、ニガリとともに豆腐の一般的な凝固剤として使われている。

［すまし粉の事例］

豆《トウ》腐《フ》花《ホワ》◉豆腐のデザート

【滑らかな舌触りで生姜シロップの甘さがやさしい】

【材料】でき上がり約1・6ℓ（14人分）
豆乳……1・2kg
水……450g
すまし粉（硫酸カルシウム）……4g
コーンスターチ……7g
片糖（→266頁）……適量
［生姜風味のシロップ］
砂糖……200g
水……600g
生姜（皮をむいて）……40g

1 鍋に豆乳と分量の水を合わせて混ぜる。

2 ボウルに1を150gとり、すまし粉、コーンスターチを加えてよく溶く。

3 1の残りは片手鍋に入れて火にかけ、アクや膜をていねいにとり、鍋底から炎がはみださない程度の火加減で焦がさないように3分ほど煮る。
＊鍋底から炎がはみだすと部分的に焦げやすい。

4 3の5分の1量を木の桶《おけ》（あるいは大きな碗）に注ぎ、次に5分の3量と2を一緒に入れる（写真a）。それぞれ太いロープ状の太さで流し、桶の上で一本に重なりながら落ちていくようにする。さらに残りの3を注ぎ、木杓子で全体を軽く混ぜる。
＊均一な固さになるように混ぜる。

5 表面に浮いている泡をとり除き、蓋をして約10分程度おくと固まる。

6 シロップをつくる。生姜は皮をむき、ぶつ切りにして叩きつぶす。鍋に分量の水と生姜を入れて火にかけ、沸騰すれば砂糖を加えて溶かす。生姜の香りがシロップに移れば漉して生姜を除く。

7 器に6のシロップをはり、5をすくいとって盛りつけ、砕いた片糖を散らす。

a

［ゼラチンの事例］

甜《ティエン》豆《トウ》凍《トン》南《ナン》瓜《グワ》◉カボチャと黒豆の冷製

【ほのかに甘いカボチャにピリ辛トマトがアクセント】

【材料】流し缶（縦12cm×横7・5cm×高さ4・5cm）1台分
カボチャ（エビス）……450g
黒豆（蜜煮したもの）……50g
板ゼラチン（もどす→左頁）……5g
砂糖……10g
塩……適量
生クリーム……40g
［つけ合わせ：ピリ辛フルーツトマトの炒めもの］
フルーツトマト……2個
ニンニクのみじん切り……少量
炒め豆瓣醤（→268頁）……小さじ1
油……適量

1 カボチャは適当な大きさに切って種をとり、約20分蒸す。190gは皮つきのまま適当な大きさにちぎる。残りは熱いうちに皮をとり、裏漉しして180g用意する。

2 ボウルにゼラチン、砂糖を入れて湯煎にかけて溶かす。裏漉したカボチャを数回に分けて加え、よく混ぜる。塩、生クリームを入れてよく混ぜる。

3 流し缶に2の3分の1量を入れ、ちぎったカボチャ、黒豆を入れる。残りの2を加えて粗熱をとり、冷蔵庫に一晩入れて固める。

4 適当な大きさに切り、ピリ辛フルーツトマトを添える。

［ピリ辛フルーツトマトの炒めものつくり方］
トマトは湯むきし、くし形に8等分にして、種をとる。少量の油を熱してニンニクと炒め豆瓣醤を入れ、香りが立ってきたらトマトを入れて炒める。

上　豆腐花：タウ フー ファ ／ 下　甜豆凍南瓜：ティム タウ トン ナム グワ

［ゼラチンの事例］

杏《シン》仁《レン》豆《トウ》腐《フ》◉アンニン豆腐

【とろんとリッチなアンニン豆腐】

【材料】約10人分
南杏（アンズの仁↓260頁）……25g
北杏（アンズの仁↓260頁）……25g
水……225g
砂糖……75g
牛乳……425g
板ゼラチン……9g
＊もどしておく（↓左記）。右は一晩で固まる分量。朝つくって夕方まで冷やして固めるなら12g、1時間で固めたいなら18g。
生クリーム……200g
カラメル（左記）……適量

1 杏仁（南杏、北杏）を水に一晩浸けて柔らかくし、水気を切る。

2 1と分量の水をミキサーにかけてさらしで漉す。
＊漉した液体は225gが必要。足りない場合は水を加える。

3 鍋に2、砂糖、牛乳を加えて火にかけ、沸騰したら火を止め、ゼラチンを入れて溶かす。漉して生クリームを加え、粗熱をとる。
＊この段階で好みで杏仁エッセンスを加えてもよい。

4 器に流し入れ、冷蔵庫に一晩入れて冷やし固める。

5 器に盛り、カラメルをかける。

【ゼラチンのもどし方】
板ゼラチンは氷水に約10分浸け、柔らかくなれば水気をしっかり切ってから使う。粉ゼラチンは約6倍の水にふり入れ、すぐにかき混ぜる。ゼラチンが水を吸収して氷の塊のようになる。

【カラメルのつくり方】
【材料】
砂糖100g、熱湯60g

1 フライパンに砂糖を少量入れて火にかける。砂糖が溶ければ残りの砂糖を同様に少しずつ入れて溶かす。

2 砂糖が溶けて好みの色になれば、熱湯を加えて煮溶かす。

＊鍋底から炎がはみ出すと部分的に焦げたり、再結晶して砂糖にもどることがある。
＊砂糖は160℃から薄い黄色に色づきはじめ、180℃以上になると色が濃くなり、甘味はなくなっていく。
＊煮詰められた飴は温度が急激に下がると飛び散るので、水ではなく熱湯を加える。

杏仁豆腐：ハン ヤン タウ フー

［カラギーナンの事例］

桂《クェイ》花《ホワ》甜《ティエン》蕃《ファン》茄《チェ》◉トマトと色々ゼリー

【もろもろしたキンモクセイのゼリーがソース代わり】

【材料】4人分
フルーツトマト……2個
ココナッツアイスクリーム（↓下記）……適量
＊市販品でもよい。
シロップ（南杏、キクラゲ用）……適量
＊砂糖1対水3の割合で合わせて煮溶かし、冷ましたもの。

［キンモクセイ風味のシロップ］
桂花陳酒（↓264頁）……150㎖
水……125㎖
砂糖……35g
オレンジジュース……45㎖
コワントロー……大さじ1・½

［ゼリー］
南杏（アンズの仁↓260頁）……5g
白キクラゲ（もどして↓261頁）……40g
ハスの実の砂糖漬け……8個
イチジク（乾燥）……1個
水……100㎖
砂糖……40g
カラギーナン……15g
桂花醤……小さじ1・½
＊キンモクセイの花の蜜漬け（↓266頁）。

1 キンモクセイ風味のシロップをつくる。桂花陳酒は鍋に入れ、火にかけて煮切り、水と砂糖を加えて煮溶かす。オレンジジュースを加え、ひと沸きしたらボウルに移して粗熱をとり、コワントローを加える。

2 トマトは湯むきして横半分に切って、種をとる。1のシロップが温かいうちにトマトを浸ける。冷めたら、一晩冷蔵庫に入れる。トマトをとりだして冷やし、液体は漉す。

3 南杏は一晩水に浸け、水気を除いてシロップに浸けて約20分蒸す。

4 白キクラゲは小さくほぐす。ゆでて水に落としてくさみを抜き、水気をふきとってから別にシロップに浸ける。

5 ハスの実の砂糖漬けはさっとゆでる。イチジクは5〜6㎜角に切る。

6 3〜5の材料の水気をよくふきとり、バットに広げる。

7 カラギーナンと砂糖を混ぜ合わせる。
＊カラギーナンは砂糖と混ぜておくとダマになりにくい。

8 鍋に2の液体、水100㎖を入れて火にかける。沸騰したら火からはずし、泡立て器で混ぜながら7をふり入れて溶かす。ふたたび火にかけて沸騰させ、水で洗った桂花醤を加え、6のバットに注ぐ。冷めたら冷蔵庫で冷やす。

9 器にトマト、8のゼリー、アイスクリームを盛る。

【ココナッツアイスクリームのつくり方】

［材料］約12人分
卵黄5個、砂糖110g、
ココナッツミルクパウダー80g、
牛乳600㎖、生クリーム100㎖、
ココナッツリキュール大さじ1

1 ボウルに卵黄を入れて泡立て器で混ぜ、砂糖を加えて混ぜる。白っぽく滑らかな状態になり、泡立て器の跡が少し残るぐらいまで泡立てる。

2 鍋にココナッツミルクパウダー、牛乳、生クリームを入れ、火にかける。沸騰したら、1に少しずつ加えて混ぜ合わせる。

3 2を鍋にもどして中火弱にかけ、焦げないように底を混ぜ続けながら約83℃まで加熱する。木杓子の表面に薄いベール状につくようになれば、ボウルに漉し入れる。ボウルを氷水にあて、混ぜながら手早く冷やす。
＊卵を約83℃まで加熱するのは殺菌のため。

4 冷めたらココナッツリキュールを加え、アイスクリーマーにかける。

桂花甜蕃茄：クワイ ファ ティム ファン ケ

点心

包《パオ》子《ヅ》——パオズ

餃《ヂャオ》子《ヅ》・団《トワン》子《ヅ》——餃子・団子

焼《シャオ》売《マイ》・餛《フン》飩《トゥン》・春巻《チュンヂュエン》——焼売・ワンタン・春巻

酥《スウ》餅《ピン》——パイ・タルト

糕《ガオ》——蒸しカステラ・もち

甜湯《ティエンタン》——甘い汁もの

小《シャオ》吃《チー》——小さな料理

［点心：パオズ］

包《パオ》子《ヅ》

主に膨張する生地で皮をつくり、餡を包んで火を通したものを「包子（パオズ）」という。甘いもの、甘くないもの、肉魚の餡、精進餡などさまざまな種類がある。

パオズはどうやって膨らむのか？

パオズを膨らませる方法は大きく二つ。一つはイーストなどの酵母菌によるもの。もう一つは膨張剤（重曹、ベーキングパウダーなど）によるものだ。

酵母菌は酒の醸造と同様に材料を分解する。小麦粉デンプンや砂糖などを果糖やブドウ糖に分解して栄養分としてとり込み、「炭酸ガス」やアルコールなどを放出する。これを「発酵」という。この炭酸ガスで生地が押されて膨らむ。同時に放出されるアルコールや有機酸が香りをよくする。

一方、膨張剤は加熱した時に膨張剤そのものが分解し、その時に発生する「炭酸ガス」や「アンモニアガス」が生地を膨らませる。化学反応による膨張作用である。発酵時間をとることはなく、手軽に、失敗なく膨らむのが長所。ただし、ガスを利用して膨らませる点では酵母菌と同じだが、酵母菌とは違ってアルコールや有機酸は発生せず、発酵による風味や歯ごたえなどは得られない。

これらパオズを膨らませるガスの受け皿となる生地の構造も重要だ。小麦粉に水を加えて練ると、小麦タンパクと水が結びついてグルテンという網目状組織がつくられる。これが生地の骨格となる。増加していく炭酸ガスやアンモニアガスはグルテンの膜を徐々に押し広げながら生地を膨らませる。

炭酸ガスは熱せられると膨張するため、蒸してパオズを仕上げる時、生地が柔らかい間にグルテンの膜をさらに押し広げて大きな体積となり膨張するという仕組みだ。

・酵母について

パオズに使われる酵母には老麺とイースト（パン酵母）がある。

◎老麺《ろうめん》――「麺種」とも呼ばれる中国独特の天然酵母

老麺は乳酸菌などの微生物が含まれているので、風味豊かなパオズをつくることができる。

発酵した生地は酸味を帯びるのでアルカリ性のかん水を用いて中和させるのが常。

発酵の不安定性を補うために少量の膨張剤を加えることが多い。

少量の老麺を残し、小麦粉と水を加えて増やすので経済的であるが、発酵状態が温度、湿度、場所など周囲の環境に左右されるので、取り扱いには経験を要する。

［老麺の増やし方と保存法］

A

B

C

A老麺１００gにつき水６００～７５０㎖を少しずつ加えてダマにならないように完全に溶かす。

B薄力粉１・２～１・５kgを加えて練る。粘りと弾力があるグルテンが出ないように強くは練らない。

C生地の表面に薄く油を塗ってボウルに入れ、固く絞ったぬれ布巾をかぶせる。常温で12時間おいてから使う。

＊発酵させてすぐに使わない時は24時間ごとに薄力粉と水を加えて練るか、冷凍保存しておく。

[イースト]

もともと天然酵母だが、現在は製パンに適する優良な酵母を選び、工業的に培養したもの。日をおくと発酵力が弱くなるのでいずれもできるだけ新しいものを選び、早く使い切る。

◎生イースト

酵母をそのまま圧縮成形したもの。重量あたり65～70％水分を含んでいる。保存性が低いので必ず冷蔵庫に入れ、約2週間を目安に使い切る。

手でばらばらにほぐし、水に溶かしてから粉に混ぜて使用する。手の雑菌に注意する。

◎ドライイースト

酵母を低温乾燥させたもの。生イーストの「約半量」でほぼ同じ発酵力がある。仮眠状態のため予備発酵させてから使う。開封後は必ず湿気を含まないようにして冷蔵庫に保管、長期保存は冷凍。

約5分の1量の砂糖と約5倍量のぬるま湯（38～40℃）を加えてイーストを溶き、泡で覆われるまで温かいところに20分ほどおいて予備発酵させてから粉に混ぜて使う。

◎インスタントドライイースト

酵母を顆粒状に乾燥させたもの。予備発酵がいらず、粉に直接混ぜ込んで使う。発酵力が強いため使用量は生イーストの「約3分の1量」でよい。開封後は必ず湿気を含まないよう密閉して冷蔵庫に保管、または冷凍保存。

粉に直接混ぜ込んで使う。

・膨張剤について

化学薬品のため膨張作用が安定していて、手軽で使いやすいが、できた生地は発酵による風味や香り、歯ごたえが弱い。

◎ベーキングパウダー

重曹に何種類かの助剤（酸性剤）を組み合わせたもの。助剤の働きにより重曹が完全に分解されるため、大量の炭酸ガスが発生して生地が色づいたり、苦味が残ることもない。蒸しもの用、焼きもの用があり、ガスが発生する温度や時間の長さが異なる。

◎アンモニアパウダー

炭酸水素アンモニウム。加熱すると分解し、アンモニア、炭酸ガスを発生。膨張力は強いが、高温で加熱しないと、アンモニア臭が残る。薬局で販売している。

◎重曹《じゅうそう》

炭酸水素ナトリウム。加熱すると分解して炭酸ガスを発生する。完全な分解反応ではないため、炭酸ナトリウムが残り、生地の苦味や臭気の原因となる。また、かん水と同様にアルカリ性のため、小麦粉のフラボノイド色素に作用して生地全体が黄ばんだようになるため単独で用いることは少ない。

[碱《チェン》水《シュエイ》〝かん水〟]

アルカリ性水溶液。酸性になった老麺の発酵生地に加えて中和させる。入れすぎると小麦粉のフラボノイド色素に作用して生地が黄色みを帯びたり、渋味が出る。中華麺のコシを出し、風味をつけるためにも加える。

・包み方いろいろ

◎包む前に

1 餡を準備する。甘味の餡は基本的にあらかじめ丸めてセットしておく。肉類の餡は冷蔵庫で冷やしてしめておくと包みやすい。

▼

2 左手の指をくぼませて皮をのせる。指のくぼませた部分に餡が入る。

▼

3 皮を餡皿の下にあて、餡1個分を引き寄せて皮の中央にとり、押し込むように平らにならす。

［ポイント］
皿の上で餡1個分を目で見てほぼ同じ分量に切り分けられる。また、皿から直接のせることができるので作業効率もよい。

◎雀籠《チュエロン》包《パオ》【鳥かご形】

もっともオーソドックスな包み方

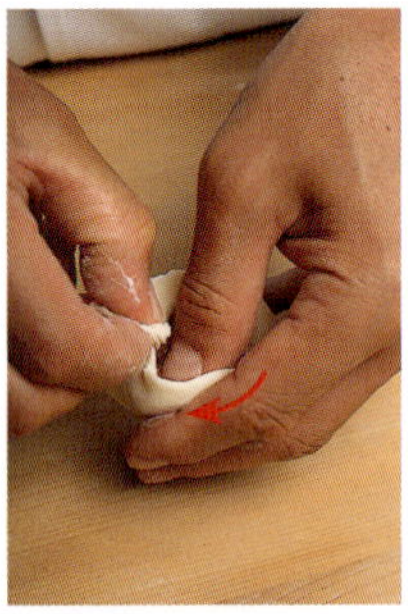

1 皮に餡をのせる(→「包む前に」)。左手の親指で餡を押さえ、皮の縁を右手人さし指と親指でつまむ。左手で餡を押さえながら時計まわりに動かして皮にヒダを寄せる。

▼

2 寄せた部分を右手人さし指でつまんで引っ張り上げながらヒダを右手親指側に寄せていく。右手親指の位置は動かさず、両親指は立てて包むのがコツ。

▼

3 1〜2の作業をくり返し、口が指いっぱいになったら左の親指を抜く。パオズを軽く握ってさらに時計まわりに動かし、皮の縁を順につまんで口を閉じていく。

▼

4 閉じ口が小さくなればヒダの上部をつまんでしっかり閉じる。
＊つまむ生地の量によってヒダの細かさに違いが出る。

右手は固定し、左手で生地をコントロールする

［竹ベラ］
餡をすくうのに用いる竹製のヘラ。これは香港製。日本ではステンレス製のものが売られている。テーブルナイフで代用してもよい。

◎光《グワン》頭《トウ》包《パオ》【丸形】

閉じ口が下にくるので、液体量の少ない甘い餡を包むのによく用いられる。「光頭」は坊主頭のことを指す。

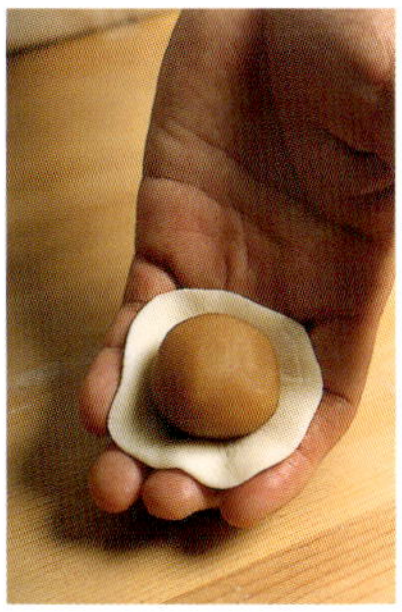

1 左手の指をくぼませて皮をのせ、中央に丸めた餡をのせる。

2 右手で餡を押さえながら1を持ち上げ、左手を持ちかえる。皮の下、縁に沿って左手の親指と人さし指をCの字形にして添える。

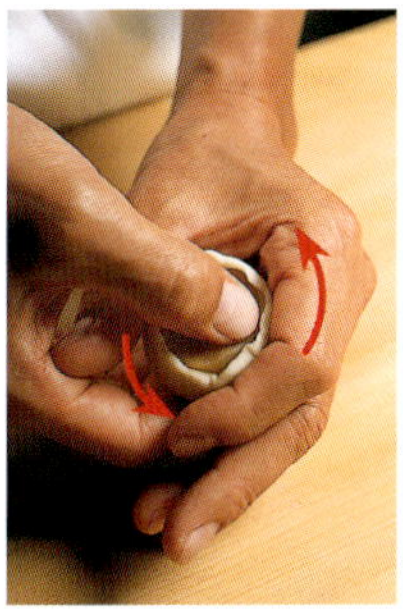

3 左手で皮を引っ張り上げながら右手の親指で餡を押し込む。パオズを左にまわしながら作業し、口をすぼめていく。

4 皮が餡の高さよりも上に出たら右親指をはずす。右手はパオズの下におき、左にまわしながら左手の親指と人さし指のつけ根で皮をはさみ、口をすぼめていく。

5 最後に口をしっかり閉じる。

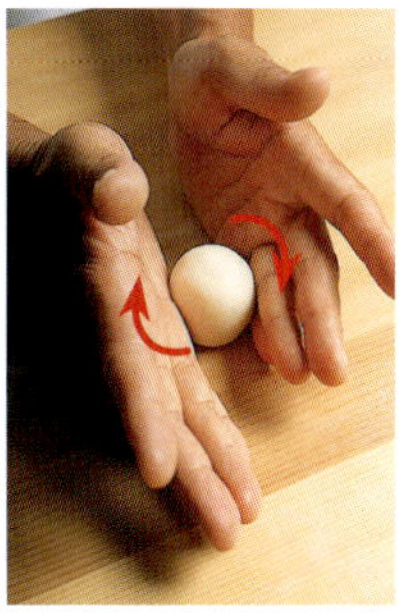

6 包み口を下にして、両手でパオズをまわしながら丸く形を整える。

・失敗例

[鳥かご形]

Q1 閉じ目に大きな塊ができてしまった(左)

A1 ヒダをとる時、生地をたくさんつまみすぎたため

皮をたくさんつまみすぎたため上部に生地の塊ができた。

Q2 口が閉じなくなってしまった(中央)

A2 生地をつまむ右手の親指が皮から離れてしまったから

右手の親指が仕事をしていない。皮をつまむたびに親指を離してしまって、最初につまんだ皮の位置からずれてヒダが一ヵ所に集まらないため、口が閉じない。右手の親指は最初につまんだ皮からはずさず、左手の親指のそばでヒダをとるようにするとよい(→右頁1、2)。

Q3 生地のヒダが不均一になってだぶついてしまった(右)

A3 ヒダが不均一なのは餡が少なかったから

皮と餡の割合が適切でなかった。皮の大きさ(直径)に対して餡の量が少ないため、生地がだぶつき、大きな服を着すぎた状態になっている。皮はむしろ少し小さめで、右指でヒダを寄せたあとで少し上に引っ張りながら包むことで、張りのある形になる。

[丸形]

Q1 生地が餡の底に厚く入り込んでしまった(中央)

A1 餡を押し込みすぎたから

右手の親指で餡を押し込みすぎて上に生地が余り、これを底に押し込んだために底が厚くなった。余った生地はちぎりとること。

Q2 皮の厚さが均一にならなかった(右)

A2 左手で絞りすぎて生地が薄くなってしまったから

包み終わる頃、皮が足りなくなったことに気づき、右手親指で餡を無理やり押し込むとこうなる。写真左は正しい包み方。

◎秋《チュウ》葉《イエ》包《パオ》【木の葉形】

大型の肉餡を包むのに用いられることが多い。

1 皮に餡をのせる（→122頁「包む前に」）。皮を半分に折り、右端を親指と人さし指でつまむ。

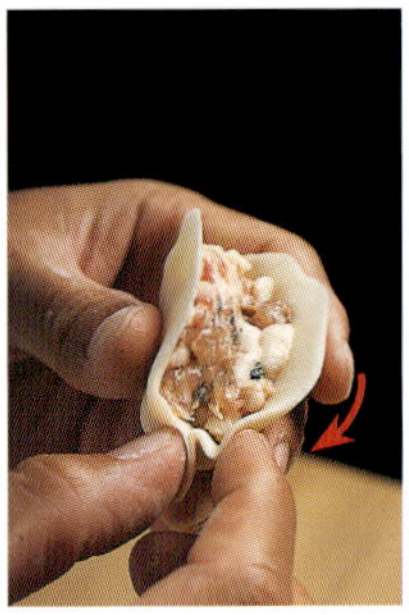

2 つまんだ皮を向かって右に倒し、左手人さし指で皮の端を右手側に少し送ってヒダをつくり、右手人さし指でつまむ。

3 つまんだ皮を左に倒し、同じ要領で左手の親指で皮を送ってヒダをつくり、右手親指でつまむ。交互に倒しながら親指と人さし指でヒダをつくる。

＊つまむ生地の量によってヒダの細かさに違いが出る。

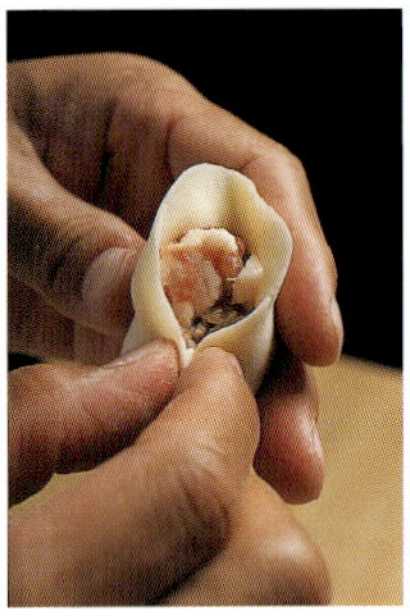

4 半分くらい閉じたら、左手で持ったパオズを少しずつ起こしながら包んでいき、最後を閉じる。つまむ箇所はいつも皮の縁が真上を向いていること。

◎麦《マイ》穂《ソェイ》包《パオ》【麦の穂形】

「鳥かご形」と「木の葉形」を組み合わせた形。

1 122頁「鳥かご形」の1〜2を参照して口が指いっぱいになるまで包み、左手親指を抜く。

2 ヒダを寄せてない部分の生地端を右手親指と人さし指でつまみ、「木の葉形」2〜4（→右記）を参照して包んでいく。

3 最後に口をねじるようにして、しっかり閉じる。

・パオズの加熱方法いろいろ

◎蒸す

一般的にパオズは、蒸して加熱するのが基本だ。

底に薄板（木を薄く削ってつくる敷き板）、硫酸紙などをあてたパオズは、十分な蒸気の中で強火で一気に蒸し上げること。途中で蓋をあけないことがポイント。

◎蒸してから揚げる

蒸したてを揚げることで、生地の表面はパリッとして香ばしく、中はしっとりした焼きたてパンのような仕上がりとなる。

1 右記を参照して蒸して硫酸紙をはずし、約170℃の油で揚げる。低い温度で揚げると油切れが悪く、生地のふっくらした食感を損なう。

▼

2 温度を上げながらパオズに油をかけて均一に色がつくようにする。生地の表面の膜がパリッとなり、透明感が出るまで揚げる。

◎煎り焼く

イースト生地は蒸すだけではなく、煎り焼いて加熱膨張させる方法がある。水蒸気を利用して膨らませ、そのまま煎り焼くことで、上部は柔らかく、底はカリッと仕上がる。

1 平底鍋を中火にかけ、熱くなれば少量の油を敷く。パオズの底に少量の片栗粉をつけ、少し間隔をあけて並べる。パオズの高さの3分の1まで熱湯を加える。

▼

2 蓋をして蒸気を十分にためる。包んだ餡の火の通る時間によって熱湯の量を加減する。

▼

3 パオズが十分膨らみ、水分がほとんどなくなれば火を強め、パオズの間に少量の油を入れる。

▼

4 霧を吹き、ネギのみじん切り、ゴマをふる。底に焼き色がついたらとりだす。パオズの生地の表面は乾燥しやすいため、焼き色は手早くつける。

・基本の生地——小麦粉を使う

◎発麺《ファーミエン》皮《ピー》

【老麺の生地】

基本的には蒸し上がりが割れる生地。よく練ったり、練ってからしばらくおくと割れなくなる。バリエーションとして割れない仕上がりにすることもある。老麺を使うので、でき上がりは独特の香りがあり、軽く、きめの細かい、しっとりとした柔らかさがある。またこの生地は、発酵時間をおくことなく練り上がったらすぐ加熱製品化できる。

【材料】でき上がり約800g
老麺450g、砂糖112g、アンモニアパウダー3g、かん水少量、卵白大さじ2、ラード8g、薄力粉170g、ベーキングパウダー6g、打ち粉（強力粉）適量

［老麺の計量］

べたつくので一緒に加える砂糖の上にのせると取り扱いやすい。

1 麺台に老麺と砂糖をおき、混ぜ合わせる。

▼

2 手でこすりつけるようにして砂糖を溶かす。

▼

3 砂糖が溶けると流れるような柔らかい生地になる。そのあとアンモニアパウダーを加えてよく練り、溶かす。

▼

4 老麺のにおいをかいで発酵状態を確認し、かん水を（発酵が進んでいればやや多めに）加えて練る。かん水が入ると生地がしまる。

5 卵白、ラードを入れてよく練る。ふるったベーキングパウダー、薄力粉を加え、カードで切りながら混ぜる。

▼

6 粉がなじむまで打ち粉をして折り重ねるように練る。
＊5～6で練りすぎると、加熱した時にふっくらと割れなくなる。

▼

7 表面がつるっとなる。乾燥しないようにビニール袋に入れ、常温におき、すぐ成形して加熱する。
＊老麺の配合量が少ない場合は生地をつくってから発酵時間をとる。

［ポイント］
発酵を止めるために冷蔵庫に入れると、生地はのびなくなって包めない。練り上げたら手早く作業する。

・失敗例
［老麺の生地］

よいもの

きれいに割れない

ふっくらしない

黄色っぽい

渋味がある

Q1 ふっくらと生地が割れないのはなぜ？

A1 生地を練りすぎたから

小麦タンパクと水がしっかり結合して網目状組織のグルテンががっちりできてしまったため。

Q2 生地の膨らみが悪く、つやがないのはなぜ？

A2 老麺の発酵が不十分なため

寒いと酵母が十分に働かない。老麺を増やす時、冬は温かい場所で発酵させること。発酵の弱い時は膨張剤（ベーキングパウダー）を少し増やす。蒸した生地につやがないのは練り方が不十分だから。練りすぎると割れないが、練り足りないと蒸した時につやが出ない。

Q3 蒸し上がったら生地が黄色くなってしまった

A3 アルカリ性のかん水を入れすぎたから

小麦粉の中に含まれる「フラボノイド色素」は酸性の状態では無色だが、アルカリ性になると黄色く発色する性質を持っているためだ。

Q4 食べたら味に渋味があった

A4 かん水を入れすぎたから

かん水の使用量が多いと渋味や苦味が残る。少ないと生地のきめが粗く、老麺の酸味が残る。

［老麺の生地の事例］

叉《チャー》焼《シャオ》包《パオ》◉チャーシュー入りパオズ

【歯にくっつくほどふんわりした生地と旨みのある上品な甘辛餡】

【材料】20個分
老麺の生地（→126頁）……基本分量の½
チャーシュー餡（→140頁）……基本分量
薄板……20枚
打ち粉（強力粉）……適量

1 チャーシュー、チャーシュー醤を混ぜてチャーシュー餡をつくる（→140頁）。

2 「老麺の生地」をつくり（→126頁）、棒状にのばして20gずつに切り分ける。

3 麺棒で直径7cmに丸くのばす（→32頁「餃子、パオズの皮をのばす」）。

4 皮に餡15gをのせ、ヒダをとりながら包む（→122頁「鳥かご形」）。底に薄板を敷き（なければ硫酸紙、オーヴンペーパーをカットして使う）、強火で6分蒸す。

滑《ホワ》鶏《ヂィ》包《パオ》◉鶏肉のパオズ

【あっさり系の味つけの餡でさっぱりと食べられる】

【材料】20個分
老麺の生地（→126頁）……基本分量の½
ワッカイパウ餡（→141頁）……基本分量の½
薄板……20枚
打ち粉（強力粉）……適量

1 「ワッカイパウ餡」をつくる（→141頁）。

2 「老麺の生地」をつくり（→126頁）、棒状にのばして20gずつに切り分ける。

3 麺棒で直径7cmに丸くのばす（→32頁「餃子、パオズの皮をのばす」）。

4 皮に餡15gをのせ、ヒダをとりながら包む（→122頁「鳥かご形」）。底に薄板を敷き、強火で8分蒸す。

上　叉焼包：チャー シュー パウ／下　滑鶏包：ワッ カイ パウ

［蒸してから揚げるの事例］

酥《スウ》炸《ヂャー》奶《ナイ》王《ワン》包《パオ》◉カスタード餡入り揚げパオズ

【表面はパリンと割れて中の生地はふんわり。熱々のバナナとカスタードの餡がとろっ】

a

b

【材料】20個分
老麺の生地（↓126頁）
……基本分量の½
カスタード餡（↓142頁）
……200g
バナナ（約1cm角に切る）……1本
硫酸紙（直径5cm）……20枚
打ち粉（強力粉）……適量

1「カスタード餡」をつくる（↓142頁）。

2「老麺の生地」をつくり（↓126頁）、棒状にのばして20gずつに切り分ける。

3 麺棒で直径6cmに丸くのばす（↓32頁「餃子、パオズの皮をのばす」）。

4 餡10gを丸めてバナナ約5gをのせてセットし、バナナを下にして皮にのせる（写真a～b）。「丸形」に包む（↓123頁）。底に硫酸紙を敷く。

5 セイロに並べて、乾燥しないように霧吹きで水をかけて7～8分おく。
＊時間をおくと割れにくい生地になる。

6 6～7分蒸し、硫酸紙をはずして約170℃の油で揚げる。
＊温かいパオズを揚げることで、生地の中はしっとり、外側はカリッと香ばしくなる。パオズが冷めた場合は2～3分蒸し直してから揚げる。

酥炸奶王包：ソウ ヂャー ナイ ウォン パウ

・基本の生地――小麦粉を使う

◎依《イー》士《シー》包《パオ》皮《ピー》【イースト生地】

イースト生地特有の発酵時間が必要だが、ゆっくり発酵させることで小麦粉のおいしさが引きだされる。しっかりと形成されたグルテンの食感は独特だ。

【材料】でき上がり約400g
薄力粉200g、強力粉50g、
インスタントドライイースト4g、
ベーキングパウダー10g、
塩2g、砂糖15g、
ぬるま湯130g、ラード12g

1 ボウルにふるった薄力粉〜砂糖を入れ、ぬるま湯（38〜40℃）を加え、ざっと混ぜて全体にいきわたらせる。

▼

2 1を混ぜて一塊にし、ラードを加えて全体がなじむまで練る。

▼

3 まとまれば麺台にとりだし、こすりつけるようにして練り込む。叩きつけるようにして生地を練り、グルテンを形成する。

▼

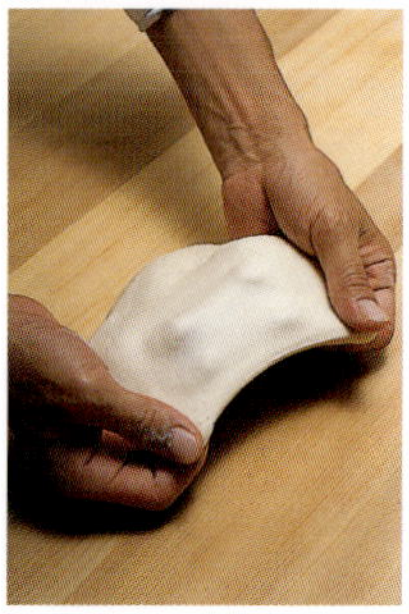

4 練り上がり。小麦タンパクと水が結合してできる網目状組織のグルテンが形成され、引っ張ると薄い膜状にのびる。

5 薄く油を塗ったボウルに生地を入れ、ラップをして35℃前後の温かい場所に約45分おく。写真手前が練り上がり、奥が発酵させたもの。

▼

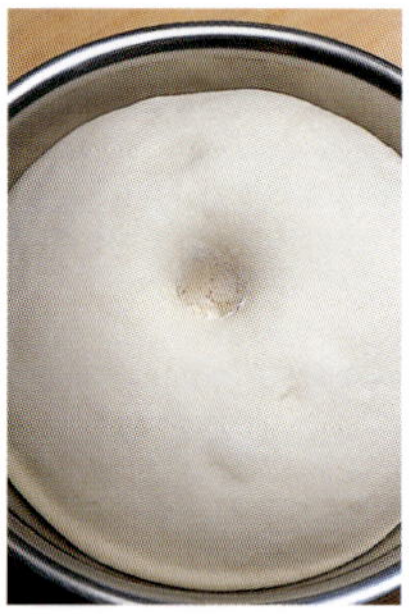

6 発酵前に比べ生地が約2倍に膨らむ。指をさしても生地がもどってこないのがちょうどいい発酵具合。押してすぐにもどるようなら発酵不足。

▼

7 パンチを入れてガスを抜く。分割して生地の表面に張りが出るように丸め、15分休ませて（ベンチタイム）から成形する。

・失敗例［イースト生地］

Q セイロの蓋をあけたらしぼんでしまった（左）

A 練りが足りなかったから

右は正常なパオズ。イーストは発酵時および加熱時に炭酸ガスを発生させる。そのガスで生地は膨らむ。このガスを支えるのが粘りと弾力がある網目状組織のグルテンだ（→120頁「パオズはどうやって膨らむのか？」）。グルテンは、生地を練る時に小麦タンパクと水が結びついてできる。しっかりしたグルテンが形成されれば、蒸し上がった時、熱によってグルテンが膨らんだ状態で固くなって形を保つことができる。しかし、練り足らずグルテンがしっかり形成されないと、膨らむ時に生地が薄く引きのばされ、蒸し器の蓋をあけると温度が急激に下がって形を支え切れずにしぼむ。表面を張らせるように丸めるのも、できたグルテンの膜で覆ってガスを支えるためだ。また、パンチを入れる時に乱暴に作業すると、グルテンが分断されて形を保てないことがある。

［イースト生地の事例］

生《ション》煎《ヂェン》饅《マン》頭《トウ》◉煎り焼きパオズ

【カリッとした生地の中からジューシーな肉汁がジュワッと出る】

餡の副材料

a

【材料】20個分
イースト生地（→右頁）……基本分量
アサツキ（粗みじん切り）……適量
炒りゴマ……適量
油、片栗粉……各適量

［餡］
豚バラ肉……150g
豚肩ロース肉……100g
スープ……100g
＊二湯、毛湯のいずれでもよい。
板ゼラチン（もどす→117頁）
……7.5g
干しエビ（もどして→262頁）
……小さじ2
ネギ（みじん切り）……大さじ1
生姜（みじん切り）……小さじ1
炒りゴマ……適量

［調味料］
塩……小さじ½
紹興酒……大さじ1
葱姜水（→247頁「魚団子の粥」）
……大さじ3
醤油……大さじ1・½
コショウ……少量
ネギ油……大さじ1
ゴマ油……小さじ1

［食卓調味料］
生姜（細切り）、赤酢……各適量

1 餡をつくる。スープを沸かし、もどしたゼラチンを加えて混ぜ溶かし、小さなボウルに入れて冷やし固める。細かく砕く。

2 豚バラ肉、豚肩ロース肉はみじん切りにして、包丁の背で叩く。干しエビはみじん切りにする。

3 ボウルに2の豚バラ肉、豚肩ロース肉を入れ、塩～コショウまでの調味料を加えてよく練る。

4 3に1と残りの餡の材料、調味料を加えて混ぜる（写真a）。

5 20gずつに成形しておいた生地を丸くのばし（→32頁「餃子、パオズの皮をのばす」）、餡20gを「鳥かご形」に包む（→122頁）。表面にハケで油を薄く塗り、10分おく。
＊6で蒸し焼きにするとパオズが膨張する。油は皮がくっついた時に破れるのを防ぐ。

6 5を、底に少量の片栗粉をつけて5～6分煎り焼き（→125頁「煎り焼く」）、最後にアサツキとゴマをふって仕上げる。

7 器に盛り、生姜と赤酢をつけて食べる。

生煎饅頭：サン チン マン タウ

◎化《ホワ》学《シュエ》包《パオ》皮《ピー》

【ベーキングパウダーの生地】

ベーキングパウダーが水分、温度と反応して炭酸ガスを発生させ、生地を膨張させる。生地は混ぜ合わせるだけでなく、少し練って休ませることで表面が滑らかな仕上がりになる。食感を期待して強力粉を混ぜることもある。

【材料】でき上がり約350g
薄力粉200g、
ベーキングパウダー大さじ1、
砂糖50g、牛乳60g、卵白1個分、
ラード小さじ1、
打ち粉（強力粉）適量

1 ボウルに牛乳、砂糖、卵白を合わせて混ぜる。

▼

2 別のボウルに薄力粉、ベーキングパウダー、ラードを合わせ、1を加えて混ぜる。

3 まとまれば、打ち粉をした麺台に出してよく練る。

▼

4 固く絞ったぬれ布巾をかけて10分休ませる。写真手前が練り上がり、奥が休ませたもの。

［ポイント］

ベーキングパウダーなどのように単なる化学反応で膨らませる生地の場合、ほかの生地ほどよく練る必要はない。ベーキングパウダーの生地は蒸している時にデンプンが糊状に変化し（→43頁「糊化《こか》」）、発生した炭酸ガスを包み込んで膨張するからだ。酵母を使った生地では発酵に時間がかかり、ゆっくりと炭酸ガスを抱え込むため、生地に伸展性などが必要。ゆえに、よく練って網目状組織グルテンをつくることが重要なのだ。
また、卵白は生地の弾力を増し、しっとりさせる。牛乳は味を補うために加える。

［ベーキングパウダーの生地の事例］

栗《リー》蓉《ロン》包《パオ》◉栗餡入りパオズ

【噛んで歯にくっつく部分の固さと栗の固さが合っている】

a

b

【材料】16個分

ベーキングパウダーの生地（↓右頁）……基本分量

白インゲンの餡（↓145頁）……170g

栗の甘露煮……130g

薄板……16枚

打ち粉（強力粉）……適量

1 餡をつくる。栗は4個を4等分に切り、残りは粗みじん切りにする。粗みじん切りの栗は少量を飾りにとりおき、あとは餡と混ぜて（写真a）約15gに丸め、4つ切りの栗をのせてセットする（写真b）。

2 「ベーキングパウダーの生地」をつくり（↓右頁）、棒状にのばして20gずつに切り分ける。

3 麺棒で直径7cmに丸くのばす（↓32頁「餃子、パオズの皮をのばす」）。

4 皮に栗を下にして餡をのせて「丸形」に包む（↓123頁）。薄板にのせ、生地少量と栗の粗みじん切りをのせて強火で5～6分蒸す。

栗蓉包：ロック ヨン パウ

◎月《ユエ》餅《ピン》皮《ピー》

【月餅の生地】

小麦粉に油脂と濃縮シロップを混ぜた生地。

焼きたてはクッキーのようにサクサクしているが、数日おくとしっとりとして柔らかくなる。

濃縮シロップは生地のもどりをよくする効果がある。

【材料】でき上がり約500g

薄力粉250g、
カスタードパウダー20g、
濃縮シロップ（→左頁）175g、
ピーナッツ油62g、
かん水1～2滴、
打ち粉（強力粉）適量

1 ボウルに濃縮シロップ、ピーナッツ油、かん水を合わせてよく混ぜる。

2 麺台に薄力粉、カスタードパウダーを合わせてふるい、中央をくぼませて1を入れる。

3 粉類とシロップを少しずつ混ぜ合わせる。

4 麺台にこすりつけるようにして、十分に練り合わせる。

5 カスタードパウダーに添加されている色粉が見える。この色粉は残りがちなので打ち粉をしてよく練って溶かす。ビニール袋に入れて常温で一晩寝かせる。

6 手前が練り上がり、奥が寝かせたもの。寝かせることによってつやが増し、色が濃くなる。練り上がり直後は柔らかいが、濃縮シロップを加えているためしまる。

［保存・もどし方］

保存は冷蔵でもよい。生地が固くしまるので室温にもどすか、生地を練って柔らかくしてから使う。

［濃縮シロップ］

砂糖……300g
黄ザラメ……300g
熱湯……900g
白梅干し……½個
レモン……¼個

1 鍋に砂糖を入れて火にかけ、砂糖が溶けて色づいてきたら分量の熱湯と黄ザラメを加える。
＊砂糖を煮詰めるだけでは色が薄く月餅の焼き色も薄くなるため、砂糖を色づく程度に焦がす。

2 白梅干しを加えて弱火にかけ、沸騰したらレモンを加えて煮詰める。粘りが出れば漉して耐熱性保存瓶に移し、冷ます。
＊冷めた時、ハチミツ状の固さになれば理想的な煮詰め具合。

［ゴールデンシロップ――濃縮シロップの代用として］

白砂糖をつくる時に副産物としてできる黒い糖蜜。香港では蒸しカステラの生地に混ぜたり、揚げ菓子に添えたりする。中国の人たちにとって中秋節の月餅は、日本でクリスマスケーキを買い求める気分と同じよう。レストランには数ヵ月前から予約が入り、この日が迫ってくると箱詰めにした月餅が山と積まれる。数百個の月餅をつくるために、濃縮シロップの代用として使われるゴールデンシロップの量は、半端ではない。

・失敗例 ［月餅生地］

Q 焼いても皮がふっくらとしない。むらができてしまった（右）

A 濃縮シロップを煮詰めすぎたから

左はよい例。濃縮シロップが固いと練り上がった生地も固く、柔らかな焼き上がりにならない。濃度が強すぎると皮の膨らみが悪くてのび切れず、焼いた時に表面に気泡ができる。

［ポイント］

のびる生地が月餅の特徴だ。のびるのは、濃縮シロップの適度な濃度によるもの。シロップは冷めた時にハチミツ状になるのがよい。

◎成形する

1 皮をのばし（↓34頁「月餅の皮をのばす」）、シワが寄らないように餡にかぶせる。

▼

2 「丸形」に包む（↓123頁）。

▼

3 月餅の型に粉（強力粉）をふり、全体に薄くつけば型を逆さにして余分な粉を除く。

4 2の周囲に薄く打ち粉をする。包み終わりを上にして型に入れる。

▼

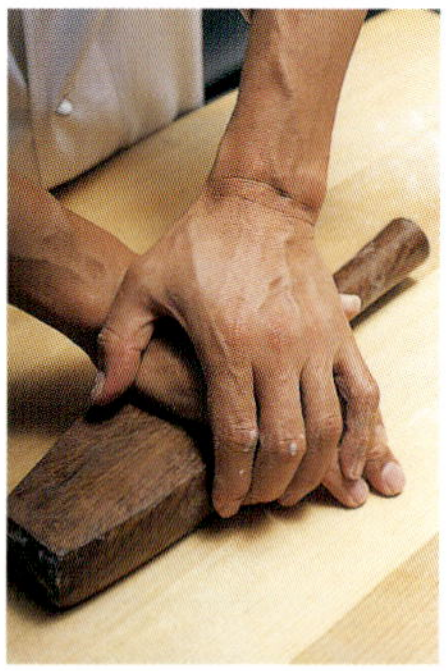

5 両手を重ねてしっかり上から押さえる。

▼

6 型の四方をタオルを敷いた台に叩きつけ、とりだす。

7 余分な粉をハケで払う。

◎焼成する

1 天板に並べて霧を吹き、ラップをせずに冷蔵庫に10分ほど入れてしめる。上火230℃、下火180℃に熱したオーヴンで4〜5分焼く。

▼

2 とりだして溶き卵（漉したもの）を薄く塗る。上火230℃、下火180℃で3分焼き、ふたたび溶き卵を薄く塗る。上火180℃、下火160℃で15分焼く。

▼

［焼き上がり］

写真左が焼きたて、右が4〜5日おいたもの。
時間がたつと焼き色があせるので、少し濃いぐらいに焼き上げる。
数日おいて生地がしっとりとしてから食べる。

［のびる生地と餡の量］

月餅の生地はよくのびるので、少ない生地でたくさんの餡を包むことができる。

はじめて使う型にどのくらいの生地と餡の量を使うのか。まずは生地だけを型にはめて重さを量ってみる。重みのある餡を使用する場合は生地1に対して餡は3の割合、軽い餡は生地1に対して餡は4〜4・5が目安。

［月餅の型いろいろ］

蘇州にはパイ生地でつくるものもあるが、たいていの月餅は木型で成形してつくる。満月を表わす丸い形が多いが、四角形もあり、大きさもさまざまである。型の中には「五仁（5種類のナッツ）」、「蓮蓉（ハスの実餡）」などの餡の名前、店名のロゴ、吉祥（縁起のよい）模様などが彫られ、餡を包んだ生地を押しつけると、表面にそれらが刻印される。

［月餅の生地の事例］

五《ウー》仁《レン》月《ユエ》餅《ピン》◉木の実餡入り月餅

【ナッツのいろいろな風味と、ザクザクした食感が楽しい】

【材料】4個分

月餅の生地（→134頁）
……160g
［五仁餡］でき上がり550g
ピーナッツ……50g
アーモンド……50g
ピスタチオ……65g
クルミ（皮なし）……40g
カンランの仁……50g
＊中国オリーヴの仁（→260頁）。
南杏（アンズの仁→260頁）……50g
松の実……15g
カボチャの種……5g
レーズン……50g
冬瓜の砂糖漬け（→260頁）
……80g
オレンジピール……10g
炒りゴマ……30g
ピーナッツ油……大さじ2
寒梅粉（→260頁）……20g
ハマナスの酒（→264頁）
……大さじ2
溶き卵（漉したもの）……適量
打ち粉（強力粉）……適量

1 餡をつくる。カボチャの種以外のナッツ類はゆで、ピーナッツ、アーモンド、ピスタチオは皮をむく。それぞれ低温のオーヴンで焼き、粗みじん切りにする。ピスタチオは長く焼くと色が黒ずむため、水分が飛べばとりだす。

2 オレンジピール、冬瓜の砂糖漬けは粗みじん切りにする。

3 ボウルに餡の材料を入れ、よく混ぜ合わせる。割れやすいカンランの仁は最後に加える。

4 ハマナスの酒を加え、握ってひと塊になるまで（写真a～b）まんべんなく混ぜる。

5 餡を120gずつに分け、二重にしたラップでしっかり包み、丸める（写真c～d）。冷蔵庫で冷やし固める。

6 月餅の生地をつくり（→134頁）、40gずつに切り分ける。直径11cmの丸い形にのばす（→34頁「月餅の皮をのばす」）。

7 餡に皮をのせてひっくり返し、「丸形」に包む（→123頁）。

8 型に入れて成形し、オーヴンで焼く（→136頁「月餅の成形と焼き方」）。4～5日おいて食べる。

断面

材料

a

b

c

d

五仁月餅：シー ヤン ユッ ペン

蛋《タン》黄《ホワン》蓮《リエン》蓉《ロン》月《ユエ》餅《ピン》

◉塩漬け卵入りハスの実餡の月餅

【ほんのり塩味の餡。塩漬け卵入り餡は月餅の定番】

断面

【材料】10個分

月餅の生地（→134頁）……120g

ハスの実餡（→145頁）……350g

塩漬け卵の黄身（→263頁）……5個

溶き卵（漉したもの）……適量

打ち粉（強力粉）……適量

1 餡をつくる。塩漬け卵の黄身は約5分蒸して、半分に切る。ハスの実餡に塩漬け卵の黄身1切れを合わせて45gにして、丸める。

2 月餅の生地をつくり（→134頁）、棒状にして12gずつに切り分ける。直径7cmの丸い形にのばす（→34頁「月餅の皮をのばす」）。

3 餡に皮をのせてひっくり返し、「丸形」に包む（→123頁）。

4 型に入れて成形し、オーヴンで焼く（→136頁「月餅の成形と焼き方」）。2〜3日おいて食べる。

椰《イエ》蓉《ロン》月《ユエ》餅《ピン》

◉ココナッツ餡入り月餅

【エキゾチックで軽い味わいが新鮮】

断面

【材料】4個分

月餅の生地（→134頁）……120g

ココナッツ餡（→143頁）……560g

溶き卵（漉したもの）……適量

打ち粉（強力粉）……適量

1 「ココナッツ餡」をつくり（→143頁）、140gずつに分ける。二重にしたラップでしっかり包み、丸めて冷蔵庫で冷やし固める。

2 月餅の生地をつくり（→134頁）、棒状にして30gずつに切り分ける。直径11cmの丸い形にのばす（→34頁「月餅の皮をのばす」）。

3 餡に皮をのせてひっくり返し、「丸形」に包む（→123頁）。

4 型に入れて成形し、オーヴンで焼く（→136頁「月餅の成形と焼き方」）。2〜3日おいて食べる。

上　蛋黄蓮蓉月餅：タン ウォン リン ヨン ユッペン／下　椰蓉月餅：イエ ヨン ユッペン

◎叉焼餡《チャーシャオシエン》

【チャーシュー餡】——チャーシューを特製の醤(ジャン)でからめたジューシーで少し甘めの餡

【材料】でき上がり300g
チャーシュー(↓左記)……150g
チャーシュー醤(↓左記)……150g

◉チャーシュー
豚うで肉600g

【豚うで肉の漬けダレ】
*以下の材料を混ぜ合わせる。
塩3・75g、砂糖15g、
中国たまり醤油少量、
醤油レンゲ½、コショウ少量、
紹興酒レンゲ1、
麺豉醤(→265頁)小さじ1、
揚げニンニク(→266頁)小さじ1、
ゴマ油少量、芝麻醤(ゴマペースト→265頁)小さじ1
*焼き上がりを柔らかくするために、タレに漬ける前に下処理として、重曹3・75g、食肉軟化酵素1gをすり込んで30分おき、30分流水にさらす場合もある。

◉チャーシュー醤
*でき上がりは360g
ピーナッツ油30mℓ、
エシャロット(薄切り)½個分、
薄力粉20g、砂糖50g、
水300mℓ、塩2g、
コショウ少量、カキ油22g、
醤油12g、中国たまり醤油12g、
コーンスターチ15g、片栗粉10g

1 チャーシューを焼く。肉を約2cm厚さに切り、水洗いして水気をよくふきとる。タレに40分漬ける。

2 肉を220℃に熱したオーヴンで約20分焼く。焦げた部分はハサミで切りとる。

3 チャーシュー醤をつくる。鍋にピーナッツ油を熱し、エシャロットを弱火で炒め、色づけばとりだす。油に香りと甘味がつく。

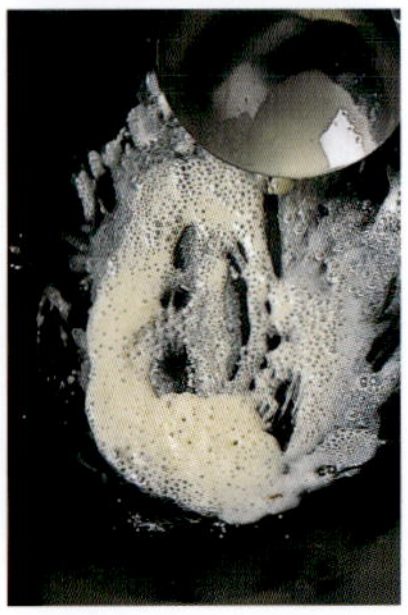

4 3の鍋の油に薄力粉を入れて弱火で炒める。砂糖〜片栗粉まで合わせたものを少しずつ入れて、混ぜ合わせる。

5 とろみがついて鍋肌から離れるようになるまで練る。
*しっかり練って弾力のあるチャーシュー醤(叉焼醤)にする。

6 とりだして表面に薄く油(分量外)を塗って冷ます。

7 チャーシューは1cm角の拍子木切りにし、小口から薄切りにする。チャーシューとチャーシュー醤を1対1で混ぜ合わせる。

◎滑《ホワ》鶏《ヂィ》包《パオ》餡《シエン》

【ワッカイパウ餡】——焼売のようなぷりぷりした食感が特徴の具だくさんの餡

【材料】でき上がり約700g
鶏モモ肉100g、
豚肩ロース肉60g、
エビ（下処理して→97頁）60g、
豚背脂25g、ロースハム（薄切り）1枚、
タケノコ（水煮。水分を絞って）40g、
干し椎茸（もどして→262頁）60g、
香菜少量、チンゲンサイ（ゆでて水分を絞って）160g、
ワッカイ醤（→左記）180g

【調味料】
塩3g、醤油5g、砂糖4g、コショウ少量、
芝麻醤（ゴマペースト→265頁）2g、
片栗粉25g、ネギ油20g

【ワッカイ醤】
*でき上がりは180g
ピーナッツ油30㎖、
エシャロット（薄切り）½個分、
薄力粉10g、砂糖13g、
水150㎖、塩8g、
コショウ少量、カキ油15g、
コーンスターチ7g、片栗粉7g

1「チャーシュー醤」を参照してワッカイ醤をつくる（→右頁3〜6）。

▼

2 鶏肉、豚肉、エビ、ロースハムは1cm角、豚背脂は粗みじん切りにする。

▼

3 タケノコ、椎茸は1cm大に、香菜は1cm長さに切る。チンゲンサイはゆでてから1・5cm角に切り、水分を絞る。

4 鶏肉、豚肉に塩を加えてボウルの中で叩きつけて角をつぶす。エビ、背脂、ロースハム、残りの調味料を加えては混ぜる。

▼

5 ワッカイ醤を加えて混ぜてから、残りの材料を加えてざっくり混ぜる。

［醤《ジャン》を使う］

チャーシュー醤（叉焼醤）、ワッカイ醤（滑鶏醤）はたくさんの調味料を濃縮したペーストである。点心は基本の生地、基本の餡でバリエーション豊かなアイテムをつくることができるようになっている。この「醤」もパオズだけではなく、餃子や春巻などの餡や、鶏や豚肉の蒸しものに少量混ぜるだけでコクと香りを加えることができる。冷蔵庫で4〜5日保存でき、それ以上の場合は冷凍保存する。

◎奶《ナイ》王《ワン》餡《シェン》

中国語は牛乳（牛奶）と卵黄（蛋黄：黄と王は広東語では同音なので王は卵黄を指す）からつくる餡という意味

【カスタード餡】——西洋菓子の影響を受けた甘くクリーミーな餡

【材料】でき上がり約450g
卵1個、カスタードパウダー10g
＊色粉が含まれているので卵でよく溶く。
エバミルク80g、
コンデンスミルク150g、
無塩バター（溶かしたもの）40g
［粉類］ボウルに合わせる
砂糖120g、脱脂粉乳4g、
寒梅粉12g、コーンスターチ10g

1 ボウルに卵、カスタードパウダーを合わせてよく溶いてから、エバミルク、コンデンスミルクを混ぜ合わせる。粉類のボウルに少しずつ加えて混ぜ合わせる。

2 ダマができないようにしっかり混ぜる。

3 溶かしたバターを加え混ぜ、バットに入れて強火で10～15分蒸す。
＊火通りがよい大きめのバットで蒸す。蒸しすぎるとくすんだ色になる。

4 ゴムベラではがせる固さ。冷めれば密閉容器に入れて3～4日なら冷蔵庫で保存できる。それ以上の場合は冷凍する。

◎麻《マー》蓉《ロン》餡《シエン》

【ゴマ餡】——ゴマ風味たっぷりの贅沢な餡。カスタード餡がゴマのパサツキ感を補っている

【材料】でき上がり約480g
ピーナッツバター50g、
プラリネ30g、
練りゴマ100g、
カスタード餡（→右頁）300g

1 ピーナッツバター、プラリネをゴムベラで混ぜながら、練りゴマを少しずつ加える。クリーム状になったら次を加えるようにする。

2 カスタード餡を加えてよく混ぜる。密閉容器に入れて3～4日なら冷蔵庫で保存できる。それ以上の場合は冷凍する。

◎椰《イエ》蓉《ロン》餡《シエン》

【ココナッツ餡】——ココナッツの香り豊かな餡

【材料】でき上がり約650g
冬瓜の砂糖漬け（→260頁）120g
＊ゆでてくさみを抜き、柔らかくする（→144頁・1）。
ココナッツファイン140g、
ココナッツミルクパウダー15g、
アーモンドパウダー15g、
無塩バター（常温でもどす）20g、
カスタード餡（→右頁）140g、
カシューナッツ60g、松の実40g
＊2種類のナッツはゆでて、水気を切って低温のオーヴンで焼き、カシューナッツは粗みじん切りに。
ココナッツリキュール大さじ3

1 冬瓜の砂糖漬けをフードプロセッサーにかける。ココナッツファイン、ココナッツミルクパウダー、アーモンドパウダーを加えてさらに攪拌する。

2 ざっくり混ぜたらバター、カスタード餡を加えて混ぜる。

3 ボウルに移し、カシューナッツ、松の実、ココナッツリキュールを加えてゴムベラで混ぜ合わせる。密閉容器に入れて3～4日なら冷蔵庫で保存できる。それ以上の場合は冷凍する。

◎冬《トン》蓉《ロン》餡《シェン》

【冬瓜の餡】——加熱すると滑らかなクリーム状の餡からキンモクセイの香りがただよう中国らしい餡

【材料】でき上がり約400g
冬瓜の砂糖漬け（↓260頁）500g、
カシューナッツ50g
＊ゆでて水気をふいて低温のオーヴンで焼き、粗みじん切りにする。
水100㎖、
ハチミツ小さじ2、
桂花陳酒（↓264頁）大さじ4、
寒梅粉（↓260頁）20g、
桂花醤（↓266頁）大さじ1
＊キンモクセイの花の蜜漬け。
炒りゴマ大さじ1

1 冬瓜の砂糖漬けはたっぷりの湯で透き通るまでさっとゆでる（ゆでてくさみを抜き、柔らかくする）。水分をふきとる。

▼

2 1の冬瓜の砂糖漬けをフードプロセッサーにかけてペースト状にする。片手鍋に移す。

3 2に水、ハチミツ、桂花陳酒、寒梅粉を加えてよく混ぜてから中火にかける。ヘラで練りながら加熱し続ける。

▼

4 すくうとボテッと落ちる程度に濃度がつくまでヘラで練る。冷まして粗熱がとれたら、桂花醤、カシューナッツ、炒りゴマを混ぜる。

・市販の餡と合わせる材料

市販の餡には次のようなものがある。単独で使うだけでなく、いろいろな材料と組み合わせるとさらにおいしさが加わる。

◎蓮蓉餡《リエンロンシエン》【ハスの実餡】

ハスの実、カボチャの種、ピータン、甘酢生姜などを合わせるとよい。

◎豆蓉餡《トウロンシエン》【白インゲンの餡】

栗、サンザシ（サンザシの実をシロップなどで煮て固めたもの。水でもどして使う。酸味と甘味がある）などと合わせるとよい。

◎豆沙餡《トウシャーシエン》【アズキの餡】

ラムレーズン、ココナッツファイン、オレンジピールなどを合わせるとよい。

◎棗蓉餡《ザオロンシエン》【ナツメの餡】

干しアンズ、黒ゴマなどと合わせると相性がよい。

【アズキの粒餡】

餃子《ヂャオヅ》・団子《トワンヅ》

餃子とは主に小麦粉の生地で餡などを包んで成形し、煎り焼いたり、ゆでたり、揚げたりしたもの。餡は甘いものと甘くないもの、また、生の餡と火を通した餡などに分類できる。
団子とは穀物の粉を水で練って餡を包んで丸く成形し、ゆでたり、揚げたりしたもの。団子の餡は火を通した甘い餡が多い。

◎包む前に

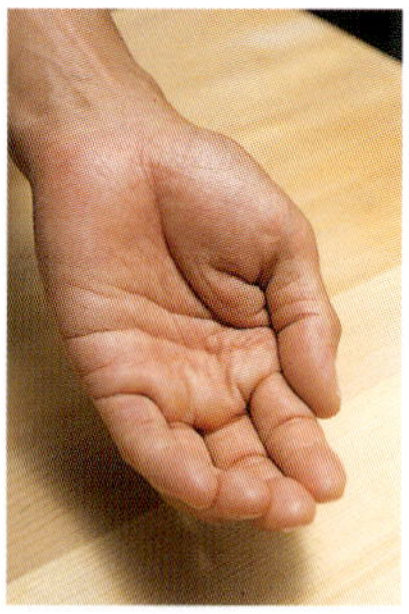

1 指をくぼませて皮をのせる。指をくぼませた部分に餡が入る。

2 皮を餡皿の下にあて、餡1個分を引き寄せながら皮の中央に押し込むようにはりつける。

［ポイント］
皿の上で餡1個分を目で見てほぼ同じ分量に切り分けられる。また、皿から直接のせることができるので作業効率もよい。

・包み方いろいろ——代表的な使用生地別に紹介するが、ほかの生地、皮を使っても包める

［市販の皮を使う］
大きさや厚さの異なる皮が売られている。手づくりの皮に比べると薄く、蒸す、焼く、揚げるなど用途が広い。

◎簡単包み

●焼き餃子、蒸し餃子、揚げ餃子

1 皮の周囲を約1cmあけて餡を平らにのせる（→右記「包む前に」）。皮は向こう側の縁に水をつけて半分に折り、左手ではさむように持ち、皮の縁の中央をくっつける。

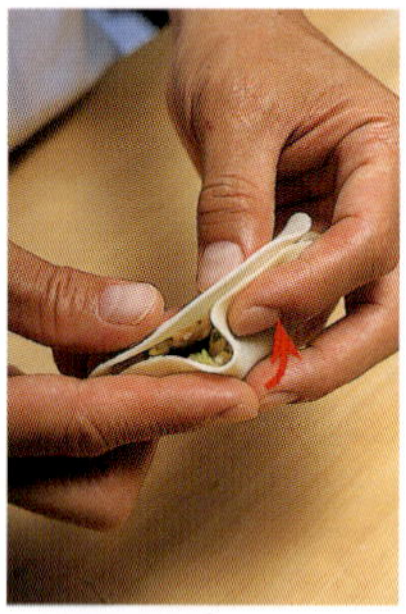

2 左手の親指と人さし指で皮が動かないように持つ。右手の人さし指で向こう側の皮を中心に向かって寄せ、手前の皮と合わせてつまむ。

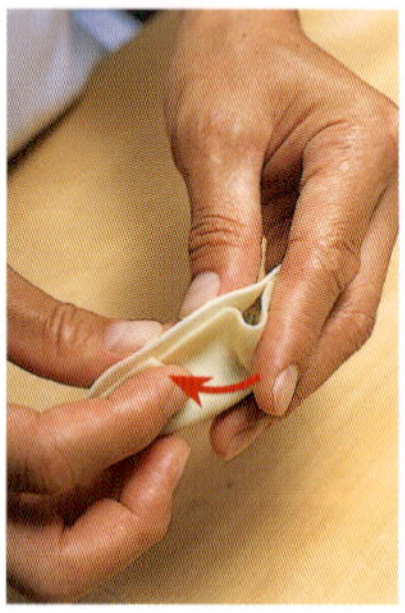

3 左手の人さし指で向こう側の皮を中心に向かって寄せ、手前の皮と合わせてつまんで閉じる。

◎一口餃子の包み方 ―市販の四角の焼売の皮を使って

●焼き餃子、蒸し餃子、揚げ餃子

1 皮を角が手前にくるようにして持ち、たたみやすいように中央より少し向こう側に餡をのせてならす。

▼

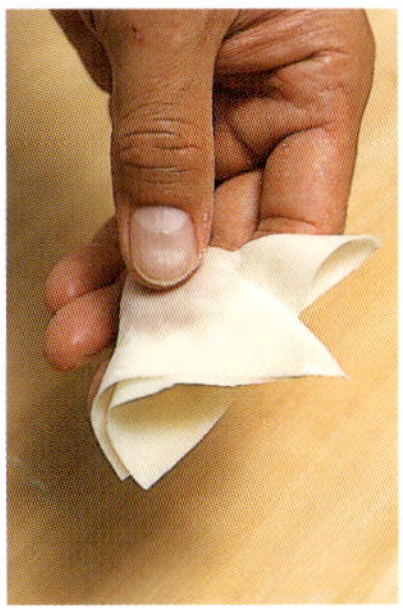

2 三角形になるように向こう側に二つ折りにして端を閉じる。右端を左にさらに折りたたみ、餡を平らにして形を整える。

◎一般的な焼き餃子の包み方 ―熱湯で練る生地（→152頁）を使って

［小麦粉を使った手づくりの皮を使う］

●焼き餃子

1 餡をのせる。向こう側の皮が少し高くなるように手前から半月形に折って持つ。手前の皮より向こう側が低くなるように押し込みながら右端約1・5cmをつまむ。

▼

2 右手の指はそのままにして左手を右に傾け、皮の縁にヒダを寄せる。右手の人さし指でヒダを親指に引き寄せ、手前の皮より低くなるようにつまんで押さえる。

▼

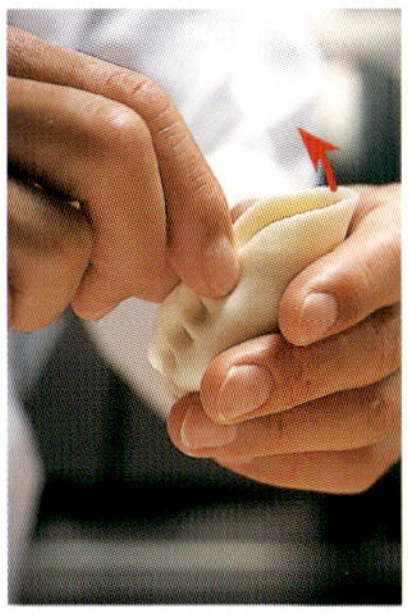

3 2をくり返して、右手でヒダを折り進める。左手で横に持っていた餃子は徐々に立ってくる。右手の位置は固定し、左手でコントロール。

［ポイント］

ヒダのある側が、ない側よりも低くなるように閉じることが大切。左手の傾け方によって、つまむ皮の量、つまりヒダの細かさに違いが出る。

［うまくいかなかったら］

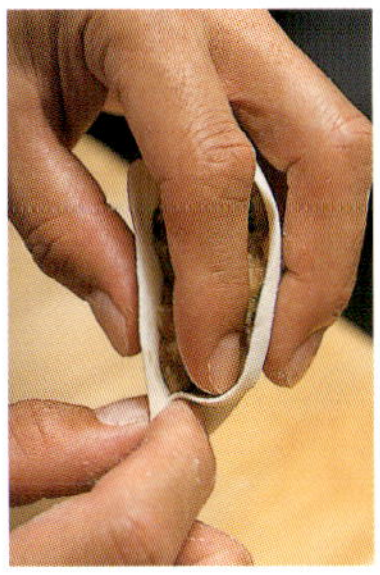

左手の人さし指を皮の内側に入れて、向こう側の皮を右に押してシワをつけ、右手でつまむ。ただし、簡単にヒダができるが、熟練しても包むスピード、ヒダの細かさなどは右記の包み方にはおよばない。

・失敗例［一般的な焼き餃子の包み方］

Q ヒダをとった側が手前の皮より上に出て、焼いたら口があいてしまった（左）
ヒダをとる時に大きくシワを寄せすぎてつまんだから

A たくさんつまみすぎて生地を押し込むことができず、ヒダの角が手前の皮から上に出たため。また、ヒダをつまむ時に右手の親指が前に動いてしまった場合も人さし指で皮を引き寄せることが不十分になるため、手前の皮より下になるように押さえ込むのはむずかしくなる。蒸し焼きをしている時に包み口があいて、餡の中に水が入る原因になる。右は正しい例。

◎一般的な水餃子の包み方

——水で練る生地（→151頁）を使って

●水餃子

1 餡をのせて皮を半分に折り、周囲約5㎜を合わせて閉じる。

▼

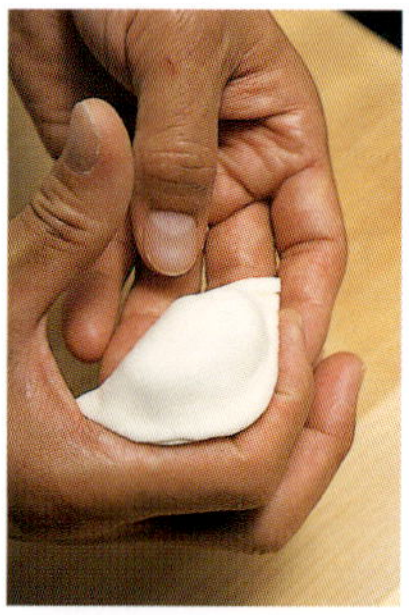

2 右手の人さし指に閉じ目がのるように1を持ち、左手の指4本を右手の指3本に重ねる。

▼

3 両親指で皮の周囲を押さえる。右手の人さし指と両親指で皮の縁をはさんだ状態になっている。

▼

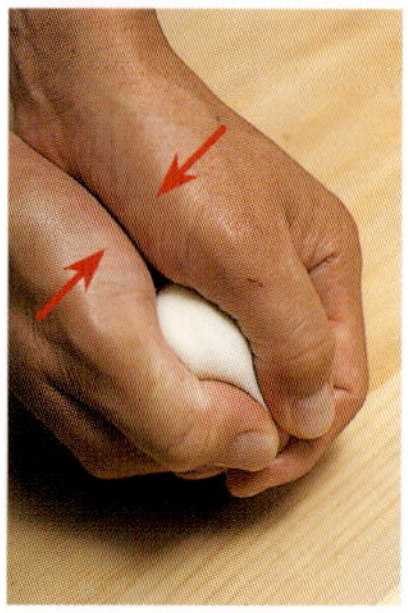

4 両手の中に卵を抱え込むように空間をつくり、手首を寄せて形をつくる。縁にヒダをつくらず、ふっくらとした形となる。

［小麦粉以外の手づくりの皮を使う］

◎エビ餃子の包み方

——浮き粉の生地A（→157頁）を使って

●蒸し餃子

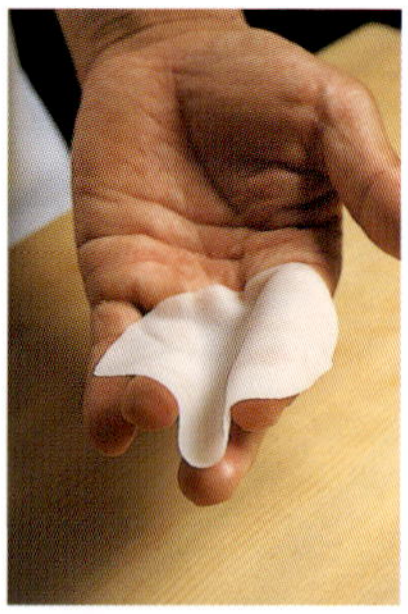

1 油を塗った点心包丁で皮をのばし（→34頁）、皮は油のついてない面を上にして左手の人さし指、中指、薬指にのせる。中指を下げて皮の中央に溝をつくる。

▼

2 溝に餡をのせる。

▼

3 皮の手前を折って半月形にする。手前側より向こう側の皮が少し高くなるように持ち、手前の皮より向こう側が低くなるように押し込みながら右端約1・5㎝をつまむ。

▼

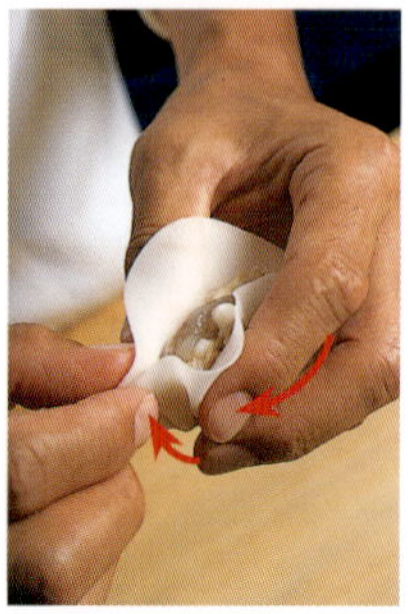

4 右手はそのままにして、左手の人さし指の腹で皮を右に寄せてヒダをつくり、右手の人さし指で親指に引き寄せながらつまむ（親指は動かさない）。

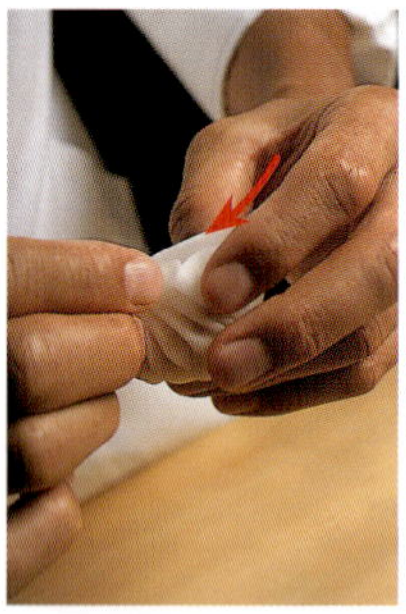

5 ヒダを寄せる時、皮は餡に押しつけるのではなく、人さし指で餡の上を滑らせるように送り、ヒダをつくっていく。

＊「一般的な焼き餃子の包み方」と異なり、ヒダは右に寄せて包む。

▼

6 包み口をしっかり閉じる。

▼

7 閉じ目を押さえて立たせ、長いヒダが放射状になるように形を整える。

・失敗例［エビ餃子の包み方］

Q1 皮が破れてしまった（左）

A1 右手の親指が必要以上に動いたため

右の親指が動いて皮を引っ張ったので手前が破れた。包み方4にあるように、右手は前に進まず左手で皮を右に寄せてヒダをつくり、親指は動かさないのがコツ。焼き餃子とはそこが異なる。

Q2 ヒダの幅が不均一で、ヒダの長さも短く不ぞろい（右）

A2 左手の位置、皮の送り方が不適切だったため

ヒダが均一にとれないのは包み方4～5の時に左手の人さし指が皮を強く押さえたために、餡の上を皮が滑って移動せず、ヒダがうまくできなかったことによる。また、人さし指で皮を右へ均一に送れなかった場合もこうなる。

ヒダの長さが短くて不ぞろいになるのは、シワを寄せる時、左手の人さし指の位置が餡より上にあるため。皮の上の部分だけシワを寄せた結果。人さし指の位置は低すぎても皮の上部が手前の皮と離れすぎて閉じにくく、等間隔にヒダができにくい原因になる。左人さし指の位置は、餡の中央くらいの高さが理想的。

［包む前に――浮き粉を使った生地を麺棒でのばした場合］

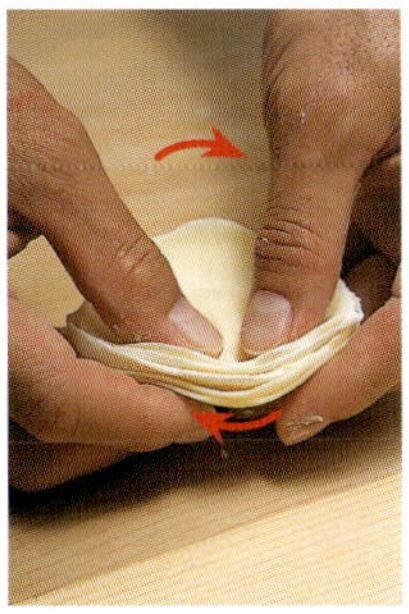

浮き粉を使った（含む）生地を麺棒でのばした場合（→32頁「餃子・パオズの皮をのばす」）、次の作業が必要。打ち粉（浮き粉）をして4～5枚ずつ重ね、両手で回転させて浅い碗形にしながら中央の厚いヘソ部分を指で外側に向かって押さえる。均一な厚さの碗形にする作業だ。打ち粉をハケで除いてから包む。

◎二つ折り――浮き粉を使った生地を使って

●蒸し餃子、揚げ餃子

1 のばした皮に餡をのせ、半分に折る。縁から約5㎜をしっかりつまんで閉じる。

◎眉《まゆ》毛《げ》形——浮き粉を使った生地を使って

●蒸し餃子、揚げ餃子

1「二つ折り」をつくる（↓149頁）。合わせた皮の右端を閉じた幅の分だけ内側に折りたたむ。

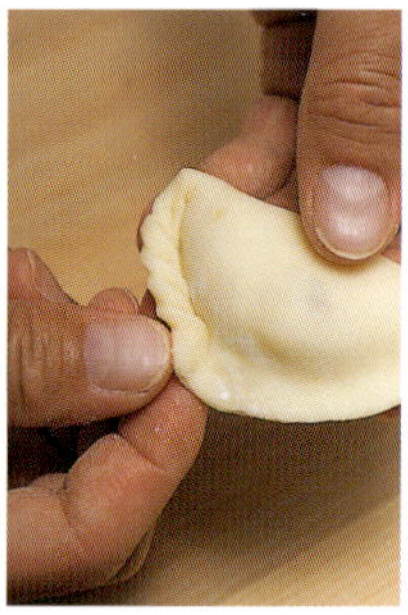

2同じ作業をくり返し、周囲が縄状になるように折り重ねていく。

◎鶏冠《とさか》形——浮き粉の生地B（↓157頁）を使って

●蒸し餃子

1のばした皮に餡をのせて手前から半分に折り、周囲約1cmを合わせて閉じる。

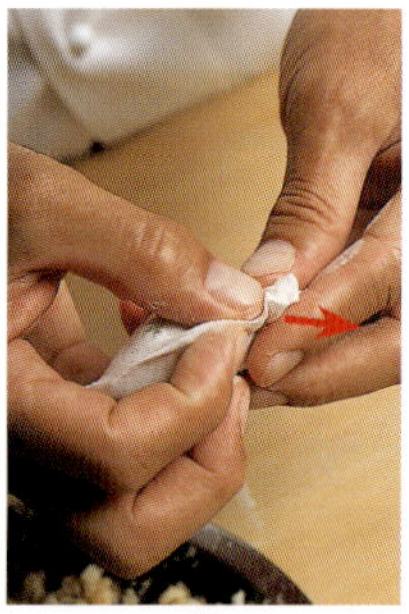

2左手で皮の左端を持ち、左側にヒダ1つ分の間をあけて右手人さし指と親指で縁をつまむ。まず右親指を斜め前方に押す。指先の幅のヒダができる。

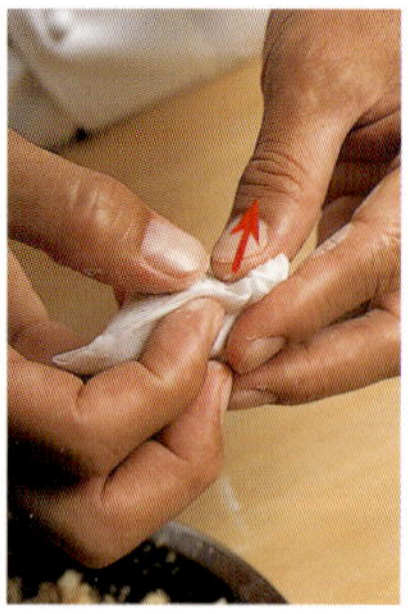

3次に右人さし指を反対側に押しだす。これで2つめのヒダが寄る。縫いものの「運針」の要領で右手の2本の指で交互に押したたみながら左側にヒダをためていく。

◎団子形——白玉粉と浮き粉の生地（↓159頁）を使って

●ゆでる、蒸す、揚げる

1皮をのばし（↓32頁「手のひらでのばす」）、くぼませた左手の指にのせる。

2中央に丸めた餡をのせる。

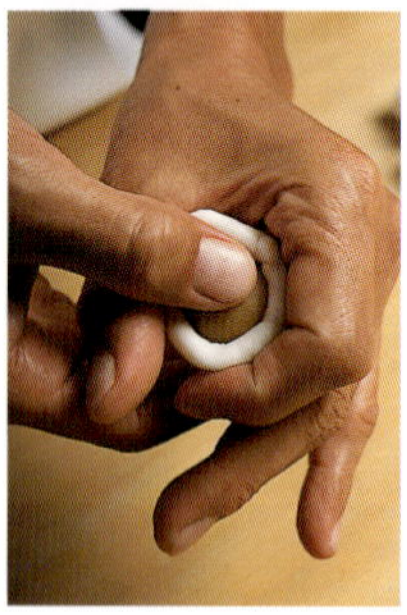

3123頁「丸形」の2～6を参照して右手の親指で餡を少しずつ押し込みながら、左手の指で口をすぼめて包む。

・基本の生地——小麦粉の生地

小麦粉の生地には、水で練る生地、温水で練る生地、熱湯で練る生地がある。
小麦粉に含まれているタンパク質とデンプンが水と熱の影響を受けてそれぞれ特徴のある仕上がりとなる。

◎小麦粉を水で練る生地——水餃子（→153頁）の生地

小麦は水で練ることにより、小麦タンパクが水と結合して網目状組織を持つグルテンに変わり、粘りと弾力のある生地になる。タンパク質を多く含んだ強力粉を加えた生地はより強いコシ（弾力）を持つ。成形してゆでることが多い。

【材料】でき上がり約300g
強力粉50g、薄力粉150g、
塩小さじ⅕、水約100㎖、
打ち粉（強力粉）適量

1 薄力粉と強力粉を合わせてボウルにふるい入れ、塩を加える。分量の水をまず80㎖ほど加えて手で混ぜて全体になじませる。

▼

2 残りの水を加えながら手で全体をまとめるように練る。

▼

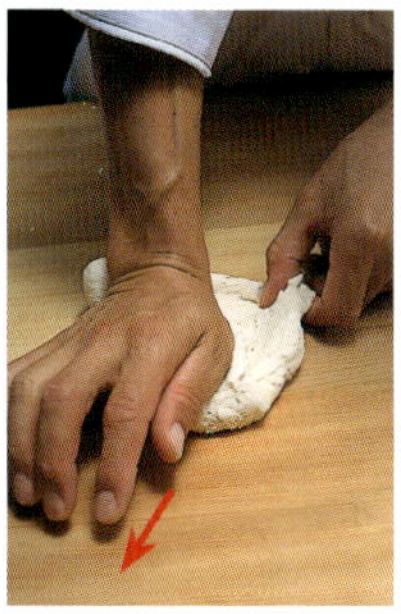

3 麺台に出し、打ち粉をして手のひらのつけ根で押すようにしてよく練る。全体がしっとりして一つにまとまればビニール袋に入れて15分ほど室温で休ませる。

▼

4 3を表面が滑らかになり、つやが出るまでよく練る。ビニール袋に入れ、室温で15分以上休ませてから使う（奥が休ませたもの。手前は練り上がり）。

◎小麦粉を温水で練る生地——ネギ風味のパイ（→155頁）の生地

小麦粉を50～70℃の温水で練る。あるいは熱湯で練った生地と水で練った生地を合わせてつくる。グルテンのコシを残し、デンプンがいくらか糊化した粘りもあり、両方の性質を併せ持っている。繊細な形をつくることができ、蒸したり、揚げたり、煎り焼いたりする。

【材料】でき上がり約330g
強力粉150g、薄力粉50g、
塩小さじ⅕、温水（60℃）165㎖、
ラード小さじ1

1 薄力粉と強力粉を合わせてボウルにふるい入れ、塩を加える。まず温水を120㎖ほど加えて麺棒で混ぜて全体になじませる。さらに残りの温水を加えてよく練る。

▼

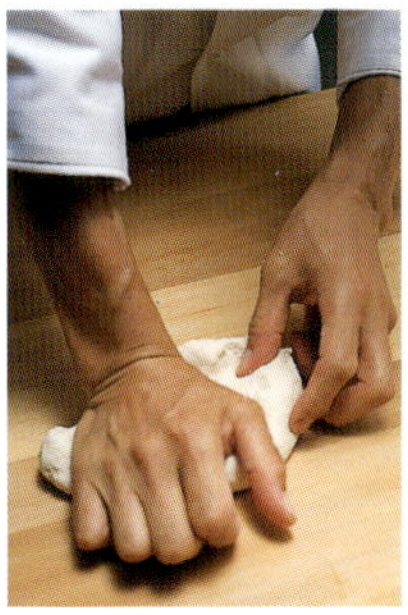

2 麺台にとりだし、ラードを加えて手のひらのつけ根で押すようにしてよく練る。一つにまとまれば、ビニール袋に入れて15分ほど休ませる。

▼

3 2を表面が滑らかになり、つやが出るまでよく練る。乾燥しやすいのでビニール袋に入れ、室温で15分以上休ませてから使う（奥が休ませたもの。手前が練り上がり）。

◎小麦粉を熱湯で練る生地

——ネギの焼きもち（↓156頁）の生地

小麦粉を熱湯で練ることにより、小麦粉に含まれているデンプンが水と熱により糊化する。煎り焼いたり、揚げたりすると、これがもちのように表面はカリッと、中は柔らかい状態になる。

【材料】でき上がり約320g
強力粉50g、薄力粉150g、塩小さじ⅕、熱湯120㎖、ラード小さじ1

1 強力粉、薄力粉をボウルにふるい入れて塩を加え、湯煎にかけて温める。沸騰している湯を一気に加え、麺棒でかき混ぜる。

▼

2 水分が粉全体にいきわたり、一つにまとまるまでしっかり練る（熱いので火傷に注意する）。ラードを加えて生地に練り込み、麺台にとりだす。

▼

3 手のひらのつけ根で押しながらよく練る。一つにまとまれば、ビニール袋に入れて15分ほど休ませる。休ませたら、表面が滑らかになってつやが出るまでよく練る。

▼

4 練り上がり。ビニール袋に入れ、室温で15分以上休ませてから使う。

［小麦粉を熱湯で練る生地（↓右記）を使って］

◎薄《パオ》餅《ピン》【中国風クレープ】

北京ダックやパプリカと牛肉の炒めもの（↓65頁）、チャーシューとザーサイの和えもの（↓213頁）などの料理によく添えて供される。これらの料理をこの生地で包んで食べる。

【材料】約16枚分
小麦粉を熱湯で練る生地（↓右記）基本分量、ゴマ油適量

1 生地をつくる（↓右記）。20gに切り分けた生地を直径6～7cmの円形にのばす（↓32頁「餃子、パオズの皮をのばす」）。半量の皮の表面にゴマ油を薄くつける。

▼

2 残りの皮に、1の油を塗った皮を1枚ずつ重ねる。

▼

3 麺棒で直径約16～18cmにのばす（↓33頁「皮を大きく均一にのばす」）。

4 フッ素樹脂加工のフライパンを弱火にかけ、3の両面をから焼きする。2枚の皮の間の空気が膨張して膨らむ。

▼

5 調理台に叩きつけ、空気が出た箇所から2枚にはがす。固く絞ったぬれ布巾の上に並べて、食べる時に約5分蒸す。

［ポイント］
焼いた皮は乾燥しやすいので固く絞ったぬれ布巾をかけておく。保存する場合は焼いて冷めたものをビニール袋に入れて冷蔵庫で3～4日。それ以上は冷凍する。

薄餅：ポックペン

［水餃子の応用］

姜《ヂャン》葱《ツォン》撈《ラオ》水《シュエイ》餃《ヂャオ》◉ネギ生姜風味の水餃子

【ゆでて柔らかくなった皮で魚のすり身餡を食べる】

【材料】25個分
焼売の皮……25枚
魚すり身餡（↓163頁）
……基木分量の½
黄ニラ（3cm長さに切る）……2束
青ネギ（細切り）……2本分
生姜（細切り）……15g
生赤唐辛子（細切り）……½本分
ピーナッツ油……適量
打ち粉（強力粉）……適量

［調味料］
魚汁（蒸し魚ソース↓107頁）……適量
＊魚汁にはA、Bの2種類があるが、どちらを使ってもよい。

1「魚すり身餡」（↓163頁）をつくる。焼売の皮は数枚ずつ重ねて麺棒で少し大きくのばす。

2 皮の中央に餡10gをのせて「ヒラヒラ形」（↓176頁）に包む。

3 餃子をたっぷりの熱湯に入れ、ゆっくり対流するくらいの火加減でゆでる。網ザーレンに黄ニラをのせて、同時にゆでる。

4 餃子の皮の表面が透明になれば黄ニラと餃子を引き上げ、水気をよく切って盛りつける。青ネギ、生姜、唐辛子をのせ、上から熱したピーナッツ油をかける。油を熱した鍋に魚汁を入れて、鍋の余熱で温め、餃子にかける。

［小麦粉を水で練る生地の事例］

水《シュエイ》餃《ヂャオ》子《ヅ》◉水餃子

【噛むほどに味わい深いプリプリした皮と、プリンとした餡】

【材料】30個分
小麦粉を水で練る生地（↓151頁）
……基本分量
打ち粉（強力粉）……適量

［餡］
豚肩ロース肉……100g
豚バラ肉……70g
長ネギ（2㎜幅の輪切り）……130g

［餡の調味料］
塩……小さじ⅓
醤油……大さじ1
コショウ……少量
紹興酒……小さじ1
水……35mℓ
ゴマ油……小さじ2
ネギ油……大さじ1

［食卓調味料］
蒜茸汁、紅油汁、姜味汁、沙爹汁など（和えもの用ソース各種↓105〜107頁）

1 餡をつくる。肩ロース肉、バラ肉は粗みじん切りにしてボウルに入れ、塩を加えて粘りが出るまでよく練る。醤油〜水を加えながらさらに練り、輪切りにしたネギを加えてざっくり混ぜ合わせる。ゴマ油、ネギ油を加え混ぜ、冷蔵庫で1時間しめる。

2「小麦粉を水で練る生地」（↓151頁）をつくり、棒状にのばして10gずつに切り分ける。

3 麺棒で直径5〜6cmの円形にのばす（↓32頁「餃子、パオズの皮をのばす」）。

4 皮の中央に餡10gをのせて包む（↓148頁「一般的な水餃子の包み方」）。

5 餃子をたっぷりの熱湯に入れ、ゆっくり対流するくらいの火加減でゆでる。皮の表面が透明になれば、水気を切って器に盛り、食卓調味料を添える。

上　姜葱撈水餃：キョン チョン ロウ ソイ ガウ ／下　水餃子：ソイ ガウ ヂー

［小麦粉を温水で練る生地の事例］

小《シャオ》籠《ロン》包《パオ》◉スープ入り饅頭

【もちっとした生地からジュワッと肉汁があふれでる】

【材料】20〜23個分

［生地］

強力粉……１５０g

薄力粉……50g

塩……少量

砂糖……10g

温水(60℃)……１１０g

打ち粉(強力粉)……適量

餡(↓下記)……全量

野菜(キャベツ、白菜など)……適量

［食卓調味料］

生姜(細切り)……適量

黒酢……適量

＊鎮江の黒酢(↓２６４頁)を使用。

1「小麦粉を温水で練る生地」(↓１５１頁)を参照して生地をつくる。砂糖は塩と一緒に粉に混ぜる。

＊砂糖を加えることで生地がしっとりとする。

2 １の生地を棒状にのばして10gずつに切り分け、麺棒で直径5cmの円形にのばす(↓32頁「餃子、パオズの皮をのばす」)。

3 皮の中央に餡を20gのせ、ヒダをとりながら包む(↓１２２頁「鳥かご形」)。

4 野菜をゆでて丸くくりぬき、上に3をのせて強火で6分蒸す。食卓調味料を添える。

＊底が破れないように野菜の上にのせる。キャベツ、白菜などにおいの少ない野菜であればよい。

【スープ入り饅頭の餡】

豚肩ロース肉……１２５g

豚バラ肉……60g

豚背脂……25g

青ネギ(みじん切り)……３g

生姜(みじん切り)……３g

［調味料］

スープ……50mℓ

＊二湯、清湯、毛湯のいずれでもよい。以下同様。

塩……小さじ1

紹興酒……大さじ1

コショウ……少量

醤油……小さじ1

ネギ油……大さじ1・½

ゴマ油……小さじ1

［煮こごり］

スープ……２００mℓ

板ゼラチン(もどす↓１１７頁)……15g

1 煮こごりをつくる。鍋にスープ２００mℓを入れ、ひと沸きしたら火を止め、ゼラチンを加えて溶かす。ボウルに移して冷まし、冷蔵庫に入れて冷やし固め、粗みじん切りにする。

2 豚の肩ロース肉、バラ肉はみじん切りにして、包丁の背で叩く。豚背脂はみじん切りにする(以上写真a。手前が煮こごり)。

3 豚肉はボウルに入れ、スープ50mℓを加えてよく練る。

4 ３のボウルに塩〜醤油、豚背脂、青ネギ、生姜を加えて混ぜる。ネギ油、ゴマ油、１の煮こごりを順に加えて混ぜて(写真b〜c)、冷蔵庫に2時間以上入れて冷やし固める。

餡のでき上がり

b

a

c

小籠包：シュー ロン パウ

葱《ツォン》油《ヨウ》餅《ピン》◉ネギ風味のパイ

【カチッとした皮にシンプルな味わいの餡。ネギのシャキッとした食感と辛さがポイント】

【材料】8個分
小麦粉を温水で練る生地(→151頁)……200g
ネギ油、油……各適量
打ち粉(強力粉)……適量

[餡]
ワケギ……160g
豚背脂……60g
塩……小さじ1/3
ゴマ油……大さじ1

[食卓調味料]合わせる
カキ油……大さじ2
ラー油……大さじ1
*あれば潮州辣椒油(潮州のラー油→266頁)を使う。
酢……大さじ1

1「小麦粉を温水で練る生地」(→151頁)をつくる。

2 ワケギは約5㎜幅の輪切り、豚背脂はみじん切りにして合わせ、塩、ゴマ油を加え混ぜる。

3 生地を50gずつに切り分け、1つずつ麺棒で縦30〜35cm、横13〜15cmの長方形にのばす。

4 皮の表面にネギ油を塗り、周囲を2cmくらいあけて2の餡の4分の1量をのせる(写真a)。

5 両端から中ほどまでたたみ、中央から半分に折る(写真b〜c)。手で軽く押さえて形を整える。

6 半分の長さに切り、切り目を押さえて閉じる。生地の折り山を向こう側にし、切り目と反対の端を手のひらのつけ根で押さえ、切り目側を持って渦巻状に巻く(写真d)。巻いた端は5で折りたたんだ間に入れ込み(写真e)、手で軽く押さえて7〜8㎜厚さにする。

7 鍋に油を薄く敷いて熱し、6を入れ、中に火が通り、両面がこんがり色づくまで焼く。食卓調味料を添える。

a

b

c

d

e

葱油餅:チョン ヤウ ペン

［小麦粉を熱湯で練る生地の事例］

葱《ツォン》焼《シャオ》餅《ピン》◉ネギの焼きもち

【外はサクッとして中はしっとり柔らかい】

【材料】15個分
小麦粉を熱湯で練る生地（→152頁）……基本分量
餡（→153頁「水餃子」）……基本分量
油……少量
打ち粉（強力粉）……適量

［食卓調味料］合わせる
＊以下の代わりに麻辣汁、沙爹汁でもよい（→105、107頁）。
酢……大さじ2
醤油……大さじ4
ラー油……適量
揚げニンニク……大さじ1
＊炸蒜茸（→266頁）。

1 水餃子と同じ餡をつくる（→153頁「水餃子」1）。

2 「小麦粉を熱湯で練る生地」（→152頁）をつくり、棒状にのばして20gずつに切り分ける。

3 打ち粉をし、麺棒で縦27cm、横5～6cmほどの楕円形にのばす。

4 皮の周囲1cmくらいをあけて餡20gずつを広げてのせる。

5 手前から4～5cm幅で折っていき（写真a）、手で軽く押さえて形を整える。

6 フッ素樹脂加工のフライパンに油少量を薄く敷き、5を入れ、蓋をして蒸し焼きにする。中に火が通り、両面が薄く色づけばとりだす。食卓調味料を合わせて添える。

＊大量の焼きもちを一度に火を通す時は、蒸して火を通し、油で煎り焼いて色をつける。
＊焼き餃子のように熱湯を加えて蒸し焼きにし、油を加えて仕上げてもよい（→56頁「焼き餃子」）。

a
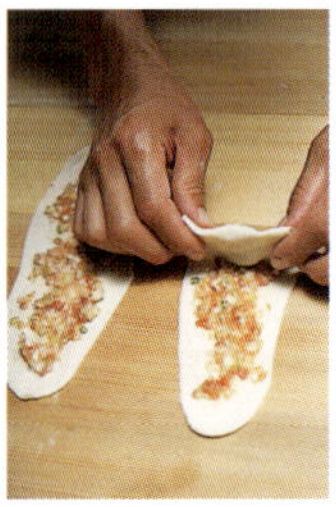

［帽子形の包み方の事例］

迷《ミー》你《ニー》餃《ヂャオ》子《ヅ》◉一口煎り焼き餃子

【シャリシャリッと食感にリズムがあり、香ばしい】

【材料】約30個分
ワンタンの皮……30枚
焼売の餡（→174頁）
……基本分量の1/3
黒クワイ（缶詰→259頁）……40g
アサツキ（1cm幅）……5本分
油……適量

［食卓調味料］合わせる
＊以下の代わりに麻辣汁、沙爹汁も合う（→105、107頁）。
酢……大さじ2
醤油……大さじ4
ラー油……適量
揚げニンニク……大さじ1
＊炸蒜茸（→266頁）。

1 餡をつくる。まず「焼売の餡」をつくり（→174頁）、包丁で叩いて肉の塊を小さくする。黒クワイは包丁で叩いてつぶしてから粗みじん切りにして、叩いた肉餡と混ぜる。

2 ワンタンの皮に餡を約7gのせ、「帽子形」に包む（→177頁）。

3 フッ素樹脂加工のフライパンに油少量を薄く敷き、2を並べる。蓋をして蒸し焼きにし、途中でアサツキを加える。とりだして食卓調味料を添える。

上　葱焼餅：チョン シュー ペン／下　迷你餃子：マイ ネイ ガウ ヂー

・基本の生地──小麦粉以外の生地

浮き粉、白玉粉などを使った生地はもちもち、プリプリした食感が楽しめるほか、糊化（→43頁）することによって透明感を出したり、色もつけられる。

◎浮き粉の生地A──エビ餃子（→165頁）の生地

小麦粉デンプンである浮き粉は糊化する温度が高いので、熱湯で練らないとボソボソしてまとまらない。薄い皮をつくる時は点心包丁でのばす。蒸すと透明感が出て、プリプリした食感となるが、冷めるとその特徴が失われる。

【材料】でき上がり約570g
浮き粉（→260頁）200g、片栗粉14g、熱湯340㎖、片栗粉20g

1 ボウルに浮き粉と片栗粉14gを合わせ、湯煎にかけて温める。沸騰している分量の湯を一気に加え、麺棒でかき混ぜる。

▼

2 粉と湯がなじみ、粉っぽさがなくなればボウルを麺台にふせて蒸らす。
＊熱湯の温度が低いと生地がボソボソになり、つながらない。

▼

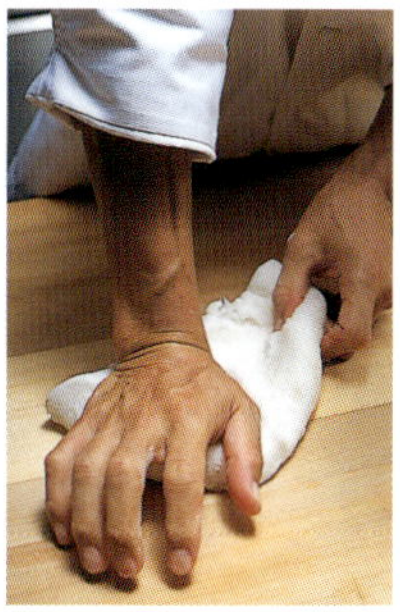

3 麺台にとりだし、片栗粉20gを加える。ダマが残らないように手のひらのつけ根で押すようにしてよく練る。

▼

4 練り上がり。冷めると生地が扱いにくいのでビニール袋に入れておく。すぐ成形して使う。

◎浮き粉の生地B──潮州風蒸し餃子（→166頁）の生地

浮き粉の生地だが、片栗粉と液体の分量が多いので柔らかく粘りがあり、扱いにくい。蒸し上がりは柔らかく弾力がある。鶏冠形に成形するなど繊細な細工が可能。

【材料】でき上がり約500g
浮き粉95g、片栗粉75g、塩1g、砂糖10g、水110g、熱湯225g、打ち粉（浮き粉）適量

1 ボウルに浮き粉75g、片栗粉、塩、砂糖を入れ、分量の水を加えて混ぜる。

▼

2 鍋に分量の湯を沸かし、1を加えながら麺棒で手早く混ぜる。水分が全体になじむまでしっかり混ぜる。

▼

3 麺台にとりだし、残りの浮き粉を加えてカードで切り混ぜるようにして練り合わせる。
＊ダマが残らないようにしっかり練る。

▼

4 練り上がり。冷めると生地が扱いにくいのでビニール袋に入れておく。すぐ成形して使う。

◎白玉粉の生地

——ナツメ餡入り揚げ団子(→167頁)の生地

白玉粉を水で練った生地なので、火を通すと粘りはあるが、崩れやすいので比較的厚い皮にする。ゆでると柔らかく、揚げると表面がカリッと、中はもちっとした仕上がりとなる。

【材料】でき上がり約580g
白玉粉300g、砂糖15g、ラード30g、水240g

1 白玉粉、砂糖をボウルに入れて、分量の水を200gほど加える。

2 水分を全体になじませ、残りの水を少しずつ加えながら練り合わせ、ラードを加える。

3 手のひらのつけ根で押すようにしてよく練る。白玉粉の粒が残らないようにしっかり練る。

4 練り上がり。乾燥しやすいので、ビニール袋に入れる。冷蔵保存するなら3〜4日。長期保存は冷凍。使う前に扱いやすい固さになるまで練る。

・失敗例［白玉粉の生地］

Q 皮がだれる(左)。押すと周囲がヒビ割れしてしまう(下右)

A 水の量が適切でなかったため

白玉粉の生地は入れる水の量が少量(10〜15㎖)違っても大きく状態が変わる。中央がちょうどよい固さ。

［柔らかすぎた(左)］
基本の分量より水が多かったため、柔らかくなりすぎた例。包みづらく、製品はだれて丸い形を保つことができない。ただし、よい状態にもどすことはできる。柔らかすぎた生地を適量とり、つぶして粉状にした白玉粉を混ぜる。そのままではなじみにくいため麺台でこするようにして練り合わせ、残りの生地と合わせる。

［固すぎた(右)］
基本の分量より水が少なかったため、粉が水となじまず固くなったもの。生地をのばしてもヒビが入る。よい状態にもどすには水を少量ずつ加え、そのつどよく練り合わせていい状態に近づける。

◎白玉粉と浮き粉の生地——ゴマ団子（→167頁）の生地

つなぎとして浮き粉の生地を加えているので、白玉粉だけの生地に比べると扱いやすく、火を通すと弾力が加わる。

【材料】でき上がり約440g
浮き粉30g、熱湯45㎖、白玉粉150g、砂糖70g、水110g、ラード35g

［下準備］
浮き粉は小ボウルに入れて湯煎にかけて温めておく。

1 温めた浮き粉に沸騰した熱湯を一気に加えて麺棒で混ぜる。麺台にボウルをふせて蒸らしてからよく練る。別のボウルに白玉粉、砂糖を入れ、分量の水を加えて（写真）練る。

2 白玉粉を練った生地に浮き粉の生地を加えてよく練り合わせる。

3 2が均一に混ざれば、ラードを加えて練る。

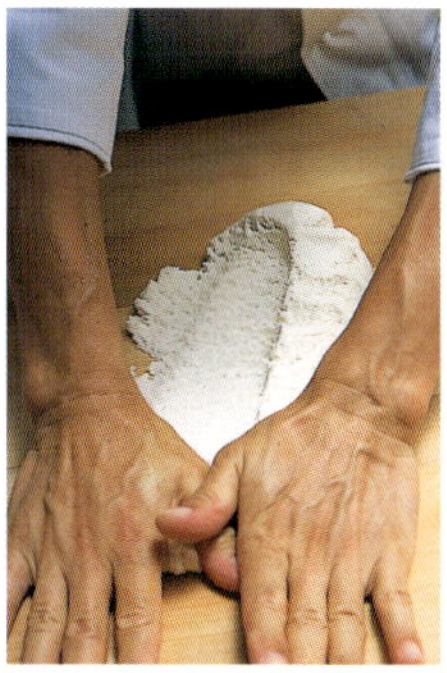

4 3を麺台にとりだし、手のひらのつけ根で押し広げるようにしてしっかり練る。

5 練り上がり。乾燥しやすいのでビニール袋に入れ、冷蔵庫で保存する。冷蔵保存は3〜4日。長期の場合は冷凍する。使う前に扱いやすい固さになるまで練る。

◎芋《ユィ》角《ヂャオ》皮《ピー》【芋の生地】

蒸してつぶした芋と浮き粉の生地が基本になっている。揚げるとアンモニアパウダーが膨張剤として働いて生地が膨らみ、ラードが油の中に溶ける時に生地も流れでて蜂の巣のような細かい穴があく。

【材料】でき上がり430g
大和芋、レイフー芋など（↓260頁）150g、
浮き粉80g、
片栗粉小さじ2、熱湯120㎖、
砂糖10g、塩2g、
アンモニアパウダー（↓121頁）1・5g、
ラード65g、
五香粉小さじ½

1 芋は皮つきのまま2㎝幅に切って蒸し（写真）、裏漉しする。浮き粉と片栗粉、熱湯で「浮き粉の生地A」（↓157頁）のつくり方1、2を参考に生地をつくり、麺台にとりだしてよく練る。

2 1の裏漉した芋に砂糖～アンモニアパウダーを加え、溶けて均一に混ざるまでよく練る。

3 1の浮き粉の生地を加えて均一に混ざるまでよく練る。

4 ラードを数回に分けて加え、よく練る。

5 麺台にとりだし、五香粉を加え、手のひらのつけ根で押すようにしてよく練る。

6 練り上がり。乾燥しないようにビニール袋に入れ、3～4日ならば冷蔵庫で、それ以上の場合は冷凍庫で保存する。

◎芋の生地を使った餃子の揚げ方

芋の生地の揚げものは本来、折って包む「餃子」が伝統的で、フットボール形が基本。ここではその餃子を使って揚げ方を紹介する。

1 170〜175℃の油に生地を少量入れて温度を確認する。少し散って固まれば適温。
＊生地がばらばらに散るようなら温度が低く、散らずに固まれば高い。

2 揚げている途中で餃子が浮かないように網ザーレンに底を少し押しつけるように並べ、油にザーレンごと静かに沈める。

3 油の中に沈めすぎると生地が散りすぎることがあるので、生地の先端が油の表面にある状態で揚げる。

4 揚げ上がり。表面の生地は蜂の巣状に散ってサクサクし、中は芋の食感が残り柔らかい。揚げすぎると皮は固くなり、揚げ足りないとアンモニア臭が残るので注意する。

・失敗例［芋の生地］

Q1 生地が油の中に散ってなくなってしまった(上)

A1 油の温度が低すぎたから

入れる時の油の温度が低すぎると生地が固まる前に流れでてきれいなレース状にならない(下左)。右は成功例。

Q2 レース状にきれいに揚がらなかった(下中央)

A2 油の温度が高すぎたから

入れる時の油の温度が高すぎると、生地が広がる前に固まってしまうので、レースはできないか、できても少ない状態で揚がる。

・基本の餡

◎韮菜餡《チュウツァイシエン》

【ニラ饅頭餡】――ニラがたっぷり入った餡に、中国の漬けもの「冬菜」のペーストをプラス

＊焼き餃子にも使える。

【材料】でき上がり約560g
豚肩ロース肉120g、
豚バラ肉120g、
黒クワイ（缶詰）50g、
日本産キクラゲ（もどして261頁）25g、
ニラ200g、
青ネギ（みじん切り）50g、
生姜（みじん切り）7g、
揚げニンニク10g
＊炸蒜茸（↓266頁）。

［調味料］
塩3・75g、砂糖8g、
コショウ少量、片栗粉12g、
ネギ油10g、ゴマ油12g、
冬菜醤（漬けものペースト）40g
＊つくり方は下記参照。

1 豚肩ロース肉、豚バラ肉はみじん切りにして包丁の背で叩く。

▼

2 黒クワイは包丁で叩きつぶしてから粗みじん切りにする。キクラゲは2㎝長さの細切りにする。ニラは粗みじん切りにして、から炒りし、粗熱をとる。

▼

3 ボウルに豚肉を入れ、よく練って粘りを出す。塩〜片栗粉を順に加えながらよく練る。
＊塩を加えると肉に粘りが出る。野菜は水分が出るので、あとから加える。

▼

4 クワイ、キクラゲを混ぜ、冬菜醤、ニラ、青ネギ、生姜、ニンニク、ネギ油、ゴマ油を加えて混ぜる。3〜4日なら冷蔵庫で。野菜が多いので冷凍保存はできない。

【冬菜醤〈トンツァイチャン〉〝漬けものペースト〟のつくり方】

【材料】
冬菜《トンツァイ》（↓266頁冬菜醤）125g、
生姜3g、
スープセロリ（セリの一種）3g、
生赤唐辛子3g

［調味料］
ゴマ油12g、ピーナッツ油35g、
片栗粉10g

1 材料はすべて粗みじん切りにする。冬菜はさっと洗う。
＊冬菜は塩分を抜きすぎると漬けもののおいしさもなくなる。

2 ボウルに1と調味料すべてを入れて混ぜ合わせ、15分蒸す。
＊餃子やワンタン、パオズの餡に加えると風味がよくなる。

◎

蝦餃餡《シャーヂャオシェン》

【エビ餃子の餡】――エビのプリプリ感がうれしい、エビをたくさん使った餡

【材料】　でき上がり約850g
エビ（下処理して↓97頁）490g、
豚背脂112g、ネギ油50g、
タケノコ（水煮。水気を除いて）150g

［調味料］
塩10g、砂糖12g、醤油小さじ1、
コショウ少量、
芝麻醤（ゴマペースト↓265頁）4g、
片栗粉10g、ゴマ油小さじ2、
陳皮（↓264頁。みじん切り）1g

1 エビは半量を3〜4つに切り、残りはみじん切りにする。豚の背脂は5㎜角に切る。タケノコは2㎝長さの細切りにし、ゆでて水気をよく絞る。

2 タケノコにネギ油を混ぜ合わせ、冷蔵庫に入れて冷やし固める（写真）。ボウルに粗く切ったエビを入れて混ぜる。背脂、みじん切りのエビを加えて粘りが出るまでしっかり混ぜる。

3 調味料を順に加えて練り（写真）、タケノコを加えてざっくりと混ぜる。
＊冷蔵庫で保存する。3〜4日以上の場合は冷凍する。

◎

魚蓉餡《ユィロンシェン》

【魚すり身餡】――柔らかく、プリッとした歯触りの魚の餡。水餃子、ワンタン、団子にしてスープに

【材料】でき上がり約500g
＊キクラゲは細切りにし、それ以下の材料はすべてみじん切りにする。
魚のすり身（市販）200g、
エビ（すり身）50g、豚背脂（すり身）50g、日本産キクラゲ（もどして↓261頁）25g、干しエビ（もどして↓262頁）35g、黒クワイ（缶詰）25g、香菜10g、青ネギ15g

［調味料］
塩6g、水75g、片栗粉25g、
砂糖11g、コショウ少量、
芝麻醤（ゴマペースト↓268頁）5g、陳皮（↓264頁）2・5g

1 魚のすり身と塩をフードプロセッサーにかけてしっかり粘りを出す。攪拌しながら、片栗粉を溶かした分量の水を少しずつ加えて肉に吸わせる。
＊一度に入れるとすり身が吸収できない。ここでしっかり水分を吸わせると餡は柔らかく仕上がる。

2 エビと背脂のすり身、残りの調味料を加えてさらに混ぜる。
＊エビ、背脂は、それぞれ包丁で叩くか、フードプロセッサーにかけてすり身にする。

3 ボウルに移し、残りの材料を加えて混ぜる。冷蔵庫で保存する。3〜4日以上の場合は冷凍する。

◎芋角餡《ユィ ヂャオシエン》

【中国コロッケ餡】――カキ油の風味がきいた餡。仕上げた時にデンプンのとろっとしたソースが味わえる

【材料】でき上がり約450g
豚モモ肉60g、
エビ（下処理して↓97頁）75g、
鶏レバー20g、豚背脂60g、
干し椎茸（もどして↓262頁）
1枚、卵1個、油適量
［豚肉、エビの下味調味料］
塩、砂糖、コショウ、卵、片栗粉
各適量
［餡の調味料］
醤油小さじ2、
カキ油小さじ2、
塩少量、砂糖小さじ1、
紹興酒小さじ2、
スープ150㎖
＊二湯、毛湯のいずれでもよい。
コショウ少量、水溶き片栗粉適量、
ゴマ油小さじ1

1 材料の豚モモ肉〜干し椎茸をそれぞれ粗みじん切りにする。豚肉、エビは下味をつける。豚肉、エビ、豚背脂、椎茸、鶏レバーの順に湯通しし、一気に引き上げる。

▼

2 鍋に油少量を薄く敷いて熱し、1の材料を炒め、餡の調味料の醤油〜紹興酒を加えて炒める。スープ、コショウを入れて味を調える。

▼

3 水溶き片栗粉を加えてとろみをつけ、仕上げにゴマ油を加える。火を止めて溶き卵を流し入れ、全体を混ぜ合わせ、とりだして冷ます。

［浮き粉の生地Aの事例］

淡《タン》水《シュエイ》鮮《シェン》蝦《シャー》餃《ヂャオ》◉エビ餃子

【歯切れのいい薄い生地と、プリッとしたエビの食感がベストマッチ】

【材料】約30個分
浮き粉の生地A（↓157頁）
……基本分量の⅔
エビ餃子の餡（↓163頁）
……500g
笹の葉、油……各適量

［食卓調味料］
マスタード……適量
チリペースト……適量
＊辣椒醤（↓265頁）。

1「エビ餃子の餡」（↓163頁）をつくる。

2「浮き粉の生地A」をつくる（↓157頁）。

3生地を7～10gとり、点心包丁で直径7～8cmの丸い皮にのばす（↓34頁「点心包丁でのばす」）。

4皮でエビ餃子の餡15gを包む（↓148頁「エビ餃子の包み方」）。

5薄く油を塗った笹の葉に餃子をのせて、強火で6～7分蒸す。食卓調味料を添える。
＊生地の底が破れないように、キャベツ、白菜などにおいの少ない野菜の上にのせてもよい。

生《ション》肉《ロウ》韮《チュウ》菜《ツァイ》餅《ピン》◉ニラ饅頭

【クワイのかりかりした食感の餡と香ばしくてもちもちした皮】

【材料】30個分
浮き粉の生地A（↓157頁）
……基本分量
寒梅粉（↓260頁）……5g
ニラ饅頭餡（↓162頁）
……基本分量
エビ（小。下処理して↓97頁）
……30尾
打ち粉（浮き粉）……適量
油……適量

［エビの下味調味料］
塩……小さじ⅓
コショウ……少量
紹興酒……小さじ1
卵白……小さじ2
片栗粉……小さじ1・½

［食卓調味料］
酢醤油、ラー油、マスタード
……各適量

1「ニラ饅頭餡」をつくる（↓162頁）。エビは水分をふきとり、調味料を加えて下味をつけてから熱湯にくぐらせ、水気をとる。

2生地をつくる。「浮き粉の生地A」をつくり（↓157頁）、寒梅粉を混ぜてよく練る。生地を棒状にのばし、15gずつに切り分け、麺棒で直径7～8cmにのばす（↓32頁「餃子、パオズの皮をのばす」）。
＊この生地は冷めるとのびないので、作業に使わない生地はビニール袋に入れておく。

3皮に餡8g、エビ1尾、餡8gを順にのせ、ヒダをとりながら包む（↓122頁「鳥かご形」）。

4包み口を下にして、手のひらで押さえ、約1cmの厚さに形を整える。

5クッキングシートに並べて、強火で3分蒸す。

6鍋に油を薄く敷いて熱し、饅頭を入れ、中火で煎り焼く。中に火が通って両面がこんがり色づくまで焼く。とりだし、食卓調味料を添える。

上　淡水鮮蝦餃：タム ソイ シン ハー ガウ／下　生肉韮菜餅：サン ヨック ガウ チョイ ペン

［浮き粉の生地Bの事例］

潮《チャオ》州《チョウ》蒸《チョン》粉《フェン》果《グオ》◉潮州風蒸し餃子

【もちもちして、かつ弾力がある皮がエビに合う。ピーナッツのぶつぶつした食感と香菜の香りがアクセント】

【材料】20個分

浮き粉の生地B（↓157頁）……300g

打ち粉（浮き粉）……適量

笹の葉、油……各適量

［餡］でき上がり約240g

中国コロッケ餡（↓164頁）……225g

蟹肉……15g

香菜（粗みじん切り）……3g

黄ニラ（粗みじん切り）……10g

青ネギ（粗みじん切り）……5g

ピーナッツ（火の通ったもの）……15g

［調味料］

カキ油……小さじ1/3

コショウ……適量

ゴマ油……小さじ1/3

ラー油……適量

［食卓調味料］

マスタード、チリペースト（辣椒醤↓265頁）、潮州辣椒油（潮州のラー油↓266頁）などが合う。

1 餡をつくる。蟹肉はほぐす。ピーナッツは粗く切る（写真a）。ボウルにすべての材料を入れ、カキ油〜ゴマ油で味を調え、ラー油を加えて（写真b）混ぜる。

2「浮き粉の生地B」をつくる（↓157頁）。

3 生地に打ち粉をしながら棒状にのばし、15gに切り分ける。

4 麺棒で直径7〜8㎝の円形にのばす（↓32頁「餃子、パオズの皮をのばす」）。

5 皮に餡10〜12gをのせて「鶏冠形」に包む（↓150頁）。

6 薄く油を塗った笹の葉に餃子を並べて、強火で3分蒸す。とりだして、食卓調味料を添える。

a

b

潮州蒸粉果：チュー チャウ チェン ファン グオ

［白玉粉の生地の事例］

元《ユエン》宵《シャオ》◉ナツメ餡入り揚げ団子

【薄い皮はカリッ、中はもちっ。ドライフルーツの味がエキゾチック】

【材料】29個分
白玉粉の生地（↓158頁）
……基本分量
ナツメの餡（↓145頁）
……325g
ミックスドライフルーツ（市販）
……110g
油……適量

1 ドライフルーツは粗みじん切りにし、ナツメの餡と混ぜ合わせる。1個15gに丸める。

2 「白玉粉の生地」をつくり（↓158頁）、棒状にのばして20gずつに切り分ける。

3 手で生地を碗状にのばし（↓32頁「手のひらでのばす」）、餡をのせて「団子形」に包む（↓150頁）。

4 網ザーレンにのせて約150℃の油に入れ、ゆっくり火を通す。
＊揚げている途中で中の空気が膨張し、皮がはじけるので注意する。表面が固まれば、網ザーレンで油から引き上げて、玉杓子の底で軽く叩いて必ず亀裂を入れる。

5 亀裂が入れば、油の温度を高めながら（↓71頁「温度はどう調節するか」）カリッと揚げてとりだす。

［白玉粉と浮き粉の生地の事例］

脆《ツェイ》皮《ピー》麻《マー》球《チュウ》◉ゴマ団子

【サクッと歯切れがよく軽い味わい。ゴマの風味も香ばしい】

【材料】約29個分
白玉粉と浮き粉の生地（↓159頁）
……基本分量
ハスの実餡（↓145頁）
……240g
白ゴマ……適量
油……適量

1 ハスの実餡は、8gずつに丸める。

2 「白玉粉と浮き粉の生地」をつくり（↓159頁）、棒状にのばして15gずつに切り分ける。

3 手で生地を碗状にのばし（↓32頁「手のひらでのばす」）、ハスの実餡をのせて「団子形」に包む（↓150頁）。

4 団子の表面に少量の水をつけ、白ゴマをまぶす。

5 4を網ザーレンにのせ、150℃の油に入れる。団子が表面に浮いてきたら網ザーレンをはずし、玉杓子で油を混ぜながら均一に火を通す（写真a〜b）。

6 適度に色づいたらとりだす。揚げたては皮が柔らかいので網ザーレンの上で転がしながら粗熱をとる。
＊餡を包んで保存をする場合、1日くらいなら乾燥しないようにラップをして冷蔵庫に入れる。それ以上は、皮にヒビが入るため、蒸して表面だけ火を通してから、冷まして冷凍する。

a

b

上　元宵：ユン シュー／下　脆皮麻球：チョイ ペイ マー カウ

［白玉粉と浮き粉の生地の事例］

奶《ナイ》王《ワン》糯《ヌオ》米《ミー》糍《ツー》

◉カスタード餡入りココナッツ団子

【ふんわり柔らか。口の中でカスタードがとろんと溶ける】

【材料】29個分

白玉粉と浮き粉の生地（↓159頁）
……基本分量
カスタード餡（↓142頁）
……240g
ココナッツファイン……適量
マラスキーノチェリー……適量

1 ココナッツファインはさっとゆでて、水分をしっかりふきとる。
＊乾燥品なので柔らかくするためと殺菌のためにゆでる。

2 「カスタード餡」をつくる（↓142頁）。

3 「白玉粉と浮き粉の生地」をつくる（↓159頁）。

4 餡は8gずつに分割して丸めておく。生地を棒状にのばし、15gずつに切り分ける。

5 手で生地を碗状にのばし（↓32頁「手のひらでのばす」）、カスタード餡を「団子形」に包む（↓150頁）。

6 クッキングシートに団子を並べて、強火で約6分蒸す。熱いうちにココナッツファインをまぶし、チェリーのみじん切りをのせる。
＊蒸しすぎるとだれる。
＊餡を包んでから保存をする場合、1日くらいなら乾燥しないようにラップをして冷蔵庫に入れる。それ以上は皮にヒビが入るため、蒸して表面だけ火を通してから、冷まして冷凍する。

麻《マー》蓉《ロン》煎《ヂエン》軟《ルワン》堆《トエイ》

◉ゴマ餡入り焼きもち

【香り高いゴマ風味の餡。皮はもちもち、底はカリッ】

【材料】29個分

白玉粉と浮き粉の生地（↓159頁）
……基本分量
ゴマ餡（↓143頁）……240g
カンランの仁……29粒
＊中国オリーヴの仁（↓260頁）。
油……適量

1 「白玉粉と浮き粉の生地」をつくる（↓159頁）。

2 餡は8gずつに分割して丸めておく。生地を棒状にのばし、15gずつに切り分ける。

3 手で生地を碗状にのばし（↓32頁「手のひらでのばす」）、ゴマ餡をのせて「団子形」に包む（↓150頁）。団子の上にカンランの仁をのせる。

4 クッキングシートに団子を並べて、強火で約6分蒸す。
＊蒸しすぎるとだれる。

5 団子が熱いうちに、油少量を薄く敷いたフッ素樹脂加工のフライパンに入れ、中火で底が色づくまで煎り焼く。
＊餡を包んでから保存をする場合、1日くらいなら乾燥しないようにラップをして冷蔵庫に入れる。それ以上は皮にヒビが入るため、蒸して表面だけ火を通してから、冷まして冷凍する。

上　奶王糯米糍：ナイ ウォン ノー マイ チー ／下　麻蓉煎軟堆：マー ヨン チン ユン トェイ

桂《クエイ》花《ホワ》湯《タン》圓《ユエン》◉黒ゴマ餡入り白玉団子のデザート

【団子から熱々のゴマ風味の餡がとろっと流れだす】

【材料】29個分
白玉粉と浮き粉の生地（→159頁）……基本分量
黒ゴマ餡（→左記）……基本分量

［シロップ］
水……600g
酒醸（中国甘酒→264頁）……60g
砂糖……100g
桂花醤……洗って絞ったもの5g
＊キンモクセイの花の蜜漬け（→266頁）。

1「白玉粉と浮き粉の生地」をつくる（→159頁）。

2 生地を棒状にのばし、15gずつに切り分ける。

3 手で生地を碗状にのばし（→32頁「手のひらでのばす」）、8gずつにくりぬいておいた餡を「団子形」に包む（→150頁）。

4 たっぷりの熱湯で団子をゆでる。団子が浮き、生地の表面が透明になればとりだす。

5 シロップの材料を鍋に合わせて沸かす。器に熱い団子を入れ、シロップを注ぐ。

＊餡を包んでから保存をする場合、1日くらいなら乾燥しないようにラップをして冷蔵庫に入れる。それ以上は皮にヒビが入るため、蒸して表面だけ火を通してから、粗熱をとって冷凍する。

＊冬瓜の餡（→144頁）も合う。

a

b

【黒ゴマ餡のつくり方】
黒ゴマ……100g
白ゴマ……適量
無塩バター（溶かす）……150g
粉糖……90g

1 黒ゴマは白ゴマとともにから炒りし、溶かしたバター、砂糖を合わせてミキサーにかける。

＊白ゴマを適量加えて炒り具合を見るとよい。

2 容器に移し（写真a）、冷凍庫で冷やし固める。

3 くりぬき器を少し温めながら必要な量にくりぬく（写真b）。包む時まで冷蔵庫に入れておく。

桂花湯圓：クワイ ファ トン ユン

[白玉粉と浮き粉の応用生地を使って]

上《シャン》湯《タン》煎《ヂェン》粉《フェン》果《グオ》◉揚げ餃子のスープ仕立て

【スープに浸すと、ジュワッとカリッが両方楽しめる】

【材料】10人分
エビ餃子の餡（↓163頁）
……240g
香菜の葉……20枚
黄ニラ（1cm幅に切る）……⅓束分
油……適量

［生地］でき上がり約320g
＊以下から½量を使用。
浮き粉……75g
薄力粉……37・5g
白玉粉（粉状）……37・5g
＊フードプロセッサーで粉にする。
カスタードパウダー
……小さじ2
水……150g
砂糖……18・75g
塩……1・5g
アンモニアパウダー……2・5g
ラード……37・5g
打ち粉（浮き粉）……適量

［スープ］
上湯（↓48頁）……1ℓ
塩……小さじ½
コショウ……適量

1「エビ餃子の餡」をつくる（↓163頁）。

2 生地をつくる。浮き粉、薄力粉、白玉粉、カスタードパウダーはボウルにふるい入れ、湯煎にかける。片手鍋に水、砂糖、塩、アンモニアパウダー、ラードを合わせて沸かし、粉の入ったボウルに一気に加える（写真a）。

3 粉と湯がなじみ、粉っぽさがなくなるまで手早く混ぜ合わせる（写真b）。

4 麺台にとりだし、ダマが残らないように手のひらのつけ根を使って押すようにしてよく練る（写真c）。

5 練り上がり（写真d）。乾燥しやすいので、ビニール袋に入れる。
＊保存するなら冷蔵庫で。使う前に扱いやすい固さになるまで練る。

6 生地を棒状にのばし、8g20個に切り分ける。

7 麺棒で直径5～6cmにのばす（↓32頁「餃子、パオズの皮をのばす」）。のばした皮に打ち粉をして重ね、手で碗状にのばし、ひとまわり大きくする（↓149頁「包む前に」）。

8 皮の打ち粉をとり除き、1の餡を約12gと香菜の葉1枚をのせて半分に折り、端を折り込みながら周囲を閉じる（↓150頁「眉毛形」）。

9 網ザーレンに餃子をのせ、160～165℃の油に入れて揚げる。
＊揚げる温度が低いと膨張剤（↓121頁）が反応せず、気泡ができないため皮が固くなる。

10 鍋に上湯を沸かし、塩、コショウで味を調え、黄ニラを入れた碗に注ぐ。揚げ餃子とスープを同時に仕上げる。

a

b

c

d

上湯煎粉果：ション トン チン ファン グオ

［芋の生地の事例］

蜂《フォン》巣《チャオ》芋《ユィ》角《ヂャオ》◉中国コロッケ

【シャリシャリした生地が醤油系のサラッとした餡に合う】

【材料】20個分
芋の生地（↓160頁）……基本分量
中国コロッケ餡（↓164頁）
……300g
油……適量

1「中国コロッケ餡」をつくる（↓164頁）。

2「芋の生地」をつくる（↓160頁）。

3生地を棒状にのばし、20gずつに切り分ける。

4手で生地を碗状にのばし（↓32頁「手のひらでのばす」）、餡15gを入れて半分に折って閉じ、フットボール形に整える。

5網ザーレンに並べて170〜175℃の油に入れる。表面が固まれば、火を弱めて中まで火を通す。油の温度を徐々に上げて、色づけばとりだす（↓161頁「芋の生地を使った餃子の揚げ方」）。

6ペーパータオルに並べ、低温のオーヴンに5〜10分入れて油切りをする。

蜂《フォン》巣《チャオ》蓮《リエン》蓉《ロン》蓮《リエン》子《ヅ》堆《トエイ》

◉ハスの実餡の蜂の巣揚げ

【はかなくもろい食感の生地に甘味を抑えた餡が合う】

【材料】14個分
芋の生地（↓160頁）
……基本分量の½
ハスの実餡（↓145頁）
……112g
ハスの実の砂糖漬け……14個
油……適量

1ハスの実餡8gでハスの実の砂糖漬け1個を包んで丸める。

2「芋の生地」をつくり（↓160頁）、15gずつに切り分ける。

3手で生地を碗状にのばし（↓32頁「手のひらでのばす」）、1の餡をのせて口をすぼめるようにして「団子形」に包む（↓150頁）。ただし閉じ口の先端をのばして洋梨形にする。

43を網ザーレンに並べて170〜175℃の油に入れる。表面が固まれば、火を弱めて中まで火を通す。油の温度を徐々に上げて色づけばとりだす（↓161頁「芋の生地を使った餃子の揚げ方」）。
＊揚げる前に生地を少量入れて油の温度を確かめる。

5ペーパータオルに並べ、低温のオーヴンに5〜10分入れて油切りをする。
＊1で餡に包むものとして、栗の甘露煮も合う。

上　蜂巣芋角：フォン チャウ ウー コック ／ 下　蜂巣蓮蓉蓮子堆：フォン チャウ リン ヨン リン ヂー トェイ

[点心：焼売・ワンタン・春巻]

焼《シャオ》売《マイ》・餛《フン》飩《トゥン》・春《チュン》巻《ヂュエン》

焼売とは、小麦粉の生地で餡を包み、蒸したもの。
ワンタンとは小麦粉の生地で餡を包み、基本的にはゆでてから、スープに入れて食べる。
ワンタンは広東語読みで雲呑とも書き、北方では餛飩(フントゥン)、四川では抄手(チャオショウ)という。
春巻とは焼いて火を通した薄い小麦粉の皮で餡を包んで油で揚げたもの。

・皮いろいろ

[焼売・ワンタンの皮]

◎**餛飩皮《フントゥンピー》【ワンタンの皮】**(右、中央)
小麦粉に水を加えて練るが、厚さは焼売の皮と同じか薄い。白色と黄色があり、黄色いものはかん水、卵、クチナシの色素を加えている。かん水を加えた皮はゆでると、つるっとした食感になる。

◎**焼売皮《シャオマイピー》【焼売の皮】**(左)
小麦粉に水を加えて練り、薄くのばしたもの。皮の厚さは餃子より薄い。蒸したり、揚げたりするのに向いている。

[春巻の皮など]

◎**春巻皮《チュンヂュエンピー》【春巻の皮】**(下2種)
小麦粉の生地を、火にかけた鉄板にこすりつけるようにして薄くのばし、焼いたもの。形は丸と四角がある。表裏があり、つるっとした方が表。

◎**越南《ユエナン》春巻《チュンヂュエン》皮《ピー》【ライスペーパー】**(上左)
挽いた米の粉を水で薄くのばして蒸し、乾燥させたもの。湿り気をあててもどしてから、生春巻をつくるのに用いる。

◎**威化《ウェイホワ》紙《ヂー》【中国オブラート】**(上右)
もち米の粉などのデンプンを水で溶き、薄くのばして乾燥させたもの。小さくてまとまりにくい材料を包み、衣をつけて揚げることが多い。湿気やすく水がつくと糊状になるので取り扱いに注意する。

【焼売】

・焼売の包み方

1 焼売の皮は四隅を切る。
＊四隅を切ることで、包んだ時に上が平らになる。

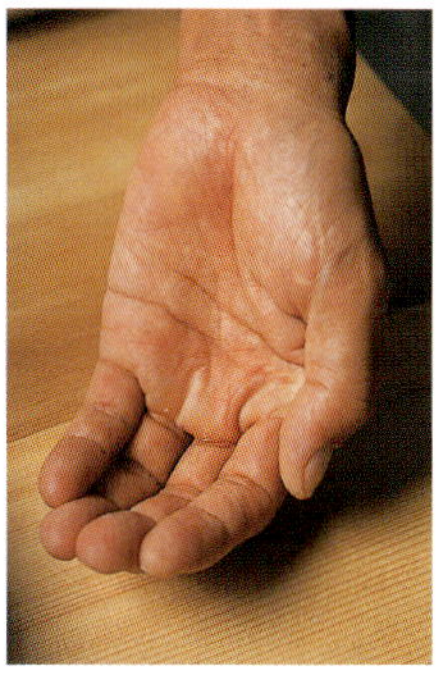

2 指をくぼませ、皮をのせる。指のくぼんだ部分に餡を入れる。

3 餡皿の上で必要量を調節してから皮にのせる（→122頁「包む前に」）。2のくぼんだ部分にヘラで押しつけるようにして形をまとめる。

4 ヘラで餡を押さえながら持ち上げると餡がヘラについて浮く。この時、左手の親指と人さし指をCの字形にして持ちかえる。

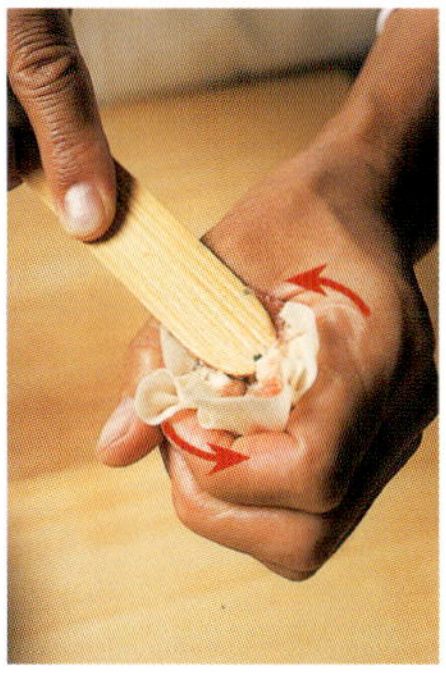

5 皮の高さが均一になるように餡を押し込みつつ、時計と反対方向に焼売をまわしながら包む。

6 5では左手の薬指に焼売の底をのせて作業する。これによって餡を押し込んでも高さが一定に保てる。また、指の上で回転させることによって底が平らになる。

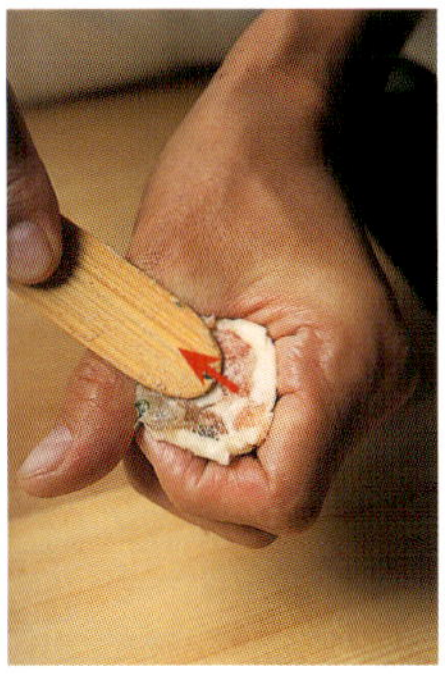

7 まわしながら円柱形になるように形を整える。上はヘラでならして平らにする。

・基本の餡

◎焼《シャオ》売《マイ》餡《シェン》

【焼売の餡】——エビと豚肉がたっぷりのプリプリした餡

【材料】でき上がり約650g
豚肩ロース肉240g、
エビ（下処理して→97頁）240g、
豚背脂120g、
干し椎茸（もどして→262頁）5g、
香菜6g

［調味料］
片栗粉12g、塩7g、醤油4g、
砂糖18g、コショウ少量、
芝麻醤（ゴマペースト→265頁）8g、
ネギ油40g

1 豚肩ロース肉は1㎝角に切る。エビは3〜4等分に切る。背脂、椎茸は5㎜角に切る。香菜はぶつ切りにする。

▼

2 ボウルに豚肩ロース、エビを入れ、手のひらでつぶすようにしながら混ぜる。さらにボウルに叩きつけて粘りを出し、背脂を入れて混ぜる。

▼

3 調味料を順に加えてよく混ぜる。香菜、椎茸を加えてざっくりと混ぜる。冷蔵庫で保存する。3〜4日以上の場合は冷凍する。

◎瑶《ヤオ》柱《ヂュウ》焼《シャオ》売《マイ》餡《シェン》

【貝柱入り焼売餡】——干し貝柱の旨みが加わった焼売餡

【材料】でき上がり約600g
豚肩ロース肉240g、
エビ（下処理して→97頁）160g、
干し椎茸（もどして→262頁）30g、
干し貝柱（もどして→262頁）1個、
玉ネギ100g

［調味料］
片栗粉大さじ1、紹興酒小さじ1、
塩小さじ½、醤油小さじ2、
砂糖小さじ1、コショウ少量、
芝麻醤（ゴマペースト→265頁）小さじ⅔、
貝柱のもどし汁大さじ2、
ネギ油大さじ1、ゴマ油大さじ1

1 豚肩ロース肉、エビ、椎茸、玉ネギは粗みじん切りにする。干し貝柱は固く白い筋を除いてほぐし、もどし汁大さじ2はとっておく。玉ネギは片栗粉をまぶす。

▼

2 ボウルに豚肩ロース肉、エビを入れて、手のひらでつぶすようにしながら混ぜ、ボウルに叩きつけて粘りを出す。調味料の紹興酒〜ゴマ油までを入れる。

▼

3 粘りが出るまで練る。椎茸、干し貝柱、1の玉ネギを加えてざっくりと混ぜる。冷蔵庫で保存し、2〜3日以内に使い切る。野菜が多いため冷凍保存には向かない。

◉貝柱入り焼売

◉焼売

［焼売の事例］

瑶《ヤオ》柱《ヂュウ》焼《シャオ》売《マイ》◉貝柱入り焼売

【まったりとした豚肉の旨みとエビの弾力がおいしい】

【材料】30個分
貝柱入り焼売餡（→右頁）
……基本分量
焼売の皮……30枚
炒り卵……適量
＊卵黄に塩、油各適量を混ぜて湯煎にかけて火を通す。
キャベツ……適量
＊ゆでて直径3cmの円形に30枚くりぬく。
［食卓調味料］
マスタード、醤油、酢……各適量

1「貝柱入り焼売餡」をつくる（→右頁）。

2 皮の四隅を切り、餡20gを包む（→173頁「焼売の包み方」）。

3 蒸し器にキャベツを敷き、上に焼売を並べ、炒り卵をのせる。強火で7分蒸し、食卓調味料を添える。

干《ガン》蒸《チョン》焼《シャオ》売《マイ》◉焼売

【プリプリとしたエビとジューシーな甘さが特徴】

【材料】32個分
焼売の餡（→右頁）……基本分量
焼売の皮……32枚
グリーンピース……32個
＊ゆでる。
キャベツ……適量
＊ゆでて直径3cmの円形に32枚くりぬく。
［食卓調味料］
マスタード、醤油、酢……各適量

1「焼売の餡」（→右頁）をつくる。

2 皮の四隅を切り、餡20gを包む（→173頁「焼売の包み方」）。

3 蒸し器にキャベツを敷き、上に2を並べ、グリーンピースをのせる。強火で7分蒸し、食卓調味料を添える。

右　瑶柱焼売：イウ チュー シュー マイ／左　干蒸焼売：コン チェン シュー マイ

【ワンタン】

・ワンタンの包み方いろいろ

◎クラゲ形

1 指をくぼませて皮をのせ、餡をヘラで押しつけるようにしてのせる。

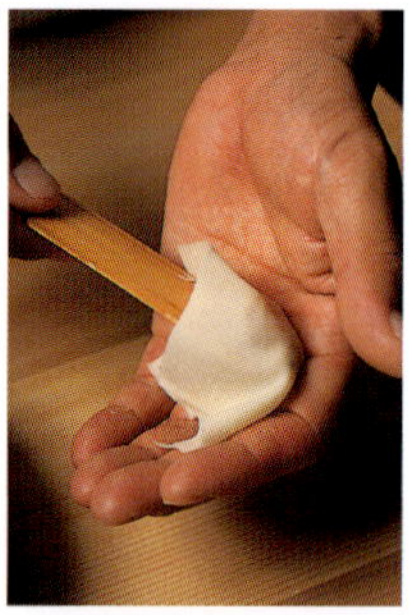

2 ヘラの先で餡を少しつき刺し、ひっくり返して皮を握り込む。

3 回転させながら皮を絞って形をつくり、ヘラを抜く。

◎三角形

1「クラゲ形」を参照して餡を皮にのせる。三角形になるように向こう側に折って閉じる。

［ポイント］
＊スープの具のような役割なので、餡は少なめに。
＊縁をずらして閉じると、皮の部分の面積が大きくなって、ゆでた時につるっとした食感になる（上の写真奥）。

◎ヒラヒラ形

1 まず「三角形」（↓右記）をつくる。左右からそれぞれ中央にヒダを寄せる。

◎帽子形

1「三角形」（→右頁）をつくる。三角形の底辺の左右の生地端に少量の水をつける。

▼

2三角形の角を手前にして持ち、左手の人さし指を三角形の底辺中央におき、そこを折り目にして向こう側に二つ折りにする。

▼

3折った両端を重ね、押さえてつける。

・ワンタンの基本餡

◎雲《ユン》呑《トゥン》餡《シェン》

【ワンタンの餡】——餡は少なめに包むため、味はしっかりつけ、黒クワイやキクラゲを入れて食感に変化をつけた

【材料】でき上がり約240g
豚肩ロース肉80g、豚背脂30g、
エビ（下処理して→97頁）80g、
黒クワイ（缶詰→259頁）10g、
日本産キクラゲ（もどして→261頁）10g、
生姜（みじん切り）小さじ1、
青ネギ（粗みじん切り）1本

［調味料］
塩小さじ⅔、コショウ少量、
砂糖小さじ⅔、紹興酒大さじ1、
醤油小さじ½、卵大さじ2、
大地魚（旨みを加える干し魚。粉にして→262頁）小さじ½、
片栗粉大さじ1、ネギ油小さじ1、
ゴマ油小さじ2

1豚肩ロース肉、豚背脂、エビ、黒クワイは粗みじん切りにする。キクラゲは、長さ2cmくらいの細切りにする。

▼

2豚肉、背脂はボウルに入れて練り、エビを加えて粘りが出るまでさらに練る。

▼

3すべての調味料を順に加えながらよく練る。黒クワイ、キクラゲ、生姜、青ネギを入れて混ぜ合わせる。冷蔵保存する。その日のうちに使い切る。

［ワンタンの事例］

脆《ツェイ》皮《ピー》雲《ユン》呑《トゥン》◉揚げワンタン 甘酢ソース添え

【ニンニクがきいた甘酢ソースでパリンと食べるおつまみ】

【糖醋汁〈タンツゥチー〉"甘酢ソース"のつくり方】

【材料】
塩3g、砂糖200g、
酢200g、醤油25g、
トマトケチャップ100g、
レモン汁適量、
リーペリンソース7g、
OK汁（液体調味料↓266頁）24g、
水150g

すべての材料を鍋に合わせて弱火にかけ、ゆるい濃度がつくまで煮詰める。
＊酢豚のタレや揚げものの食卓調味料に向く。密閉容器に入れて冷蔵庫に保存する。3〜4日で使い切る。

【材料】30個分
ワンタンの餡（↓177頁）
……基本分量
ワンタンの皮（黄色）……30枚
油……適量

［ソース］
ニンニク（みじん切り）……少量
チリペースト……大さじ1
＊辣椒醤（↓265頁）。
甘酢ソース……100㎖
＊つくり方は上記参照。
水溶き片栗粉……小さじ2

1「ワンタンの餡」をつくる（↓177頁）。

2 ソースをつくる。鍋に油少量を熱し、ニンニクを炒める。チリペーストを加えて炒め、甘酢ソースを加えて沸騰したら水溶き片栗粉でとろみをつける。

3 皮に餡8gをのせて「ヒラヒラ形」に包む（↓176頁）。
＊ワンタンの皮が厚い場合は麺棒で薄くのばす。

4 鍋に油を約170℃に熱し、ワンタンをカリッと揚げる。2のソースをつけて食べる。

雲《ユン》呑《トゥン》竹《ヂュウ》笙《ション》湯《タン》◉ワンタンスープ

【つるんとした喉ごしで味がしっかりした餡のワンタンを、上品なスープで引き立てる】

【材料】4人分
ワンタンの餡（↓177頁）
……基本分量の½
ワンタンの皮（白色）……20枚
キヌガサタケ……2本
＊もどして（↓261頁）、下蒸しておく（↓53頁「キヌガサタケとフカヒレの蒸しスープ」）。
キヌガサタケの下蒸し調味料
（↓53頁）……基本分量
黄ニラ（5㎜長さ）……適量

［スープ］
上湯（↓48頁）……800㎖
紹興酒……小さじ1
塩……小さじ⅓
コショウ……少量

1 キヌガサタケは一口大に切る。

2「ワンタンの餡」をつくり（↓177頁）、ワンタンの皮で餡6gを「クラゲ形」に包む（↓176頁）。

3 鍋に上湯を沸かして紹興酒〜コショウで味を調え、蒸し汁を切ったキヌガサタケを入れる。

4 ワンタンをたっぷりの熱湯でゆで、水気をよく切り、器に盛る。黄ニラを適量入れる。

5 3のスープをひと沸きさせて器に注ぐ。

上　脆皮雲呑：チョイ ペイ ワン タン ／ 下　雲呑竹笙湯：ワン タン チョック サン トン

【春巻】

・春巻の包み方いろいろ

◎筒形

◎三角形

◎生春巻の包み方

筒形

1 皮をずらして並べる。縁に水で溶いた小麦粉の糊をつける。

▼

2 餡をのせ、すき間をつくらないようにきっちりとひと巻きする。

▼

3 両端を折り、ふっくらと柔らかく包むように向こう側に転がして巻いていく。端をとめる。

三角形

1 皮を3等分し、縦長におく。手前に餡をのせる。

▼

2 右端を持ち、三角形になるように折る。そのまま三角形を折り続ける。すき間ができて餡がはみでないように角はきっちり折る。

▼

3 ふっくらと柔らかく巻き、端に水で溶いた小麦粉の糊をつけてしっかりととめる。

生春巻

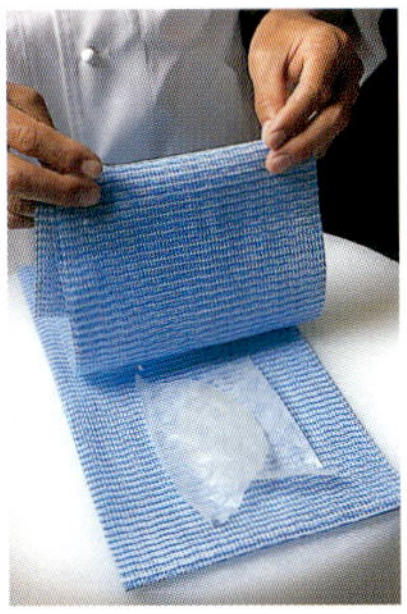

1 湿らせた不織布の上に、半分に切ったライスペーパーを切り口を外側に向けて中央が重なるようにのせる。湿らせた不織布を手前からかぶせてはさみ、柔らかくもどす。

▼

2 柔らかくなったら、不織布の上でライスペーパーに材料をのせ、寿司を巻くように不織布ごとしっかり巻いていく。

［ポイント］

＊皮はもどるとくっついて破れやすくて扱いづらいため、あらかじめ包む時の形に並べてもどし、クロスごと巻く。

＊ライスペーパーのもどし方は製品により異なるので、説明書にしたがう。

・春巻の基本餡

◎鶏《ヂー》絲《スー》餡《シェン》

【生の春巻餡】――広東料理らしい手の込んだ餡。揚げもののほか、蒸したり、煮込んだりと用途は広い

【材料】でき上がり約500g
鶏モモ肉100g、豚モモ肉75g、
豚背脂100g、
エビ（下処理して↓97頁）75g
鶏レバー15g、チャーシュー50g、
タケノコ（水煮）50g、セロリ25g、
干し椎茸（もどして↓262頁）25g、
ロースハム15g、
黄ニラ（4cm長さ）½束、
卵（目玉焼き。刻む）1個

［調味料］
塩小さじ½、砂糖小さじ1、
紹興酒大さじ1、コショウ少量、
醤油小さじ2、カキ油小さじ2、
ネギ油大さじ1、ゴマ油大さじ1

1 鶏モモ肉～ロースハムまでの材料を細切りにする。タケノコはゆでて水気を絞る。ボウルに鶏モモ肉、豚背脂、豚モモ肉、エビを入れる。

▼

2 調味料の塩～カキ油までを入れてよく混ぜる。残りの材料を加えてざっくり混ぜる。

▼

3 ネギ油（写真。ラード製）、ゴマ油を加えて混ぜる。冷蔵庫で保存する。2～3日で使い切る。

◎春《チュン》巻《ヂュエン》熟《シュウ》餡《シエン》

【加熱した春巻餡】――広東料理以外でよく用いる餡。パリッとした皮とトロリとした餡が絶妙

【材料】でき上がり約720g
＊具材はすべて細切りにする
豚モモ肉100g
＊下記の調味料で下味をつける。
タケノコ（水煮）100g、
ピーマン2個、赤ピーマン1個、
玉ネギ50g、キャベツ150g、
干し椎茸（もどして↓262頁）3枚、
油適量

［豚モモ肉の下味調味料］
紹興酒小さじ1、醤油小さじ½、
塩小さじ¼、コショウ少量、
卵大さじ1、片栗粉小さじ2、
油大さじ1

［炒め調味料］
紹興酒大さじ1、醤油大さじ3、
スープ100ml
＊二湯、毛湯のいずれでもよい。
砂糖小さじ1・½、コショウ適量、
水溶き片栗粉大さじ3、
ゴマ油大さじ1

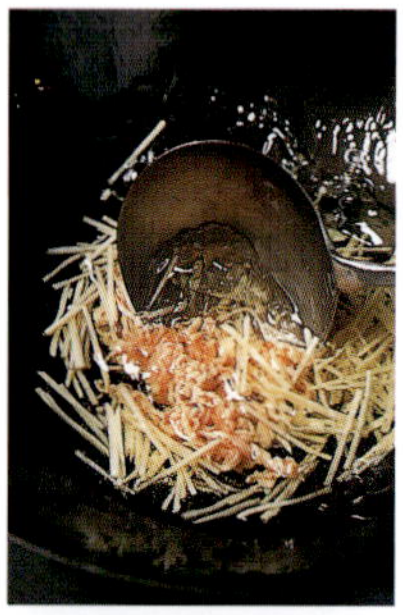

1 鍋に材料が浸かる程度の油を140℃くらいに熱し、タケノコ、豚モモ肉、ピーマン、赤ピーマンの順に入れて油通しをする（↓39頁「油通し」）。

▼

2 鍋の油を大さじ2くらいにし、玉ネギを中火で炒め、しんなりしたら強火にし、キャベツ、椎茸を加えて炒める。キャベツがしんなりすれば1の材料をもどして炒め合わせる。

▼

3 紹興酒、醤油を入れて香りを出し、スープ～コショウまでを入れて味を調える。沸騰したら水溶き片栗粉でとろみをつけ、ゴマ油を加えてバットに広げて冷ます。冷蔵庫で2日保存可。冷凍は不可。

〔春巻の事例〕

五《ウー》香《シャン》春《チュン》巻《ヂュエン》◉五目春巻

【サクッとした皮、ふっくらとした野菜の「軽さ」を感じる】

【材料】36個分
春巻の皮……12枚
加熱した春巻餡（→右頁）
……基本分量
油……適量

〔糊〕混ぜ合わせる
小麦粉……大さじ3
水……大さじ2

〔食卓調味料〕
花椒塩（つくり方→268頁）……適量

1「加熱した春巻餡」をつくる（→右頁）。

2 3等分した春巻の皮に餡をのせ、「三角形」に包む（→179頁）。

3 油を150℃に熱し、2を入れる。薄く色づけば徐々に温度を上げ、カリッとなったらとりだす（→73頁「包んで揚げる」）。

4 皿に盛り、花椒塩を添える。

越《ユエ》南《ナン》油《ヨウ》梨《リー》巻《ヂュエン》

◉アボカドのライスペーパー巻き

【マスタードがきいたアボカド入り。サラダ感覚の洋風野菜春巻】

【材料】4本分
さいまきエビ……4尾
アボカド……1個
サンチュ……4枚
大葉……4枚
貝割れ菜……20g
ホワイトアスパラガス（缶詰）
……8本
蟹肉（火を通したもの）……4切れ（50g）
アサツキ……8本
ライスペーパー……4枚
レモン汁、油……各適量

〔辛子マヨネーズ〕合わせる
マヨネーズ……大さじ5
マスタード……大さじ1

〔食卓調味料〕
蒜茸汁……適量
*ニンニクソース（→106頁）。
スイートチリソース……適量
*チリソース（→265頁）。

1 さいまきエビはゆがいて氷水に落とし、殻をむく。水気をふいて、縦半分に切り、背ワタを除く。

2 アボカドは種と皮をとり、くし形に8等分にし、色が変わらないようにレモン汁をかける。大葉は縦半分に切る。

3 ライスペーパーは半分に切り、基本の包み方を参考にしてもどす（→179頁「生春巻の包み方」1）。

4 ライスペーパー上にサンチュ1枚、大葉1枚分、アボカド2切れ、エビ1尾分、貝割れ菜、ホワイトアスパラガス2本、辛子マヨネーズをのせてキ2本、辛子マヨネーズ、蟹肉、アサツキ2本、辛子マヨネーズをのせてクロスごとしっかり巻く（→同頁2）。
*野菜の水分をしっかり切っておかないと辛子マヨネーズがゆるくなる。

5 4を一口大に切って皿に盛り、ニンニクソース、スイートチリソースをかける。

上　五香春巻：シー ヒョン チョン ギュン／下　越南油梨巻：ユッ ナム ヤウ レイ ギュン

［点心：パイ・タルト］

酥《スゥ》餅《ピン》

パイとは小麦粉、油脂などで生地をつくり、これに餡をのせたり包んだりして焼いた、あるいは揚げた菓子や料理を指す。
タルトとはパイ生地を型に入れ、上に餡などをのせて焼いた菓子をいう。

パイ生地は基本的にサクサクしたもの

中国語でパイ生地のことを一般に「酥皮」（スゥピー）という。「酥」はサクサクとした食感を表わす言葉である。

小麦粉のタンパク質と水分が結合することで網目状構造のグルテンという物質ができる。グルテンは粘りと弾力がある。パオズではグルテンがしっかりとできた生地がよいが、パイの場合はグルテンが多いと焼き固まって固くなり、口溶けが悪い。

このため、グルテンの形成を妨げる油脂（バター、ラードなど）を加える。油脂は小麦タンパクと水のつながりを弱め、グルテンの形成を抑えることができるので、加熱するともろくサクサクとした食感となる。

生地には大きく二つ——材料を一緒に混ぜ合わせ、層のできない「練り込みパイ生地」と、小麦粉の生地に油脂を折り込んで層ができる「折り込みパイ生地」がある。

・基本の生地

［練り込みパイ生地］

小麦粉に油脂を混ぜ合わせて、グルテンの形成を抑えるようにしてつくる。クッキーやタルト生地などがあり、用途によっては水、膨張剤を加える場合もある。代表的な生地として、甘露酥皮（クッキー生地）、蛋撻皮（タルト生地）がある。

◎甘《ガン》露《ルウ》酥《スゥ》皮《ピー》【クッキー生地】

水分は卵を使うだけなので、グルテンの形成が抑えられ、もろく、口溶けがいい。膨張剤を加えることで焼き上がりは生地が浮き上がり、サクサクとした食感をます。

【材料】でき上がり約450g
無塩バター（常温にもどす）50g、
ラード60g、
砂糖50g、
卵（常温にもどす）80g、
カスタードパウダー25g、
薄力粉200g、
ベーキングパウダー4・5g、

1 バター、ラードをボウルに入れ、泡立て器で混ぜてクリーム状にする。砂糖を加えてよく混ぜて溶かす。

▼

2 白っぽくなれば、合わせた卵とカスタードパウダーを加え、全体を均一に混ぜて滑らかにする。

［ポイント］
カスタードパウダーには色粉が添加されているので、前もって卵でよく溶いておく。

打ち粉(強力粉)適量

[下準備]

薄力粉、ベーキングパウダーは一緒にふるう。

卵、カスタードパウダーを合わせて溶く。

3 薄力粉とベーキングパウダーを加え、全体に水分がいきわたり、ボロボロになるまでカードで切り混ぜる。打ち粉をした麺台にとりだし、手のひらで軽く押さえながら一つにまとめる。

▼

4 用途に応じてビニール袋に入れて平たくするか(写真)、2等分したものを棒状にしてラップで包み、冷蔵庫で1時間以上休ませる。

◎蛋《タン》撻《ター》皮《ピー》【タルト生地】

バターと砂糖を多く使い、甘露酥皮(クッキー生地)よりももろく、口溶けのよい甘い生地。

【材料】でき上がり約650g

無塩バター(常温にもどす)200g、

砂糖70g、

カスタードパウダー15g、

卵(常温にもどす)1個弱、

脱脂粉乳15g、薄力粉320g、

打ち粉(強力粉)適量

[下準備]

薄力粉はふるう。

卵、カスタードパウダーを合わせて溶く。

1 バターをボウルに入れ、泡立て器で混ぜてクリーム状にする。砂糖を加え、よく混ぜて溶かす。

▼

2 白っぽくなれば合わせた卵とカスタードパウダー、脱脂粉乳を加えて混ぜる。均一に混ざって全体が滑らかになれば、ふるった薄力粉を数回に分けて加え混ぜる。

▼

3 全体に水分がいきわたり、ボロボロした状態になるまでゴムベラで切り混ぜる。麺台にとりだし、手のひらで麺台にこすりつけるようにして全体をなじませる。

▼

4 ビニール袋に入れるか、板状、棒状に整えてラップで包み、冷蔵庫で1時間以上休ませる。

＊バターが多いため温度が上がると柔らかくなる。冷蔵庫に入れてしめると作業しやすくなる。

[生地を型に敷き込む]

a

b

1 分割して丸めた生地を、粉を薄くふったタルトレット型に入れ、打ち粉をつけた左手の親指の先でまず押して平らにする。

2 次に生地の中央を押さえ、型をゆっくりとまわしながら、親指の先で型底の角に向かって生地を押しつける。跡がつくほどしっかりと押す。

3 型をまわしながら生地と型の側面をはさむようにして、側面に生地を密着させ、生地が型の上から4〜5㎜出るくらいまでのばす(写真a)。

4 上がった生地を指ではさんでまっすぐになるようにする(写真b)。冷蔵庫に入れて冷やし固める。

[ポイント]

＊型底の角の生地が厚くなると火が通りにくくなる。生地は多少薄くても加熱すると膨張するので餡がもれたりしない。

＊大量につくる時はこの状態で冷凍しておくと便利。

［折り込みパイ生地］

小麦粉を水で練った生地と油脂の生地を折りたたんでつくる折り込み生地は、各種ある。加熱すると油脂が溶けて生地に吸い込まれ、薄い紙を何枚も重ねたような仕上がりになる。

◎水《シュエイ》油《ヨウ》酥《スウ》皮《ピー》

【小型折り込みパイ生地】

水でしっかりこねた小麦粉の生地で油脂の生地を1個分ずつ包み、のばしてから巻いて層をつくるという中国独特の技法でつくる生地。水油酥皮は折ったものは保存がきかないので、使う分量だけそのつど折って使い切るようにする。

【材料】
［水油皮］でき上がり約360g
強力粉135g、薄力粉30g、砂糖45g、水120g、ラード30g
［油酥］でき上がり約240g
薄力粉160g、ラード80g
打ち粉（強力粉）適量

［水油皮をつくる——小麦粉を水で練る生地］

1 ボウルに強力粉、薄力粉、砂糖を入れ、3分の2量の水を入れて混ぜる。生地を練りながら、残りの水を少しずつ加え混ぜる。

▼

2 まとまれば麺台にとりだし、ラードを加えて混ぜ込み、こするようにして練る。

▼

3 一つにまとまるようになれば、麺台に打ちつけるようにしてよく練る（パン生地を練るように）。

4 生地の表面は滑らかになり、薄く均一にのびるようになる。

▼

5 ビニール袋に入れて冷蔵庫で30～40分休ませる。

［油酥をつくる——小麦粉を油脂で練る生地］

6 薄力粉とラードをボウルに入れる。ラードは冷えた状態のものを使う。

▼

7 塊ができないように、手のひらで押しつぶしながらよく練る。手に付着した生地は、打ち粉をからめてとり、生地にもどす。

［ポイント］
保存はビニール袋に入れて常温で。長期保存の場合は冷蔵庫に入れ、よく練って柔らかくしてから使う。

［生地を折る］

8 生地を分割する（1個分は水油皮15g、油酥10g）。油酥は丸め、手のひらで押さえて円形にのばした水油皮にのせる。

▼

9 水油皮で油酥を「丸形」に包む（→123頁）。

▼

10 生地を両手のひらで包んで転がして俵形にする。縦長におき、左手の手のひらで軽く押さえてから麺棒で幅5cm、長さ18cmくらいにのばす。

11 奥からロール状に巻く。

▼

12 巻き終わりを上にして、90度回転させる。左の手のひらで軽く押さえて、幅3・5～4cm、長さ11～12cmにのばし、三つ折りにする。折り終わりを上にする。

［ポイント］

水油皮と油酥の割合はほぼ3対2を基本とし、包む餡の柔らかさや加熱時の膨張具合によって割合を変える。

ひと口メモ

「水油皮」「油酥」とは？

フランス菓子でいえば、「水油皮」は折り込み生地のバターを包むこね生地に、「油酥」は折り込み用バターに相当する。油酥は薄力粉とラードを基本的に2対1で練ったもので、バターのような風味には欠けるが、常温で折るのに適した固さになるように配合されていて、扱いやすい。水油皮は薄力粉、強力粉などに水を加えて練るが、油酥と同じ固さにするため、西洋菓子のものと比べて柔らかい。

◎嶺《リン》南《ナン》酥《スウ》皮《ピー》

【大型折り込みパイ生地】

小麦粉と水をこねた生地で油脂の生地を包んでロール状に巻いていく。分割して使うが、切り方により、でき上がりの層の現れ方が異なる。

【材料】
［水油皮］でき上がり約210g
強力粉30g、薄力粉90g、砂糖15g、塩少量、水75g、ラード20g
［油酥］でき上がり約150g
薄力粉100g、ラード50g
打ち粉（強力粉）適量

1 184頁を参照して「水油皮」（塩は1で粉に混ぜる）と「油酥」をつくる。写真は水油皮のでき上がり。

▼

2 手のひらで押さえて円形にのばした水油皮に丸めた油酥をのせて「丸形」に包む（→123頁）。

▼

3 麺台に打ち粉をし、生地を25cm×75cmの長方形にのばして、粉をブラシで払い、三つ折りにする。

4 生地を90度回転させ、45cm角の正方形にのばして、粉をブラシで払い、霧吹きで表面を湿らせる。
*巻きやすいように手前と向こう側の端は薄くのばす。

▼

5 手前からロール状に巻く。ラップで包み、冷蔵庫で30分以上休ませてから使用する。

［層を美しく見せる包み方］――大型折り込みパイ生地を使って

大型折り込みパイ生地（→右頁）は揚げた時に油酥部分が溶けてなくなり、その切り方、包み方によって層を縦、または渦巻状に美しく見せることができる。でき上がり写真は揚げた場合のもの。

◎層に平行に切って

巻いた生地を縦半分に切り、上から押さえてのばし、餡を包む。揚げると層が縦に浮きでる。

A

［包む］

1 縦半分に切って（→右記）から約2cm長さに切る。断面を上にしておき、手のひらで押さえる。

2 裏返して断面側を下にし、約5cm角にのばす。

3 断面側を下にした皮に餡をのせ、「丸形」に包む（→123頁）。

4 包み終わりを下にして、俵形に整える。

［ポイント］
揚げている時に生地が膨らみ、包み口が開きやすいので、しっかりと閉じる。特に低温の油で揚げるものは少量の水をつけてきっちり閉じるとよい。

◎層に垂直に切って

巻いた生地を輪切りにすると、渦巻状の層が浮きでる。

［のばす］

1 生地を約5㎜幅の輪切りにする。渦巻状の層が上下になるように生地をおき、上から少し斜めに押さえる。

▼

2 麺棒で直径約6〜7㎝に丸くのばす（→32頁「餃子、パオズの皮をのばす」）。
＊麺棒をあてた側を内にして包む。

［包む］

B

1 右のようにのばした皮2枚で餡をはさみ、周囲をしっかりと押さえる。

▼

2 周囲を少しずつ折り返して縄目状に折り込んで閉じる。

C

のばした皮に餡をのせて二つ折りにする。「眉毛形」に包む（→150頁）。

D

のばした皮に餡をのせ、口をすぼめて「丸形」に包む（→123頁）。

・加熱法

◎オーヴンで焼く

基本的には、パイはオーヴンで焼く。クッキー生地、タルト生地など油脂にバターを使ったパイはバターの香りがよい仕上がりとなる。

◎油に浸けて焼く

ラードと薄力粉を合わせた油酥を使ったパイは扱いやすく、軽い舌触りだが、粉っぽくなりがちだ。高温で粉を焼き切るか、揚げて生地の層の間にある粉を溶かしださせる必要がある。層が表に出ないものは揚げても粉っぽさが残るので、油に浸けてオーヴンに入れ、高温にして粉気を除く。

1 フライパン（あるいは天板）にパイと香りづけの青ネギを並べて、150～160℃に熱した油をパイが3分の1くらい浸かる程度入れる。

▼

2 190℃に熱したオーヴンに入れて約10分焼く。途中、パイに熱い油をかけながら焼く。ネギと油を除き、フライパンに少し傾斜をつけて2～3分オーヴンで焼いてさらに余分な油をとる。

▼

3 ペーパータオルにのせて低温のオーヴンに入れ、2～3回ペーパーをかえながらさらに余分な油をとる。油が切れればよい。

［ポイント］
油に浸けてオーヴンに入れることで大量に加熱でき、ネギなどの香味野菜で香りづけすることもできる。

◎揚げる

外に層が現れるパイは揚げて油の中に小麦粉を溶かしだす。油に浮いて加熱することでつぶれず、焦げつかず、層がはっきりと出る。

1 網ザーレンにパイを並べ、165℃の油に入れる。表面を固めて、分解するのを防ぐ。表面が固まったら油の温度を上げる。

▼

2 油をかけながらゆっくり火を通して層を開かせる。浮くと層がバラバラになるので、網ザーレンを持ち上げてパイが油の表面のすぐ下で浸かっている状態で揚げる。

▼

3 油酥が流れでて、パイの層がはっきりすれば油の温度を高めて色よく揚げる。

◎雪《シュエ》酥《スウ》皮《ピー》

【西洋風折り込みパイ生地】

焼き上がった生地は幾重にも折り重なった紙片のようで、もろく口溶けがよい。

【材料】　でき上がり約1100g

［油酥］
無塩バター（常温にもどす）210g、ラード210g、薄力粉50g

［水油皮］
強力粉190g、薄力粉190g、砂糖20g、ベーキングパウダー3g、塩7g、カスタードパウダー20g、卵（常温にもどす）1・½個、水150g、油酥60g

打ち粉（強力粉）適量

［油酥をつくる］

1 バターをボウルに入れて混ぜ、ラードと同じ固さになったら、ラードを加え混ぜる。

▼

2 薄力粉をふるって1に加えて混ぜる。

▼

3 2を60gとり分け、残りを硫酸紙を敷いたバット（20cm×25cm）に入れて均一な厚さにならす。ラップをし、冷蔵庫に1時間入れて固める。

［水油皮をつくる］

4 強力粉、薄力粉をふるってボウルに入れ、砂糖、ベーキングパウダー、塩、油酥60gを加えてゴムべらで切り混ぜる。
＊油脂を入れることで生地ののびがよくなる。

▼

5 別のボウルにカスタードパウダーを入れ、水少量でよく溶き、卵、残りの水を加えて混ぜる。4の粉類に加えてゴムベラで切るように混ぜる。

▼

6 生地全体に水分がいきわたれば、丸く手でまとめる。
＊練りすぎるとグルテンが出すぎるのでまとまる程度でよい。

▼

7 生地に十字の切り目を入れてビニール袋で包み、冷蔵庫で30～40分休ませる。写真は休ませたもの。粉がなじんでしっとりした状態になっている。

［生地を折る］

8 水油皮を20cm×25cmにのばして3の油酥の上にのせる。

9 バットの内側、四辺にナイフを入れ、打ち粉をした麺台にひっくり返して生地をとりだし、硫酸紙をとり除く。

10 生地を横長におき、麺棒で叩いて生地の表面と中を同じ固さにする。

11 生地を90度回転させて縦長に25cm×50cmにのばし、中央で二つに折る。

12 折り目以外の3辺の水油皮部分を指でつまんで閉じ、油酥を包む。
＊空気が入らないように注意する。

13 90度回転させ、25cm×75cmにのばして三つ折りにする。同じ作業をもう一度くり返す。ビニール袋に入れて冷蔵庫で30～40分休ませる。
＊空気が入って膨れた部分はナイフでつついて空気を抜く。

14 13の要領で三つ折りにする。90度回転させて25cm×80cmにのばし、両端から中ほどまで折った後、中央で折って四つ折りにする。冷蔵庫でしっかり休ませてから使用する。

［ポイント］

＊生地が麺台にくっつき破れやすくなるので、打ち粉をし、生地を動かしながら折る。
＊分割して冷凍保存し、使用する時は前日に冷蔵庫へ出しておくとよい。
＊水油皮と油酥は同じ固さでないと一緒にきれいにはのびない。折ったら十分休ませて水油皮のグルテンの弾力をゆるめておく。

・失敗例　［西洋風折り込みパイ生地］

Q1 焼いたらいびつな形になってしまった（写真）

A1 生地を同じ方向に折り続けたから。あるいは、生地を休ませなかったから

折った生地の向きを変えないでのばすと、グルテンは一方向だけにのび続ける。そのため、焼いた時にその方向にだけ縮み、いびつな形となる。生地は方向を変えながら折ること。

また水油皮はのばすことでグルテンが強くなる。折ったあと生地を休ませないで焼くと、水油皮が焼き縮んできれいには焼き上がらない。そもそも水油皮のグルテンの弾力が強いままだと、油酥の固さとの差で破れたり、薄くなったりするので、折ったら休ませること。

Q2 折りパイ特有のハラハラした軽い食感にならなかった

A2 水油皮を練りすぎたため

水油皮は油酥（バターやラード）を包んで折るため、しっかり練らないと薄くのびないように考えてしまいがち。しかし、いく度ものばしては折る作業の中でも生地は練られていくため、最初に練りすぎると固くなり、もろさに欠けるパイができる。水油皮を練る時はまとまる程度でよい。

［クッキー生地の事例］

蓮《リエン》蓉《ロン》甘《ガン》露《ルウ》酥《スウ》◉ハスの実餡入りパイ

【サクサクした卵風味豊かな生地が餡と一緒に溶けていく】

【材料】約12個分
クッキー生地（↓182頁）
……180g
ハスの実餡（↓145頁）
……120g
カンランの仁……12個
＊中国オリーヴの仁（↓260頁）。なければ松の実、カシューナッツでもよい。
溶き卵（漉したもの）……適量
シロップ……適量
＊水1対砂糖1を煮溶かし、冷ましたもの。
打ち粉（強力粉）……適量

1 クッキー生地をつくり、直径2・5cm、長さ30cmの棒状にして冷蔵し（↓183頁）、180gを使う。

2 ハスの実餡を10gに丸める。

3 打ち粉をし、1の生地を小口から2cm幅（約15g）に切る。それぞれを直径3cmの碗状にのばし（↓32頁「手のひらでのばす」）、ハスの実餡をのせて「団子形」に包む（↓150頁）。

4 両手のひらで山高に形を整え、天板に並べ、ハケで溶き卵を塗り、冷蔵庫でしめる。

5 再度溶き卵を塗り、カンランの仁をのせ、上火200℃、下火180℃に熱したオーヴンで20～25分焼く。焼き上がれば熱いうちにシロップを塗る。

果《グオ》仁《レン》酥《スウ》餅《ピン》◉木の実とドライフルーツのクッキー

【香ばしいナッツとドライフルーツが口の中でざわめく】

【材料】30個分
クッキー生地（↓182頁）
……基本分量の½
カシューナッツ……15g
南杏……5g
＊アンズの仁（↓260頁）。
ピスタチオ……10g
クルミの飴がらめ（↓113頁）
……20g
＊なければ、皮をむいたクルミ（下処理はカシューナッツと同じ↓1）でよい。
ハスの実の砂糖漬け……7個
イチジク（乾燥）……1個
＊1cm角に切る。
ミックスドライフルーツ……25g
溶き卵（漉したもの）……適量
シロップ……適量
＊水1対砂糖1を煮溶かし、冷ましたもの。
打ち粉（強力粉）……適量

1 カシューナッツ、南杏は熱湯でゆで、水気をよくふきとる。180℃のオーヴンで5～7分焼く。ピスタチオはゆでて皮をむく。クルミの飴がらめ、カシューナッツ、ピスタチオは南杏の大きさに合わせて切る。

2 ハスの実の砂糖漬けはさっとゆで、水気をふきとり、半分に切る。

3 クッキー生地をつくり、183頁プロセス3のあとに、ミックスドライフルーツまでの材料を加えてざっくりと混ぜる（写真a）。生地に打ち粉をし、直径2・5cmの棒状にのばし、ラップで包み、冷蔵庫で1時間以上休ませる。

4 生地を小口から1cm幅に切り、天板に並べる。ハケで溶き卵を塗り、180℃に熱したオーヴンで約10分焼く。とりだして熱いうちにシロップを塗る。

a

上　蓮蓉甘露酥：リン ヨン ガム ロウ ソウ　／下　果仁酥餅：グオ ヤン ソウ ペン

鳳《フォン》梨《リー》批《ピー》◉パイナップル餡のパイ

【風味高い生地と甘いジャムのとり合わせ】

香港ではパイのことを、英語の発音そのままに「批(パイ)」という。このパイは台湾でも好まれている。

【材料】長径5cm、短径3・5cmの楕円形タルトレット型約15個分

クッキー生地(↓182頁)……180g

パイナップル餡(↓下記)……150g

アーモンドスライス……15枚

アプリコットジャム(ジャムの1〜2割の水を加えて煮詰めたもの)……適量

打ち粉(強力粉)……適量

［パイナップル餡］

＊でき上がり約250g

パイナップル(粗みじん切り)……340g

＊缶詰(内容量340g)を使用。

無塩バター……30g

砂糖……50g

ハチミツ……小さじ1

パイナップルリキュール……大さじ1

寒梅粉(↓260頁)……5g

［下準備］

タルトレット型は内側に小麦粉を少量ふり、余分な粉を落とす。

1 パイナップル餡をつくる。フライパンにバター、パイナップルを入れて炒める。弱火で煮詰め、水分が少なくなれば砂糖、寒梅粉を順に入れて煮詰める(写真a〜b)。「ジャム状」になったらハチミツ、パイナップルリキュールを加えて冷ます。150gをとり分け、残りを殺菌をした容器に詰めて保存する。

＊煮詰め方が足りないと、パイを焼いている時に水分が出て破裂するおそれがある。

2 1の餡を10gずつに丸める。

3 クッキー生地をつくり、直径2・5cm、長さ30cmの棒状にして冷蔵し(↓183頁「クッキー生地」4)、うち180gを使う。

4 3の生地に打ち粉をして、小口から1・5cm幅(約12g)に切る。生地を碗状にのばし(↓32頁「手のひらでのばす」)、パイナップル餡を「団子形」に包む(↓150頁)。タルトレット型に入れて押さえて成形する(写真c)。

5 アーモンドスライスを生地に浅くつき刺し、200℃に熱したオーヴンで20〜25分焼く。粗熱がとれたら型からはずす。アプリコットジャムをハケで塗る。

＊アーモンドスライスは焦げやすいため、水に浸けてから使用する。

a

b

c

鳳梨批：フォン レイ パイ

［タルト生地の事例］

酥《スウ》皮《ピー》椰《イエ》子《ヅ》撻《ター》◉ココナッツタルトレット

【加熱したバナナの風味がサクッとしたココナッツに合う】

【材料】口径4cmのタルトレット型20個分
タルト生地（↓183頁）……140g
［餡］
無塩バター（常温にもどす）……30g
粉糖……25g
卵……40g
カスタードパウダー……2g
ココナッツファイン（↓260頁）……10g
薄力粉……25g
コーンスターチ……5g
ベーキングパウダー……3g
［カラメルバナナ］
バナナ……150g
無塩バター……15g
砂糖……35g
打ち粉（強力粉）

［下準備］
タルトレット型は内側に打ち粉を少量ふり、余分な粉を落とす。
ココナッツファインはさっとゆでて、水分をしっかりふきとる。
＊乾燥品なので食感を柔らかくするためと殺菌の目的でゆでる。
薄力粉〜ベーキングパウダーは一緒にふるっておく。

1 タルト生地をつくり、生地を7gに分割して型に敷き込む（↓183頁）。冷蔵庫に入れておく。

2 カラメルバナナをつくる。バナナは1・5cm幅に切る。フライパンに砂糖を少しずつ入れて煮溶かす。カラメル状になれば、バターを加えて溶かす。バナナを加えてからめ、とりだして冷ます。

3 ボウルにバター、粉糖を入れて泡立て器で白っぽくクリーム状になるまでよく混ぜる。卵、カスタードパウダーを加えてよく混ぜ、粉類とココナッツファインを加えてざっくり混ぜる。

4 1のタルトレット型に2のバナナを1〜2個入れる。3の餡を型の8割ほど入れ、上からココナッツファイン（分量外）をふる。

5 4を天板に並べ、200℃に熱したオーヴンに入れ、20分焼く。
＊西洋風折り込みパイ生地（↓190頁）の二番生地（型で抜いた残りの生地を集め、重ねるようにしてまとめ、のばしたもの）でつくってもよい。その場合は生地が膨らみすぎて餡がこぼれやすくなるので、敷き込んだ生地を指先で押さえて亀裂を入れるかフォークなどで小さな穴をあける。

香港ではタルトのことを英語の発音から「撻（タッ）」という。

酥《スウ》皮《ピー》鶏《ヂィ》蛋《タン》撻《ター》

◉エッグタルトレット

【柔らかいとろんとした卵クリームにはかない食感の生地】

【材料】口径5cmのタルトレット型20個分
タルト生地（↓183頁）……240g
［餡］でき上がり約460mℓ
砂糖……160g
水……240mℓ
卵黄（常温にもどす）……6個
エバミルク……小さじ1
打ち粉（強力粉）……適量

［下準備］
タルトレット型は内側に打ち粉を少量ふり、余分な粉を落とす。

1 タルト生地をつくり、生地を12gに分割して型に敷き込む（↓183頁）。冷蔵庫に入れておく。

2 餡の砂糖と水を鍋に合わせて火にかける。煮溶かしてシロップをつくり、粗熱をとる。

3 ボウルに卵黄を入れ、2のシロップを少しずつ加えながら混ぜる。エバミルクを加え混ぜて漉す。

4 天板に並べた1のタルトレット型に3を8割ほど（1個に20〜25mℓ）入れ、上火210℃、下火190℃のオーヴンで約15分焼く。餡に8〜9割火が通ればオーヴンからとりだし、バットなどで蓋をして余熱で火を通す。ゆらしても餡が動かなくなればバットをはずす。
＊オーヴンからとりだした時は、天板ごとゆするとタルトの中心が少しゆれる程度でよい。焼きすぎると卵に気泡が入る。

5 粗熱がとれたら型からはずす。

◉エッグタルトレット

◉ココナッツタルトレット

上　酥皮椰子撻：ソウ ペイ イエ ヂー タッ ／ 下　酥皮鶏蛋撻：ソウ ペイ カイ タン タッ

［小型折り込みパイ生地の事例］

葱《ツォン》香《シャン》叉《チャー》焼《シャオ》酥《スウ》

◉チャーシュー入りネギ風味のパイ

【甘辛のおかず餡とハラハラした生地の心地よいコントラスト】

【材料】20個分

［小型折り込みパイ生地］(↓184頁)

水油皮……基本分量

＊このうち300gを使用する。

油酥……基本分量

チャーシュー餡(↓140頁)……基本分量

青ネギ……適量

油……適量

打ち粉(強力粉)……適量

1 小型折り込みパイ生地をつくり、20個分を折る(↓184～185頁)。

2 生地を麺棒でそれぞれ直径6～7cmにのばす(↓32頁「餃子、パオズの皮をのばす」)。生地の中央にチャーシュー餡を15gずつのせて、「鳥かご形」に包む(↓122頁)。

＊パイ生地は加熱すると層が持ち上がり、包み口が開きやすいので、力を入れて閉じる。

3 2を青ネギとともにフライパンに入れて150～160℃の油を加え、油に浸けて焼く(↓189頁)。

老《ラオ》婆《ポー》酥《スウ》餅《ピン》◉冬瓜のパイ

【香ばしい餡とハラハラした生地の対比】

広東点心で、老婆とは奥さんのこと。結納の時にこの点心を男性側が持っていったとか、奥さんのお土産に買ったのでこう名づけられたとかいわれている。

【材料】20個分

［小型折り込みパイ生地］(↓184頁)

水油皮……基本分量

油酥……基本分量

冬瓜の餡(↓144頁)……300g

＊15gずつに20個丸めておく。

溶き卵(漉したもの)……適量

シロップ……適量

＊水1対砂糖1を煮溶かし、冷ましたもの。

打ち粉(強力粉)……適量

1 小型折り込みパイ生地をつくり、20個分を折る(↓184～185頁)。

2 生地を麺棒でそれぞれ直径6～7cmにのばす(↓32頁「餃子、パオズの皮をのばす」)。生地の中央に餡をのせて「丸形」に包む(↓123頁)。

＊パイ生地は加熱すると層が持ち上がるため、包み口が開きやすい。力を入れてしっかり閉じる。

3 包み口を下にして手のひらで押さえて高さ約1cmのコイン形に整える。天板に包み口を下にして並べ、ハケで溶き卵を塗り、冷蔵庫でしめる。

4 再度溶き卵を塗り、180℃に熱したオーヴンで15～20分焼く。焼き上がれば、熱いうちにシロップを塗る(写真a)。

a

上　葱香叉焼酥：チョン ヒョン チャー シュー ソウ／下　老婆酥餅：ロウ ポー ソウ ペン

［小型折り込みパイ生地の事例］

富《フウ》貴《クェイ》牡《ムウ》丹《タン》酥《スウ》◉牡丹形の揚げパイ

【とにかく美しい。眺めて楽しむ代表的なお菓子】

【材料】15個分

［小型折り込みパイ生地］(↓184頁)

水油皮……基本分量

＊このうち300gを使用。

油酥……150g

＊薄力粉100g、ラード50gでつくる。

食用色素(赤、黄色)……適量

＊別々に少量の水で溶いておく。

ハスの実餡(↓145頁)……225g

＊15gずつに15個丸めておく。

油……適量

1 水油皮(↓184頁)をつくる。

2 水油皮を2等分し、赤と黄色の食用色素をそれぞれに加えて(写真a)練る。はさみで15個ずつ(1個10g)に切り分ける。

＊食用色素の赤を水油皮に混ぜるとピンク色の生地になる。

3 油酥は30個(1個5g)に分けて丸める。

4 ピンクと黄色の水油皮で油酥をそれぞれ15個包む(↓185頁「生地を折る」8～9。写真b)。パイ生地を折る(↓同10～12。写真c～d)。ただし、12で生地をのばす長さはやや長めの13～14㎝にする。

＊のばしすぎると薄くて破れ、のばし足りないと生地が分厚くなる。

5 生地は約6㎝角の正方形にし、ピンクの上に黄色を重ねる。

＊折り終わりが上になるように重ねる。生地は乾燥しやすいため、作業しないものには常に固く絞ったぬれ布巾をかけておく。

6 生地の中央にハスの実餡をのせて「丸形」に包む(↓123頁。写真e)。包み終わりの余分な生地はちぎりとり、丸く形を整える。包み口を下にしてラップをして冷蔵庫で冷やし固める。

＊冷やし固めないと7でカミソリで切り込みを入れる時に層がつぶれてしまう。

7 餡に接する皮を1枚残す感覚でカミソリをシーソーのように動かして放射状に3本、一番深いところで高さの半分まで切り目を入れる(写真f)。

8 7を網ザーレンに間隔をあけて底を押しつけるようにして並べ、120～130℃に熱したたっぷりの油に網ザーレンごと入れて(写真g)揚げる(↓189頁「揚げる」)。

9 切り込みを入れた部分の層が1枚1枚花びらのように開きはじめたら徐々に温度を上げ(写真h)、火が通って固まればとりだす(写真i)。ペーパータオルを敷いた天板に並べて低温のオーヴンに入れる。2～3回ペーパーをかえながら加熱して余分な油を除く。

＊温度が上がるとともに油酥が溶けだして、水油皮の薄い生地が開いてくる。生地がすべて開く前に温度を上げて生地を固める。温度が低いまま揚げ続けると生地は開きすぎて分解する。一度にたくさん揚げると開き具合が均一になりにくいため、4～5個ずつ揚げる。

富貴牡丹酥：フー クワイ マウ タン ソウ

［大型折り込みパイ生地の事例］

蘿《ルオ》蔔《ポ》酥《スゥ》角《ヂャオ》◉大根餡の揚げパイ

【食事がはじまる前の前菜として合いそう。旨みのある餡がおいしい】

【材料】20個分
大型折り込みパイ生地（→186頁）……300g
打ち粉（強力粉）……適量
卵白……適量
白ゴマ、油……各適量

［餡］
大根……300g
セロリ……40g
中国ハム（火腿→263頁）……50g
干しエビ（もどして→262頁）……20g
ネギ（粗みじん切り）……大さじ3

［調味料］
ネギ油……大さじ3
塩……小さじ¼
砂糖……小さじ½
水溶き片栗粉……小さじ1
ゴマ油……小さじ1
花椒粉……適量
＊中国山椒（→263頁）の粉末。

1 餡をつくる。大根、セロリは3cm長さの細切りにし、中国ハム、干しエビは粗みじん切りにする。大根は塩大さじ½（分量外）を混ぜ、しんなりすれば水気をよく絞る。

2 鍋にネギ油と干しエビを入れて炒める。香りが出てきたらネギ、大根、セロリを加えて炒め合わせる。塩、砂糖で味を調え、水溶き片栗粉でとろみをつける。ゴマ油を加えて火を強め、まとまればとりだす。中国ハム、花椒粉を加え混ぜて冷ます。

3 大型折り込みパイ生地をつくり（→186頁）、1枚15gの輪切り20枚に分割する。手のひらで斜めに押しつぶし、麺棒で直径約7cmに丸くのばす（→188頁「のばす」）。

4 皮の中央に餡を15g入れて188頁のCを参照して二つに折り、「眉毛形」に包む（→150頁）。包み終わりに卵白を塗って、ゴマをつける。パイを揚げ（→189頁「揚げる」）、ペーパータオルにとりだし、余分な油をとる。

a

b

c

d

e

f

g

h

i

蘿蔔酥角：ロー パック ソウ コック

［西洋風折り込みパイ生地の事例］

冬《トン》蓉《ロン》蘋《ピン》果《グオ》批《ピー》◉冬瓜とリンゴのパイ

【キャラメリゼしたリンゴの酸味がおいしいパイ】

【材料】24個分

西洋風折り込みパイ生地（→190頁）……500g

＊長径7cm、短径6cmで縁が波形の楕円形抜き型を用意する。

冬瓜の餡（→144頁）……240g

溶き卵（漉したもの）……適量

シロップ……適量

＊水1対砂糖1を煮溶かし、冷ましたもの。

打ち粉（強力粉）

［カラメルリンゴ］

リンゴ……2個

無塩バター……20g

砂糖……80g

シナモンパウダー……小さじ1/4

1 カラメルリンゴをつくる。リンゴは皮と芯を除き、2cm角ほどに切る。フライパンにバターを熱してリンゴを入れ、砂糖を少しずつ加えてカラメル状にする。リンゴは表面全体が色づいたらとりだし、シナモンパウダーをふる（写真a）。

2 西洋風折り込みパイ生地をつくる（→190頁）。生地を縦40cm、横30cm、厚さ3mmの長方形にのばして、楕円形の抜き型で抜く。

3 天板に生地を並べ、半面だけにハケで水を塗る。中央に冬瓜の餡10g、カラメルリンゴをのせ、生地を半分に折り重ねる。生地の上から餡のまわりを指で押さえる。餡のきわを抜き型を逆さにあてて押さえ、ハケで溶き卵を塗る。冷蔵庫に入れてしめる。

4 再度溶き卵を塗り、ペティナイフで飾りの切り目を入れ、刃先で2～3ヵ所切り込みを入れて、焼いた時に出る蒸気が抜けるようにする。200℃に熱したオーヴンで20～25分焼く。

5 焼き上がれば、熱いうちにシロップを塗る。

a

五《ウー》彩《ツァイ》皮《ピー》蛋《タン》酥《スウ》◉ピータンのパイ

【生姜の風味のピータンの餡と甘い生地で、甘くてしょっぱいおいしさを創造する】

【材料】16個分

西洋風折り込みパイ生地（→190頁）……300g

＊直径6cmの抜き型を用意。

ピスタチオ（みじん切り）……適量

溶き卵（漉したもの）……適量

シロップ（→上記）……適量

打ち粉（強力粉）……適量

［餡］

ピータン（→263頁）……1個

＊使う前日に殻を割って、アンモニア臭を抜く（→263頁）。

ハマナスの酒（→264頁）……大さじ1

ハスの実餡（→145頁）……150g

甘酢生姜（つくり方→268頁）……40g

炒りゴマ（刻む）……45g

1 西洋風折り込みパイ生地をつくる（→190頁）。

2 餡をつくる。ピータンを縦4つ割りにし、ハマナスの酒（分量外）を適量ふって10分蒸し、冷ます。1cm角に切る。甘酢生姜は1cm角の薄切りにし、水気をよく切る。ボウルにハスの実餡、ハマナスの酒、甘酢生姜、ゴマを合わせる。15gに丸め、ピータン1～2個をのせてセットしておく（写真a）。

3 1の生地を1辺30cm、厚さ3mmの正方形にのばし、円形の抜き型で抜く。

4 3の生地の中央に餡をのせて「丸形」に包む（→123頁）。

＊パイ生地は加熱すると層が持ち上がるため、包み口が開きやすい。力を入れてしっかり閉じる。

5 天板に包み口を下にして並べ、溶き卵を塗り、冷蔵庫でしめる。

6 再度溶き卵を塗り、竹串で蒸気を抜く穴をあける（写真b）。200℃のオーヴンで20～25分焼く。

7 焼き上がれば、熱いうちにシロップを塗り、ピスタチオのみじん切りをのせる。

a

b

［点心：蒸しカステラ・もち］

糕《ガオ》

蒸しカステラやもちのことを、中国語では「糕《ガオ》」と呼ぶ。
「糕」とはうるち米やもち米の粉、小麦粉、あるいはその他の穀物の粉に水を加え混ぜ、蒸して塊状に仕上げたものを指す。
小麦粉に卵と膨張剤を加えてから型に詰めて蒸したカステラや、上新粉や浮き粉などを熱湯で練り上げてから蒸し固めたものなどが含まれる。

「糕」は基本的に「米」の粉を使っていた

中国点心を分類する時に、餡を入れる入れないは別にしても、粉を少量の水で練って1個1個成形するものと、セイロなどの器や型に入れてまとめて蒸し固めた塊状のものを切り分けて食べるものとがある。「糕」にはこの「塊状にする」の意味があり、後者の食べものを指す。餃子やパオズの生地と比べると粉に加える水分はいく分多い。

また、もともとは「麦」以外の穀物を粉にして水で練って蒸したものだった。小麦粉でつくったものを「餅（ピン）」と呼び、これに対する言葉が「糕」だ。糕は米の粉でつくったものが多いのだが、「糕」の文字の偏「米」は、中国語では穀物の籾殻《もみがら》などをとった中身のことを指す。麦はあとになって中国に入ってきたとされている。だから、その昔は麦以外の穀物の粉を材料にしてつくっていたと考えられる。

とはいえ、時代の流れの中で、豆の粉も使えば、本来除かれていた麦の粉、小麦粉でつくったものも「糕」に入れるようになった。

丸めるとパオズになるが、いまでは「マーラーガオ」に代表されるように、つくり方、形状によっては小麦粉の生地を蒸したものも「糕」と呼ぶようになっている。

・基本の「糕」

「糕」は応用がきく基本の配合はないが、使う粉によってつくり方は似通っている。ここでは使う粉別に、代表的な事例をあげてつくり方を紹介していく。

◎上新粉を使って

◎芋頭糕《ユィトウガオ》◉芋の蒸しもち

【ホクホク、ねっとり。エビの香ばしさと五香粉が香る】

基本的には蒸しておき、食べる時に一口大に切り、蒸し直すか両面を煎り焼くか揚げる。

【材料】流し缶(縦14㎝×横11㎝×高さ4・5㎝)1台分
タロ芋(正味)150g、
干しエビ(もどして↓262頁)75g、
中国腸詰(下処理して↓263頁)90g、
上新粉125g、浮き粉25g、
塩7g、砂糖14g、五香粉2g、
水600g、油50㎖、
油適量、硫酸紙

[食卓調味料]
チリペースト(辣椒醤↓265頁)、
マスタード、醤油各適量

[下準備]
タロ芋は1・5～2㎝角に切り、水にさらす。
干しエビは粗みじん切りにする。
＊干しエビは殻をとると炒めた時に香りが出ないので、殻つきのまま使う。
中国腸詰は縦半分に切って薄切りにする。

1 上新粉～五香粉までをボウルに入れ、水150gで溶く。

2 鍋に油50㎖を入れ、中国腸詰、干しエビを入れてしっかり炒める。タロ芋、残りの水(350g)を入れて沸騰させる。

3 1のボウルに2を一気に加え、ヘラで手早く混ぜる。

4 湯煎にかけて混ぜながら加熱し、材料が液体の中に沈まなくなる程度に生地に濃度をつける。流し缶に硫酸紙を敷く。

5 流し缶に生地を入れて表面を平らにし、約1時間蒸す。蒸し上がれば表面に油少量を塗り、冷ます。1㎝幅に切り、両面を煎り焼く。食卓調味料を添える。

[ポイント]
＊油っぽくない方がおいしいので、フッ素樹脂加工のフライパンに少量の油を敷いて焼くとよい。柔らかくて扱いにくい時は片栗粉を少量つけて煎り焼くとよい。
＊2～3日くらいなら冷蔵で、それ以上ならば冷凍で保存する。

芋頭糕：ウー タウ ゴウ

［上新粉を使った「糕」の事例］

蘿《ルオ》蔔《ポ》糕《ガオ》◉大根もちの煎り焼き 広東風

【腸詰の旨みが広がる淡白な味わいのもち】

【材料】流し缶（縦14cm×横11cm×高さ4.5cm）2台分

大根（正味）……400g
中国腸詰（下処理して→263頁）……75g
チャーシュー……75g
干しエビ（もどして→262頁）……20g
上新粉……120g
浮き粉……20g
コーンスターチ……7g
片栗粉……7g
塩……7.5g
砂糖……25g
水……600g
炒りゴマ……大さじ1
ゴマ油……大さじ1
ピーナッツ油……35g
油……適量、硫酸紙

［食卓調味料］
チリペースト（辣椒醤→265頁）、マスタード、醤油……各適量

1 大根は細切りにする。

2 腸詰は縦半分に切り、薄切りにする。チャーシューも薄切りにする。干しエビは粗みじん切りにする。

3 上新粉〜砂糖をボウルに入れ、分量の水のうちの100gを加えて溶きのばす。

4 ピーナッツ油を鍋に熱し、腸詰、チャーシュー、干しエビを炒める。大根を加え、さらに炒めてから残りの水（500g）を加える。

5 4が沸騰したら3のボウルに注ぎ、ヘラでよく混ぜる。炒りゴマ、ゴマ油を加え、湯煎にかけて濃度をつける。

6 流し缶に硫酸紙を敷き、5の生地を入れて表面を平らにし、60分蒸す。蒸し上がれば表面に油を少量塗り、そのまま冷ます。

7 1cm幅に切り、フッ素樹脂加工のフライパンに少量の油を薄く敷き、両面を煎り焼く。
＊柔らかくて扱いにくい場合は片栗粉を少量つけて煎り焼くとよい。

蘿蔔糕：ロー パック ゴウ

◎白玉粉を使って

◎年《ニエン》糕《ガオ》◉ココナッツ風味の中国もち

【甘さ控えめのココナッツ&カラメル風味】

年糕は中国南部の春節（旧暦の正月）には欠かせない。人々は「年年高高（毎年生活が向上しますように！）」と願って食べる。基本的には蒸しておき、食べる時に一口大に切り、蒸し直すか両面を煎り焼くか、または揚げる。

【材料】流し缶（縦14cm×横11cm×高さ4・5cm）1台分

白玉粉……115g
浮き粉……75g
ココナッツミルクパウダー……50g
ピーナッツ油……15g
カンランの仁……40g
＊中国オリーヴの仁（↓260頁）。ゆでておく。
溶き卵……1個分
油……適量、硫酸紙

［カラメル］
砂糖……115g
水……200g

［ココナッツミルクミックス］
ココナッツミルク……200g
エバミルク……100g
コンデンスミルク……20g

1 鍋に砂糖を入れて火にかけ、カラメル状にする。分量の水を加えて煮溶かし、200gまで煮詰める。ボウルにココナッツミルク～コンデンスミルクを合わせる。

▼

2 別のボウルに白玉粉～ココナッツミルクパウダーまでを入れて混ぜ、1のココナッツミルクミックスを加えながらダマができないようにヘラで混ぜる。

▼

3 2のボウルに1のカラメル、ピーナッツ油を加えて泡立て器で混ぜ合わせる。

4 3を湯煎にかけてヘラで混ぜながら加熱し、ヘラでとって指でなでると線が残る程度になるまで濃度をつける。

5 型の底に硫酸紙を敷き、4を流し入れ、カンランの仁を散らし、約2時間蒸す。蒸し上がれば表面に油少量を塗り、そのまま冷ます。型からはずして一口大に切り、底に溶き卵をつけて煎り焼く。

［ポイント］
＊油が少ない方がおいしいので、フッ素樹脂加工のフライパンに少量の油を薄く敷いて焼くとよい。
＊2～3日くらいならば冷蔵庫で、それ以上の場合は冷凍庫で保存する。

年糕：ニン ゴウ

［白玉粉を使った「糕」の応用事例］

馬《マー》蹄《ティ》糕《ガオ》◉黒クワイ入り蒸しようかん

【シャキシャキしたレンコンのような歯触りと粘りとコシが特徴】

【材料】流し缶（縦14cm×横11cm×高さ4.5cm）1台分

黒クワイ（生↓259頁）……120g

黒クワイ粉（↓260頁）……96g

水……700g

ラム酒…大さじ1

砂糖……240g

油……適量、硫酸紙

1 黒クワイは皮をむいて粗みじんに切る。

2 黒クワイ粉を水100gで溶き、ボウルに漉し入れ、ラム酒を加える。

3 鍋に砂糖と水600gを入れて火にかける。沸騰して砂糖が完全に溶ければ1の黒クワイを加え、中火でさらに10分ほど煮る。

4 3を沸騰させ、2の中へ一気に流し入れてヘラで手早く混ぜる。湯煎にかけてクワイが沈まなくなる程度まで濃度をつける。

5 流し缶に硫酸紙を敷き、4の生地を入れて表面の泡をとり除く。強火で約1時間蒸す。蒸し上がれば表面に油を少量塗り、そのまま冷ます。

6 型からはずして一口大に切り、フッ素樹脂加工のフライパンに油を薄く敷いて両面を煎り焼く。

＊柔らかくて扱いにくい場合は片栗粉を少量つけて煎り焼くとよい。

＊衣をつけて揚げてもうまい。フレッシュの黒クワイがなければ水煮を使う。栗の甘露煮でもおいしくできる。

馬蹄糕：マー　タイ　ゴウ

◎小麦粉を使って

◎馬《マー》拉《ラー》糕《ガオ》◉マーラーガオ（プレーン）

【ほんわか、ふんわり。気持ちも温かくなるスポンジ】

小麦粉を使った「マーラーガオ」は、西洋のスポンジ生地の影響を受けてつくられた、比較的新しいもの。

【材料】セイロ（内径13cm×高さ3・5cm）3台分
カスタードパウダー……15g
卵……3個
牛乳……110g
砂糖……140g
コンデンスミルク……大さじ3
薄力粉……150g
ベーキングパウダー……12g
重曹……1g
溶かしバター（無塩）……35g
硫酸紙

1 カスタードパウダーに適量の卵を加え、泡立て器で溶きのばす。これを砂糖に加えながら混ぜて溶かす。

▼

2 残りの卵、牛乳、コンデンスミルクを加えてよく混ぜる。

3 ふるった薄力粉、ベーキングパウダー、重曹を加えて混ぜる。細かい網で漉し、溶かしバターを加えて混ぜる。

▼

4 セイロの底と側面に硫酸紙を敷き、生地を流して強火で約25分蒸す。セイロからはずし、粗熱がとれたら硫酸紙をはずして適当な大きさに切る。冷めれば温め直す。

馬拉糕：マー ライ ゴウ

[マーラーガオ(→右頁)のバリエーション]

右頁のプロセス3のあとに下記のものを混ぜ込んで蒸せば、いろいろな味、食感のものが簡単にでき上がる。

◉イチジク(乾燥)とカボチャの種

◉カラメルリンゴとラムレーズン

＊左記と同じつくり方で小さい型で蒸したもの。

◉さつま芋とカスタード餡

＊カスタード餡(→142頁)。

◉ジャスミン茶とラムレーズン

◉ハスの実と桂花醤

＊桂花醤はキンモクセイの花の蜜漬け(→266頁)

◉茘枝紅茶とカラメルバナナ

＊カラメルバナナは「ココナッツタルトレット」(→194頁)参照。

◉黒ゴマと松の実とゆであずき

＊基本の生地150gにミキサーにかけた黒ゴマ30gを加える。

◉チョコチップとオレンジピール

[小麦粉を使った「糕」の事例]

蘋《ピン》果《グオ》馬《マー》拉《ラー》糕《ガオ》◉マーラーガオ カラメルリンゴとラムレーズン

【西洋のお菓子の味わいとやさしい柔らかさが混在】

【材料】セイロ(内径13cm×高さ3・5cm)3台分

マーラーガオ(→右頁)……基本分量

カラメルリンゴ(→198頁)……全量

ラムレーズン(→下記)……30g

硫酸紙

1 「冬瓜とリンゴのパイ」(→198頁)を参照してカラメルリンゴをつくる。

2 マーラーガオを右頁のつくり方のとおりにつくる。ただし、3のあとにカラメルリンゴ、ラムレーズンを加え混ぜる。

[自家製ラムレーズンのつくり方]

市販品があるが、ぜひ自家製を。レーズンは菜種油でコーティングしてあるので、ラム酒を染み込みやすくするために一度ゆでて、表面の油を落として、ふっくらさせる。ザルにあけて水気を切り、鍋でから炒りして水分がなくなりレーズンに粘りが出てきたら、熱いうちに浸かるくらいのラム酒に漬ける。密閉容器に移し、冷蔵保存。

＊オイルコーティングされていないレーズン(原材料名で確認)はそのままラム酒に漬ける。

蘋果馬拉糕：ペン グオ マー ライ ゴウ

［点心：甘い汁もの］

甜《ティエン》湯《タン》

緑豆、アズキ、白インゲンなどの豆類あるいはナツメ、アンズなどのドライフルーツやナッツを水で長時間煮たり、蒸したりした甘いスープ、または汁粉。漢方薬を加えた薬膳スープなど体にやさしいものが多い。砂糖は氷砂糖や黒糖に似た片糖（↓266頁）を使い、基本的には温かい状態で食べる。「沙」「露」「糊」「糖水」があり、とろみのつけ具合と使う食材が異なる。

豆に芋などを使った、いわば汁粉体にいいものを使うところが中国らしい

・甜湯の種類

とろみのつけ具合によって呼び名が変わる。材料も少し異なる。

◎沙《シャー》【豆類の汁粉】

緑豆、アズキ、白インゲンなどの豆類と水を鍋に合わせ、豆類が煮崩れるほど長時間煮た汁粉。
▼緑豆の汁粉（↓208頁）、「紅豆沙」（アズキの汁粉）など。

◎露《ルウ》【薄いとろみの汁粉】

杏仁、クルミなどのナッツと水をミキサーにかけて煮た汁粉。米やコーンスターチなどのデンプンを加えて薄いとろみをつけることもある。
▼クルミの汁粉（↓208頁）、アンズの仁の汁粉など。

◎糊《フウ》【とろみの強い汁粉】

黒ゴマ、白ゴマ、ピーナッツなどと水をミキサーにかけて煮たあと、米やコーンスターチなどのデンプンを加えて濃いとろみをつけた汁粉。
▼黒ゴマの汁粉（↓209頁）、ピーナッツの汁粉など。

◎糖水《タンシュエイ》【シロップ】

乾燥材料や漢方薬などと水を合わせて長時間煮たり、蒸したりしてつくるシロップ。
▼ハスの実とドライフルーツのシロップ蒸し（↓209頁）、ゆば、卵、銀杏のシロップ蒸しなど。

豆類

とろみづけの材料

［沙の事例］

麽《モー》麽《モー》咋《ヂャー》咋《ヂャー》◉マレーシア風汁粉

【ほのかに陳皮の香りがする体によさそうなお汁粉】

マレーシアから香港へ入ってきたココナッツの香り豊かなデザート。芋は香港ではタロ芋を使うが、さつま芋のほのかな甘さも合うと思う。香港では鍋で炊いてつくるため、豆やタロ芋がほどよく煮崩れて自然に濃度がついた温かい汁粉になる。ここでは冷たいデザートにしてみた。鍋にすべての材料を入れ、短時間煮れば温かいデザートになる。

【材料】8人分
アズキ……20g
緑豆……20g
白インゲン豆（手亡豆）……20g
水……600g
陳皮……少量
ココナッツミルク……150g
砂糖……70g
生クリーム……30g
さつま芋……100g
ゆり根（そうじしたもの→下記）……20枚
タピオカ……大さじ2（14g）
シロップ……適量
＊砂糖1対水3を煮溶かし、冷ましたもの。

1 豆類は水洗いして、陳皮と一緒に分量の水に一晩浸ける。

2 さつま芋40gは7㎜角に切り、ゆり根とともにさっとゆでる。シロップに浸けて約10分蒸し、冷めたら冷蔵庫に入れる。

3 さつま芋60gは1と一緒に約1時間半蒸す。豆が柔らかくなればトッピング用に120gとってシロップに浸け、冷やす。残りの豆と芋はミキサーにかけ、細かい網で漉す。

4 鍋に漉した3、ココナッツミルク、砂糖、生クリームを入れて沸かし、全体がなじめば、ボウルに移して冷やす。

5 タピオカは泳ぐほどたっぷりの熱湯でゆっくりとゆでる（写真a）。中心まで透明になればザルにあけて水洗いし、シロップに浸けて冷やす。
＊タピオカはデンプン質なので、湯の量が少ないと溶けて糊状になる。タピオカ25gにつき湯2ℓが目安。重量で約3倍に増える。

6 器に、2のさつま芋とゆり根、3のトッピング用の豆、5のタピオカを入れ、汁粉を注ぐ。

［ゆり根のそうじ］

1 水で洗う。外側からりん片を1枚ずつはずす。中心に近い部分はナイフの先で根元を切りとり、ほぐす（写真b）。

2 黒く汚れた部分はナイフで削りとり、水に浸ける（写真c）。

a

b

c

麽麽咋咋：モー モー ヂャー ヂャー

［沙の事例］

緑《リュイ》豆《トウ》沙《シャー》◉緑豆の汁粉

【粒々の豆の食感、お米の柔らかい甘さがおいしい】

【材料】2人分
緑豆……60g
米……7g
昆布……5g
水……1ℓ
砂糖……60g

1 緑豆、米は洗い、水に浸けて冷蔵庫に入れて一晩おく。

2 昆布は分量の水に約30分浸け、とりだして細切りにする。

3 鍋に緑豆、米、昆布、昆布の浸け汁を入れて沸かす。沸騰したら、アクをとり、火を弱めて材料が柔らかくなるまで約1時間半煮る。甘味をみながら砂糖を加えて煮溶かす。

生《ション》磨《モー》杏《シン》仁《レン》茶《チャー》◉アーモンド風味の汁粉

【杏仁豆腐風味のとろっとしたミルク】

【材料】2人分
南杏……35g
北杏……15g
＊ともにアンズの仁（→260頁）。
米……7g
水……350g
砂糖……30g
コンデンスミルク……40g
牛乳……50g
生クリーム……25g
［添え］
南杏、北杏適量を揚げるかローストする。

1 杏仁（南杏、北杏）と米を洗い、水200gに一晩浸ける。

2 ミキサーに1を入れ、細かくなれば布漉しする。

3 鍋に残りの水150g、2の汁、砂糖、コンデンスミルク、牛乳、生クリームを入れ、少し沸騰している火加減で10〜15分煮る。

4 適度なとろみがつけば器に盛り、火を通した杏仁を添える。
＊米で香りとゆるやかなとろみを補ったがコーンスターチで代用してもよい。

［露の事例］

合《ホー》桃《タオ》露《ルウ》◉クルミの汁粉

【カラメル味のヌガーを溶かしたようなナッティな味わい】

【材料】2人分
クルミ（殻、皮をとったもの）……50g
水……400g
砂糖……40g
コンデンスミルク……45g
生クリーム……20g
油……適量
［添え］
クルミの飴がらめ（→113頁）……適量

1 クルミは2〜3回湯をかえながらゆでて渋味を抜く。

2 クルミを150〜160℃の油で色づくまで揚げ、熱湯をかけて油を流す。

3 クルミ、適量の水をミキサーにかけ、目の細かい網で漉す。
＊水はミキサーがまわるくらいの量でよい。たくさん入れるとクルミが砕けにくい。

4 鍋に残りの水、3の漉しとった汁を入れ、少し沸騰している火加減で10〜15分煮る。

5 砂糖、コンデンスミルクを加えて煮溶かし、沸騰すれば生クリームを加え混ぜる。

6 器に入れ、クルミの飴がらめを添える。

左　合桃露：ハップ トウ ロウ ／ 中央　生磨杏仁茶：サン モー ハン ヤン チャー ／ 右　緑豆沙：ロック タウ サー

［露の事例］

椰《イエ》汁《ヂー》蜜《ミー》露《ルウ》珠《ヂュウ》◉タピオカ入りココナッツジュース

【ココナッツリキュールで香りをふわっと上品に仕立てた】

【材料】2人分
ココナッツミルク……150g
水……125g
砂糖……40g
生クリーム……20g
ココナッツリキュール……大さじ½
タピオカ（ゆでたもの）……大さじ2
メロン、パパイヤ……各適量
シロップ……適量
＊砂糖1対水3を煮溶かし、冷ましたもの。

【ココナッツミルクの代わりにココナッツミルクパウダーを使用した場合の配合】
ココナッツミルクパウダー……20g
牛乳……200g
砂糖……20g
水……50g
生クリーム……40g
ココナッツリキュール……大さじ1

1 鍋にココナッツミルク、分量の水、砂糖、生クリームを入れて沸かし、砂糖を溶かす。火を止めて冷まし、ココナッツリキュールを入れて冷やす。

2 タピオカはたっぷりの熱湯でゆでる（↓207頁）。中心まで透明になればザルにあけて水洗いし、シロップに浸ける。

3 メロン、パパイヤは小さな菱形に切る。

4 器に2、3を入れ、1のココナッツジュースを注ぐ。

［糊の事例］

芝《ヂー》麻《マー》糊《フウ》◉黒ゴマの汁粉

【白玉団子の中から甘酸っぱいオレンジの味がする。黒ゴマ汁粉はとろっ】

【材料】2人分
黒ゴマ……60g
水……200g
片糖（↓266頁）……30g
牛乳……20g
ココナッツミルク……25g
水溶きコーンスターチ（コーンスターチ大さじ2を水大さじ1で溶いたもの）……小さじ1〜2

［マーマレード団子］
白玉粉と浮き粉の生地（↓159頁）……60g
＊つくっておく。
オレンジマーマレード……50g
寒梅粉……4g

1 黒ゴマを香ばしくなるまでから炒りする。
＊白ゴマを少し加えて炒ると、火の通り具合がわかりやすい。

2 黒ゴマ、適量の水をミキサーにかけて、細かくなれば残りの水を徐々に加える。目の細かい網で漉す。
＊はじめに入れる水はミキサーがまわる程度の量でよい。

3 鍋に2、片糖、牛乳、ココナッツミルクを入れ、弱火で5〜6分煮る。水溶きコーンスターチを加えて混ぜ、とろみをつける。

4 マーマレード団子をつくる。フライパンにマーマレードと寒梅粉を入れて混ぜ、弱火にかける。混ぜながら加熱し、粘りが出てきたらとりだして冷ます。5gずつに分割し、丸めておく。

5 白玉粉と浮き粉の生地を10gずつに分割して碗状にのばし（↓32頁「手のひらでのばす」）、4の餡を「団子形」に包む（↓150頁）。湯を沸かして4〜5分ゆでる。

6 器に5の団子を入れ、熱い3の黒ゴマの汁粉を注ぐ。

［糖水の事例］

紅《ホン》棗《ザオ》燉《トゥン》蓮《リエン》子《ヅ》◉ハスの実とドライフルーツのシロップ蒸し

【ナツメの風味を抽出したシロップはホッとする味わい】

【材料】4人分
赤ナツメ……16個
＊紅棗（乾燥↓261頁）。
ハスの実（乾燥↓261頁）……12個
ゆり根（乾燥↓261頁）……16枚
イチジク（乾燥）……4個
水……800g
氷砂糖（砕く）……60g

1 ナツメは洗い、種をとる。ハスの実、ゆり根、イチジクは水洗いする。これらを水に一晩浸ける。

2 ハスの実は芽をとり（↓261頁）、ナツメ、イチジクと一緒にボウルに入れ、分量の水、氷砂糖を入れ、ラップをして約45分蒸す。

3 ゆり根を加えて、さらに30分蒸す。

4 具材をとりだし、蒸し汁を漉す。器に1人分ずつ具材と蒸し汁を入れ、紙かラップなどで蓋をして30分蒸す。
＊水滴が器に入らないように長時間蒸すので必ず蓋をする。写真は提供用に蓋をして紙で覆ったもの。

左　紅棗燉蓮子：ホン チョウ タン リン チー ／ 中央　芝麻糊：ヂー マー ウー ／ 右　椰汁蜜露珠：イエ チャップ マッ ロウ ヂュー

［点心：小吃］

小《シャオ》吃《チー》

小吃とは朝食、夜食、間食として食べられる軽食。量は少なめに盛るのが基本で、コース料理の先付けとしても出される。炒める、焼く、蒸すなど調理法はさまざまだが、つくりおきのできるものや、すぐに仕上げることのできるものが多い。量は少ないので味つけはやや濃いめに。「小吃」という言葉は、地方によっては、点心と混同して使われている。

量は少なめ、味つけは濃いめ

紅《ホン》油《ヨウ》煎《ヂェン》鱈《シュエ》魚《ユィ》白《パイ》◉タラ白子の煎り焼き 辛味ソース

【カリッとした衣ととろっとした白子の繊細な対比をラー油ソースで楽しむ】

【材料】2人分
雲子(→78頁)……100g
キュウリ……1本
塩……少量
油……適量

［衣］合わせる
片栗粉……大さじ2・½
卵白……大さじ2

［ソース］
紅油汁……適量

＊ラー油ソース(→106頁)。ただし、白子はクリーミーで味が濃厚なため、ここでは紅油汁の芝麻醤(ゴマペースト)を抜き、生姜(みじん切り)小さじ1、青ネギ(みじん切り)大さじ1を加えて軽めのソースにする。

1 雲子は塩少量でもみ、水洗いをしてぬめりをとる。熱湯でゆで、水洗いしてアクなどを除いたあと、一口大に切って水気をふきとる。

2 キュウリは皮をむき、縦2等分にし、長い薄切りにする。水に浸けてパリッとさせる。

3 ラー油ソースをつくる。キュウリを水気を切って筒状に丸めて皿に並べる。

4 1の雲子に塩少量をふり、衣を薄く塗って強火で両面を煎り焼く。キュウリの上に盛り、ソースをかける。

紅油煎鱈魚白：ホン ヤウ チン シュッ ユィ パック

鹹《シェン》蛤《ゴー》仔《ザイ》◉アサリの醤油漬け

【ふっくらとしたアサリ。その汁が旨みをプラス】

【材料】4人分

殻つきアサリ……500g

＊アサリは大きいものを選ぶ。

水……450㎖

青ネギ……1本

ニンニク……4片

生姜……10g

乾燥唐辛子（種をとる）……4本

レモン（薄切り）……2枚

塩……少量

［漬けダレ］

醤油……260㎖

酢……大さじ1

紹興酒……大さじ2

砂糖……大さじ4

水……400㎖

1 アサリは塩水に浸けて砂を吐かせる。殻をこするようにして水洗いし、水が澄むまで洗う。

2 浅くて大きな鍋にアサリ、分量の水を入れ、蓋をして弱火にかける。鍋を動かしながら、アサリが水に浸かっているようにする。

3 アサリの口が2～3㎜開けばとりだす。開かないものは除く。

4 青ネギ、ニンニク、生姜は叩いて香りを出す。

5 漬けダレを合わせて煮立て、冷ます。冷めたら、4、乾燥唐辛子、レモンを加える。

6 アサリが冷めれば5に加えて冷蔵庫へ入れる。半日ほどおくとよい。

花《ホワ》生《ション》小《シャオ》魚《ユィ》干《ガン》◉ジャコ、ピーナッツ炒め

【香ばしく炒ったジャコとカリカリしたピーナッツ】

【材料】2人分

しらす干し……70g

＊ジャコはちりめんじゃこのことで、イワシの稚魚を塩ゆでして干したもの。関東ではしらす干しという。

乾燥唐辛子（種をとる）……2本

豆豉（→266頁）……小さじ2

ニンニク（みじん切り）……小さじ1

生姜（みじん切り）……小さじ1

ピーナッツ（ローストしたもの）……40g

アサツキ（みじん切り）……大さじ3

油……小さじ2

［炒め調味料］

紹興酒……小さじ2

醤油……小さじ1

砂糖……小さじ1/3

ゴマ油……小さじ1

酢……小さじ1/2

1 しらす干しを鍋でカリッとなるまでから炒りし、とりだす。

2 鍋に油小さじ2を熱し、乾燥唐辛子をゆっくり炒める。豆豉、ニンニク、生姜と1を加えて軽く炒め、炒め調味料を順に加えて炒める。ピーナッツ、アサツキを入れてさっと炒めて仕上げる。

炒《チャオ》鱆《チャン》魚《ユィ》◉タコ辛味炒め

【コリコリしたタコとシャキシャキしたごぼうをストレートな辛味で食べる】

【材料】2人分

生ダコ……180g

ごぼう……60g

生赤唐辛子（粗みじん切り）……1/2本

ニンニク（みじん切り）……小さじ1

一味唐辛子……小さじ1/4

塩……適量

片栗粉……少量

油……小さじ2

［炒め調味料］

紹興酒……小さじ2

醤油……大さじ1

砂糖……小さじ1

水……大さじ1

ゴマ油……小さじ1

1 生ダコは適量の塩をふってよくもみ、水洗いする。水気をよく切って表面に2㎜幅で切り込みを入れ、一口大のぶつ切りにする。

2 ごぼうは5㎜角、4㎝長さの拍子木切りにして塩ゆでする。

3 炒め調味料を合わせておく。

4 1のタコに少量の片栗粉をまぶす。鍋に油小さじ2を入れて熱し、タコとごぼうを入れてさっと煎り焼く。生赤唐辛子、ニンニク、一味唐辛子を加え、3の調味料を加えて炒める。

左　炒鱆魚：チャウ チョン ユィ／中央　花生小魚干：ファ サン シュー ユィ コン／右　鹹蛤仔：ハム カップ チャイ

滑《ホワ》魚《ユィ》生《ション》◉中国風造り サラダ仕立て

【野菜と白身魚を中国風タレでさっぱりといただく】

【材料】2人分
鯛（上身。刺身用）……40g
＊鯛のほかイカ、ホタテ貝など、刺身用の魚介ならどれでもよい。
大根（細切り）……25g
ニンジン（細切り）……10g
貝割れ菜……¼束
生姜（細切り）……5g
アサツキ（4cm長さ）……½束分
大葉（細切り）……2枚
ラッキョウ（細切り）……1個
ピーナッツ（ローストしたもの）……10g
春巻の皮（2cm角に切り、揚げたもの）……1枚分

［調味油］
ピーナッツ油……30mℓ
ゴマ油……30mℓ

［合わせ醤油］
醤油……50mℓ
砂糖……小さじ2
レモン汁……大さじ1
ニンニク（みじん切り）……小さじ½

［鯛の下味調味料］
塩……少量
コショウ……少量

1 調味油、合わせ醤油をそれぞれ合わせる。大根、ニンジン、貝割れ菜は水に浸けてパリッとさせる。ピーナッツは粗刻みにする。

2 1の野菜の水気をしっかりふきとり、生姜、アサツキ、大葉、ラッキョウと混ぜて皿に盛る。

3 鯛を薄切りにして野菜の上に盛り、ピーナッツと春巻の皮をふる。鯛の身に下味調味料の塩、コショウをふりかける。調味油大さじ1をかけ、その上から合わせ醤油大さじ1をかけて全体を混ぜ合わせる。
＊提供する時にテーブル上で混ぜ合わせてとり分けてもよい。

蠔《ハオ》油《ヨウ》鮮《シェン》竹《ヂュウ》巻《ヂュエン》

◉ゆば巻き蒸し オイスターソース風味

【揚げた香ばしさをまとったゆばのコクと餡の旨みが広がる】

【材料】24個分
生の春巻餡（↓180頁）……基本分量
ゆば（半乾燥）……4枚
油……適量

［糊］混ぜ合わせる
小麦粉……大さじ3
水……大さじ2

［ソース］
紹興酒……大さじ2
砂糖……大さじ1・⅓
コショウ……少量
カキ油……大さじ2
中国たまり醤油……小さじ⅔
醤油……大さじ2
スープ……600mℓ
＊二湯、毛湯のいずれでもよい。
水溶き片栗粉……大さじ4〜6
ゴマ油……適量

1 ゆばは4枚を横3等分に切り、それぞれの中央に斜めに包丁を入れて、1枚につき台形を2枚ずつとる。

2 斜めの切り口が向こう側にくるようにゆばをおき、手前に餡約20gをのせて春巻と同じ要領で巻き（↓179頁「筒型」）、糊でとめる。

3 鍋にソースの紹興酒〜スープまでを入れて沸かし、水溶き片栗粉でとろみをつけ、ゴマ油を加え、バットにとりだす。

4 ゆばを約180℃の油で揚げ、表面に気泡をつくる。
＊揚げることで歯ごたえ、香りが出て、味も含みやすくなる。

5 4が熱いうちに3のソースに浸け、ゆばがしんなりするまでおく。器に盛り、ソースをかけて強火で約20分蒸す。
＊大量につくる時はソースに浸けたまま約15分蒸す。粗熱をとり、器に盛りつけ、ソースをかけて強火で約5分蒸す。

上　滑魚生：ワッ ユィ サン ／ 下　蠔油鮮竹巻：ホウ ヤウ シン チョック ギュン

葱香《ツォンシャン》拌《パン》二《アル》絲《スー》◉チャーシューとザーサイの和えもの

【甘味のあるチャーシューとザーサイの塩辛さをネギの辛味でキリリとさせる】

【材料】2人分
チャーシュー（→254頁）……60g
ザーサイ……30g
青ネギ……1本
ピーナッツ油……大さじ1
塩……少量

1 チャーシュー、ザーサイ、青ネギは細切りにする。

2 ザーサイは薄い塩水に浸けて余分な塩分を抜き、水気をふきとる。

3 器にチャーシュー、ザーサイを盛る。上に青ネギの細切りをのせ、ピーナッツ油大さじ1を熱してかけ、全体を和える。

＊スープ麺のトッピングにも使える（→225頁「チャーシューとザーサイ入り汁そば」）。

皮《ピー》蛋《タン》豆《トウ》腐《フ》◉ピータン豆腐

【豆腐に切り目を入れて味を染みやすくしたのがミソ。甘酸っぱさを加えたタレが新鮮】

【材料】1人分
絹ごし豆腐……½丁
ピータン……½個
＊殻をむいて一晩おく（→263頁）。
青ネギ（みじん切り）……大さじ1
ラッキョウ（みじん切り）……1個（10g）
ピーナッツ油……小さじ2

［ソース］
醤油……大さじ1
砂糖……小さじ½
コショウ……少量
ゴマ油……小さじ2

1 絹ごし豆腐は水切りをし、2㎜幅で厚みの½まで斜めに切り込みを入れ、皿に盛り、冷蔵庫で冷やす。

2 ピータンは、粗みじん切りにする。

3 ボウルにネギを入れ、熱したピーナッツ油をかけて香りを引きだす。ラッキョウ、ピータンを加え混ぜて豆腐の上にのせる。ソースを合わせてかける。

醉《ツェイ》海《ハイ》鮮《シェン》◉老酒漬け3種

【醤油と老酒に短時間漬けた簡単漬けもの】

【材料】4人分
かぶ……½個
ホタテ貝（生食用）……4個
イカ（ゲソ。生食用）……80g

［漬けダレ］
醤油……400㎖
紹興酒……400㎖
砂糖……50g
花椒……大さじ1
＊中国山椒（→263頁）。
ネギ……適量
生姜……適量
大葉……4枚
乾燥唐辛子（種をとる）……4本

1 かぶは茎を少し残して葉を切り落とす。皮をむき、くし形に8等分にする。

2 ホタテ貝は白く固い部分をとり除く。イカは吸盤をとり、水洗いして水気をふきとる。

3 漬けダレを合わせて、イカ、ホタテ貝は20分漬け、かぶは40分漬けてとりだし、漬けダレをしっかり切る。

4 イカ、ホタテ貝を適当な大きさに切り、かぶとともに盛る。

左　醉海鮮：チョイ ホイ シン ／ 中央　皮蛋豆腐：ペイ タン タウ フー ／ 右　葱香拌二絲：チョン ヒョン プン イー シー

陳《チェン》皮《ピー》鶏《ディ》雑《ザー》◉地鶏モツの煮込み　陳皮風味

【八角の香りがほのかにする甘辛のご飯のおかず】

【材料】4人分
鶏手羽先……4本
鶏の砂肝……4個
鶏の心臓……4個
鶏のレバー……165g
乾燥唐辛子(種をとる)……2本
陳皮(→264頁)……5g
桂皮(→263頁)……2g
八角(→264頁)……2g
長ネギ(筒切り)、生姜(薄切り)、
醤油、油……各適量
生姜酒(姜酒→268頁)……大さじ2

[煮込み調味料]
砂糖……35g
スープ……600㎖
＊二湯、毛湯のいずれでもよい。
氷砂糖……35g
醤油……大さじ2
塩……ひとつまみ
ゴマ油……大さじ1
酢……大さじ½

[下準備]
陳皮、桂皮、八角は布で包む。

1 手羽先は先の細い部分を切り落とし、2等分に切る。

2 257頁「鶏の内臓をそうじする」を参照して砂肝、心臓、レバーを下処理する。水洗いして、水気を切る。

3 手羽先に醤油をまぶして高温の油で揚げ、熱湯をかけて油抜きする。

4 生姜酒大さじ2を加えた熱湯1ℓで2をさっとゆでて、くさみ抜きをする。

5 鍋に油大さじ1と乾燥唐辛子を入れ、ゆっくり炒めて油に辛味を移してとりだす。煮込み調味料の砂糖を入れてカラメルをつくり、温かいスープ、氷砂糖、醤油、塩を加える。布で包んだ香辛料、ネギ、生姜、3と4を加えて約20分煮る。煮詰めてつやを出し、ゴマ油、酢を加えて仕上げる。

陳皮鶏雑：チャン ペイ カイ チャップ

灯《トン》影《イン》牛《ニュウ》肉《ロウ》◉牛肉のパリパリ揚げ 四川風

【「灯影」とは影絵のこと。四川省の伝統料理の一つ。カリッとしてピリッと辛い、軽い味わいのおつまみ】

c

b

a

【材料】 4人分

牛モモ肉(長さ6～8㎝、幅5㎝ほどの塊)……200g
香菜……適量
炒りゴマ……適量
油……適量

［タレ］
砂糖……大さじ2/3
塩……小さじ2/3
紹興酒……小さじ2
ゴマ油……大さじ2
ラー油……大さじ1・1/2
花椒油……小さじ2
＊中国山椒油(つくり方→267頁)。

1 牛肉は包丁が入る程度の固さに冷凍し、繊維に沿ってできるだけ薄く大きく切り、網に並べる(写真a～b)。風通しのよいところで乾燥させる(写真c)。
＊牛肉は赤身肉で長い繊維が縦に均一に走っているものが切りやすく、モモ肉がもっとも適している。
＊3～4時間で乾燥するが、扇風機などで風をあてると早く乾く。干した牛肉はできるだけ早く使うこと。そのままおいておくと色が黒っぽくなり、旨みもなくなる。

2 完全に乾燥した肉を低温の油でゆっくり揚げ、パリパリになればとりだす。

3 鍋にタレの調味料を合わせ、沸いてきたら火を止め、牛肉を入れてからませ、炒りゴマをふりかける。
＊調味料を煮詰めすぎると飴になって固まる。また、水分が多いとパリッとならないので、醤油、酢などは使わない。

4 バットに網をおいて牛肉をのせ、広げて冷ます。器に盛りつけて香菜を添える。
＊下に落ちたタレを適量、牛肉にかける。

灯影牛肉：タン イェン ガウ ヨック

香《シャン》蒸《チョン》海《ハイ》螺《ルオ》●まつぶ貝の冷製

【酸味があるソースで食べるひんやり、とろっとしたゼリーのつぶ貝】

【材料】4人分
まつぶ貝……24個
板ゼラチン（もどす→117頁）
……6g
トマト……4個
生姜（細切り）、香菜……各適量
椒麻汁……適量
＊花椒ソース（105頁）。

［下蒸し調味料］
水……1ℓ
紹興酒……80mℓ
塩……20g
花椒……小さじ1
＊中国山椒（→263頁）。
長ネギと生姜の端……各適量

［本蒸し調味料］
スープ……400mℓ
＊二湯、毛湯のいずれでもよい。
紹興酒……大さじ1
醤油……小さじ1・1/2
砂糖……小さじ1
塩……少量
乾燥唐辛子（種をとる）……1本

1 まつぶ貝はきれいに水洗いし、合わせた下蒸し調味料に浸けて約1時間蒸す。冷めれば竹串などで中身をとりだす（写真a）。

2 本蒸し調味料の材料を合わせ、1を入れて30分蒸す。板ゼラチンを加え混ぜて冷やし固める。
＊板ゼラチンは蒸し汁200mℓにつき3g使用する。

3 トマトは湯むきをし、6等分にして種をとる。

4 トマトの上に2をのせて器に盛り、生姜の細切り、香菜を添え、花椒ソースをかける。
＊「姜味汁」（生姜ソース→105頁）なども相性がよい。

a

香蒸海螺：ヒョン チェン ホイ ロー

軟《ルワン》酥《スウ》白《パイ》飯《ファン》魚《ユィ》◉白魚の甘辛炒め

【噛んでいるうちに飴の甘さ、香ばしさ、白魚の味、ニンニクの香りが順に顔を出す】

「白飯魚」とは「ご飯粒のような魚」という意味。

【材料】4人分
白魚……100g
乾燥唐辛子(種をとる)……2～3本
花椒……小さじ1
＊中国山椒(↓263頁)。
ニンニク(みじん切り)……大さじ1
生姜(みじん切り)……小さじ2
長ネギ(粗みじん切り)……大さじ5
大葉(細切り)、炒りゴマ、油
……各適量

[白魚の下味調味料]
塩……小さじ1/6
紹興酒……小さじ1
コショウ……適量
溶き卵……大さじ1

[衣]
小麦粉と天ぷら粉が1対2
……適量

[炒め調味料]
油……大さじ1～2
砂糖……大さじ2・1/2
生姜汁……少量
紹興酒……大さじ1
醤油……大さじ2
スープ……大さじ1
＊二湯、毛湯のいずれでもよい。
コショウ……少量
酢……大さじ1/2
ゴマ油……小さじ1/2

a

b

1 白魚は水気を切り、下味をつける。

2 炒め調味料の砂糖～酢までを小さなボウルに合わせせる。

3 白魚をザーレンにあけて余分な水気を切り、小麦粉と天ぷら粉を混ぜた衣を適量まぶし、170～180℃の油でカリッと揚げる。

4 鍋に炒め調味料の油を熱し、乾燥唐辛子、花椒を弱火で炒め、香り、辛味が油に移ればとりだす。

5 4の鍋にニンニク、生姜を加えて炒め(写真a)、2を入れて煮詰める。糸を引く状態になったら(写真b)、ネギ大さじ2、3の白魚を入れて調味料をからめ、残りのネギを入れて混ぜ、ゴマ油を加えて仕上げる。

6 バットに5を広げて粗熱をとり、炒りゴマと大葉の細切りを散らす。

軟酥白飯魚：ユン ソウ パック ファン ユィ

琥《フウ》珀《ポー》双《シュワン》鴨《ヤー》蛋《タン》◉ピータンのゼリー寄せ

【一口で食べること。甘くて、しょっぱい口の中での楽しいざわめき。アクセントは生姜の甘酢漬け】

【材料】流し缶(縦12㎝×横7.5㎝×高さ4.5㎝)1台分
ピータン……2個
塩漬け卵の黄身(↓263頁)……1個
甘酢生姜(↓268頁)……80g
茘枝……4個
＊フレッシュがなければ缶詰の龍眼を使う。
枝豆……サヤをとって15g
豚挽き肉……100g
香菜……適量

[豚挽き肉の下味調味料]
塩……少量
醤油……小さじ1
卵……½個
コショウ……少量
コーンスターチ……小さじ1
長ネギ(みじん切り)……大さじ1
生姜(みじん切り)……大さじ½
葱姜水(↓247頁)……大さじ3
ゴマ油……小さじ½

[ゼリー]
甘酢生姜の漬け汁……200㎖
塩……適量
板ゼラチン(もどす↓117頁)……8枚

[ソース]
姜味汁……適量
＊生姜ソース(↓105頁)。

a

b

1 ピータンは前日殻をむいておき(↓263頁)、8等分にする。塩漬け卵の黄身は5〜6分蒸して火を通し、適当な大きさに切る。

2 甘酢生姜は5㎜角の細切りにする。茘枝は4等分に切って、水気をふきとる。

3 枝豆はゆでて、氷水にとって色止めをする。薄皮をむいて水気をよくふきとる。

4 豚挽き肉はボウルに入れ、下味調味料を加えてよく練り、流し缶に広げて中火で約12分蒸して火を通す(写真a)。冷めたら1㎝角、7㎝長さの棒状に切る。

5 鍋にゼリー用の甘酢生姜の漬け汁を沸かして塩で味を調え、もどしたゼラチンを入れて溶かす。固まらない程度に冷ます。

6 流し缶に5を深さ7〜8㎜程度流し入れて氷水で冷やし、7〜8割固まってきたらピータン、茘枝、塩漬け卵の黄身、枝豆、豚挽き肉(写真b)、甘酢生姜を並べて、残りの5の液体を流し入れて、冷蔵庫に一晩入れて冷やし固める。

7 6を一口大に切って盛り、生姜ソース、香菜を添える。

琥珀双鴨蛋：フー パック ション アップ タン

麺・ご飯

麺粉《ミエンフェン》——麺・ビーフン

飯《ファン》——ご飯

麺《ミエン》粉《フェン》

「麺」は一般に小麦粉を練って細長く切った、あるいはのばした食品。「粉」は米などの粉で「麺」と同じようにつくったものを指す。

【麺】

・麺の種類──製法による分類

◎拉《ラー》麺《ミエン》【手延べ麺】

包丁を使わずに生地を両手で引っ張りながら細くのばしてつくる。

◎切《チエ》麺《ミエン》【切り麺】

生地を麺棒で薄くのばしてから、包丁で細く切る。

・切り麺いろいろ

──「切麺」には生麺、油で揚げた麺、乾燥麺などがある。

◎生《ション》麺《ミエン》【生麺】（写真左上）

打ちたての麺。卵麺、かん水入りの麺などがあり、滑らかで、コシがあり、スープ麺、焼きそばなどに使われる。

◎伊《イー》府《フウ》麺《ミエン》【油で揚げた麺】（写真右）

卵入りの麺を油で揚げた麺。揚げて麺の中に気泡をつくっているので、少量のスープを含ませる和え麺によい。

◎干《ガン》麺《ミエン》【乾燥麺】（写真左下）

生麺を乾燥させたもの。乾燥したエビの卵を麺に練り込んだ蝦子麺は細くて味と香りがあり、スープ麺、和え麺に向く。そのほか、卵麺、ホウレン草の汁で色づけた翡翠麺などがある。

特殊な形の麺

◎刀削麺《タオシャオミエン》【トウショウメン】

生地をまとめ、板や棒でささえ、湾曲した専用の包丁で削りとり、熱湯に落としていく。平たく少し長めで、断面が三角形になっているのが特徴。スープ麺にすることが多い。

◎猫耳朵《マオアルトゥオ》【猫耳麺】

生地を小さく切り、親指で押さえて湾曲させる。猫の耳の形に似ているので名づけられた。炒めものにすることが多い。

・麺の調理法いろいろ

◎湯麺《タンミエン》【スープ麺】

麺をゆでて器に入れ、スープを注ぐ。具は別に調理して麺にのせるかスープと一緒に煮込む。

◎炒麺《チャオミエン》【焼きそば・揚げ麺】

麺を炒めて具をからませたり、揚げた麺にあんをかけたりする。

◎拌麺《パンミエン》【和え麺】

ゆでて水気を切った麺に具やソースを混ぜ合わせるが、少し煮込んで調味料の味を含ませることもある。

◎煨麺《ウェイミエン》【煮込み麺】

麺はゆでてから煮込む場合と生麺を直接入れて煮る場合とがある。生麺を煮込むと麺についている小麦粉で汁にとろみがつく。

【ゆでる】

スープ麺は固め、冷麺は柔らかめにゆでる

◎スープ麺——ゆでたあと熱いスープに入れるため、少し固めにゆでる

1 たっぷりの熱湯によくほぐした麺を入れる。

2 箸で手早く混ぜる。麺の表面の小麦粉が溶けるので、湯が少ないと麺がべたついた状態になる。麺が底に沈むと焦げるので、ふたたび沸騰するまで混ぜる。

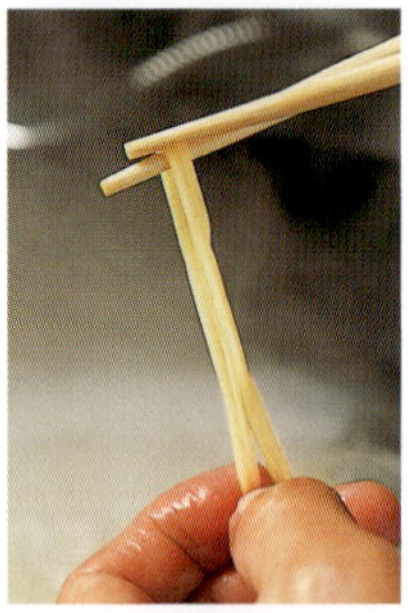

3 指で麺を押しつぶして、1本白い筋（芯）が見える程度、少し固めにゆでる。

4 湯をしっかり切る。

◎冷麺——ゆでたあと水洗いし、氷水で引きしめるので柔らかめにゆでる

1 たっぷりの熱湯にほぐして入れ、箸で手早く混ぜる。指で麺を押しつぶして、芯が残らないように柔らかくゆでる。

2 ザルにあげ、水を何度かかえながら手早くもみ洗いし、氷水に浸けて麺を引きしめる。

3 麺を氷水から引き上げ、上から握るように押さえて水気を絞る。

4 麺同士がくっつかないようにゴマ油を混ぜる。

【煎り焼く】

◎焼きそば

表面は香ばしく、中は柔らかくが基本

少量の油で麺の両面を煎り焼くことで、表面は香ばしく中は柔らかく焼き上げることができる。これを「両面黄（リャンミェンホワン）」という。

［下処理］——蒸してからゆでてストック。蒸すことで香りと食感がよくなる

1 生麺は油を薄く塗った穴あき鉄板によく火が通るように広げてのせ、強火で約3分蒸す。

2 写真右は蒸した麺、左は生麺。麺の黄色が濃くなり、香りと食感がよくなる。

3 たっぷりの熱湯で約1分ゆでる。水にとって洗い、ぬめりをとる。蒸すと余計な水分が入らないのでゆで上がりはボソボソした食感になる。

4 水気をよく切ってゴマ油、ピーナッツ油、醤油各適量で下味をつける（醤油で香りをつけ、油で乾燥を防ぐ）。ラップか固く絞ったぬれ布巾をかけておき、その日のうちに使い切る。

［本加熱］

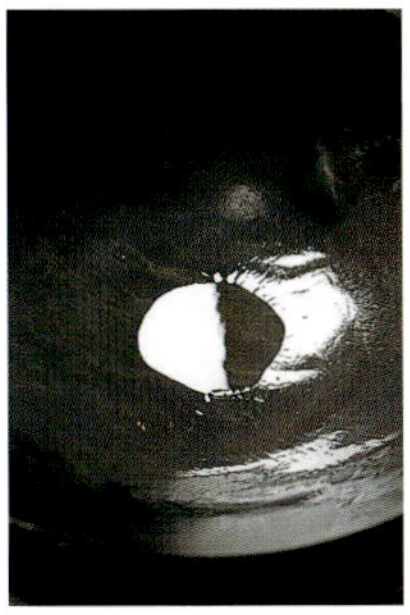

5 鍋に少量の油を入れる。麺1玉（110〜130g）で油大さじ2ほど。あとで油を加えるので、この段階で量が多いと油っぽくなる。麺を円盤状に広げて入れる。

6 油の量が少なく焦げつきやすいので、弱火で鍋をたえず動かしながら煎り焼く（→27頁「鍋を横に動かす」）。麺の周囲に焼き色がついてくれば焼けた証拠。裏返す。

7 油を加えて裏面も同様にまんべんなく焼き色がつくまで鍋を動かしながら焼く。煎り焼く油が多いと揚げ麺のように表面が固くなり、中も油っぽくなりやすい。

8 ザーレンにあけて油を切り、ペーパータオルにとりだして余分な油を切る。

【ビーフン】

米の粉を生地にして、小さな穴から押しだして熱湯に入れてゆでてつくる。調理法としては、スープに入れたり、炒めたり、煮込んだりする。ビーフンは「米粉」の福建語読み。台湾の新竹産が有名。幅の太いものは広東の沙河でつくられるものが有名なので、沙河粉（サーホーファン）、河粉（ホーファン）（以上は広東語読み）という。ベトナムのフォーも米の粉でつくられている。

◎ビーフンのもどし方

1 ビーフンは油を少量入れたたっぷりの熱湯に入れ、柔らかくなったら箸でほぐし、1分半ほどゆで、網ザーレンにとりだす。

▼

2 ボウルを重ねたザルの中に入れ、ラップをして2分蒸らす。
＊もどすと乾燥品の2倍強の重量になる（乾燥で70gが160gに）。

▼

3 固めにもどったら、それ以上余熱が入らないように皿に広げて冷ます。ラップか固く絞ったぬれ布巾をかけて乾燥を防ぐ。

◎焼きビーフン――ビーフンは炒める前に煎り焼いて、米の香りを引きだす

1 鍋にごく少量の油を入れ、もどしたビーフン（→右記）を端が出て焦げないように団子状にして入れる。弱火で煎り焼く。

▼

2 鍋をたえず動かしながら焼く（→27頁「鍋を横に動かす」）。裏を見て薄く色づいていたらひっくり返し、同様に焼く。ヘラで十字に切る。

▼

3 器にあけ、箸でほぐす。
＊ほぐれないほど固く焼いてはダメ。色もあまりつかない程度に煎り焼く。

▼

4 煎り焼くことで米の香りを引きだしてから、ほかの材料と炒め合わせる。

［スープ麺の事例］

叉《チャー》焼《シャオ》麺《ミエン》◉チャーシューとザーサイ入り汁そば

【あっさり味の中にチャーシューの甘い旨みとネギの香味が顔を出す】

【材料】1人分
生麺……1玉
チャーシュー（↓254頁）……30g
ザーサイ……7g
青ネギ（細切り）……10g
油……適量

［調味料］
ラーメンのタレ（左記）……大さじ2
ネギ油（↓267頁）……小さじ1
スープ……350mℓ
＊二湯、毛湯のいずれでもよい。

1 チャーシュー、ザーサイは細切りにする。
＊ザーサイの塩分が強い場合はしばらく薄い塩水に浸けて塩抜きをする。

2 鍋に油少量を入れ、チャーシュー、ザーサイを温まる程度に炒めてからとりだし、青ネギの細切りを混ぜる。

3 器にラーメンのタレ、ネギ油を入れる。

4 麺をゆでる（↓222頁「ゆでる・スープ麺」）。

5 スープを沸かして3に注ぎ、麺を入れ、2を盛りつける。

【ラーメンのタレのつくり方】

【材料】
玉ネギ（薄切り）320g、
生姜（薄切り）20g、
ニンニク（薄切り）30g、
ニンジン（薄切り）70g、
醤油900mℓ、味醂40mℓ、
砂糖30g、塩50g、昆布10cm、
油100mℓ

1 熱した鍋に油を入れ、薄切りにした玉ネギ、生姜、ニンニク、ニンジンをしんなりするまで炒める。

2 火を止めて醤油、味醂、砂糖、塩、昆布を加えて混ぜ、冷めたら冷蔵庫に入れる。1週間以上寝かせてから使用する。
＊スープ350mℓに対してラーメンのタレ大さじ2が1人分の分量。
＊時間をおくほど角がとれて味に丸みが出る。煮詰まって濃度が高く腐らないので、冷蔵庫で長期保存できる。

叉焼麺：チャー シュー ミン

［スープ麺の事例］

担《タン》担《タン》麺《ミエン》◉タンタンメン

【シャープな辛さにゴマと味噌風味のコクをプラス】

【材料】1人分

生麺……1玉
ホウレン草……1株
ザーサイ（みじん切り）……大さじ1
豚挽き肉の味噌炒め（炸醬肉末→下記）
……大さじ2
ネギ（粗みじん切り）……大さじ1
塩……適量

［スープの調味料］
酢……小さじ1
醬油……大さじ2・½
芝麻醬……大さじ3
＊ゴマペースト（つくり方→268頁）。
スープ……300㎖
＊二湯、毛湯のいずれでもよい。
花椒粉……少量
＊中国山椒（→263頁）の粉末。
ラー油……適量

1 ホウレン草は根元に十字の切り目を入れ、よく水洗いし、約4㎝長さに切る。ザーサイは薄い塩水に浸けて余分な塩分を抜き、水気をふきとる。

2 器にスープの調味料の酢、醬油、芝麻醬、ザーサイ、ネギを合わせる。

3 麺をゆでる（→222頁「ゆでる・スープ麺」）。麺をゆでる途中でホウレン草を網ザーレンにのせてゆで（写真a）水気を切る。

4 2の器に熱したスープを入れて調味料を溶く。湯を切った麺を入れ、ホウレン草、豚挽き肉の味噌炒めをのせ、花椒粉、ラー油を加える。

a

【炸醬肉末〈チャーヂャンロウモー〉〝豚挽き肉の味噌炒め〟のつくり方】

麻婆豆腐など用途が広い

【材料】
豚挽き肉100g
［調味料］
油大さじ2、
甜麺醬（→265頁）大さじ1、
紹興酒大さじ1、醬油小さじ2

1 熱した鍋に油大さじ2を入れ、豚挽き肉を入れ、中火でほぐすように炒める。

2 肉がほぐれてきたら火を弱め、甜麺醬、紹興酒、醬油を入れて甜麺醬をのばし、中火で炒め合わせる（写真b）。

3 挽き肉が調味料を吸い込み、周囲の油が透明になるまで炒め、とりだす（写真c）。
＊冷まして冷蔵庫で保存。長期は冷凍保存をする。前日に冷蔵庫へ移して解凍する。急ぐ場合は蒸すか電子レンジで解凍してもよい。

でき上がり

b

c

担担麺：タム タム ミン

［和え麺の事例］

四《スー》川《チュワン》担《タン》担《タン》麺《ミエン》◉黒酢 汁なしタンタンメン

【辛さと甘酸っぱさのシャープなとり合わせ】

【材料】1人分
生麺……½玉
ヤーサイ（芽菜。漬けもの→263頁）……刻んで小さじ⅔
豚挽き肉の味噌炒め（→右頁「炸醬肉末」）……大さじ1・½
ネギ（みじん切り）……大さじ2

［調味料］
黒酢……小さじ1・½
醬油……大さじ⅔
甜醬油（→267頁）……小さじ⅓
ゴマ油……小さじ1
ラー油……小さじ½
花椒油（→267頁）……小さじ1
塩……少量
麺のゆで汁……大さじ1・½

1 器に調味料の黒酢〜塩とヤーサイを合わせる。

2 麺をゆでる（→222頁「ゆでる・スープ麺」）。

3 1の器に麺のゆで汁を入れ、水気を切った麺を加え、豚挽き肉の味噌炒め、ネギのみじん切りをのせる。混ぜ合わせて食べる。

炸《ヂャー》醬《ヂャン》麺《ミエン》◉ジャージャン麺

【甘味噌味をセロリと紅芯大根でさっぱり味わう】

【材料】1人分
生麺……80g
キュウリ……¼本
紅芯大根……10g
ホワイトセロリ……5g
豚バラ肉……35g
椎茸……1枚
油……適量

［肉味噌の味つけ］
ニンニク（みじん切り）……小さじ½
甜麺醬（→267頁）……大さじ1
紹興酒……小さじ1
スープ……75㎖
＊二湯、毛湯のいずれでもよい。
醬油……小さじ2
水溶き片栗粉……小さじ2
ゴマ油……小さじ½

1 キュウリは皮をむく。キュウリ、紅芯大根は細切りにする。ホワイトセロリは5㎝長さに切る。

2 肉味噌をつくる。豚バラ肉は粗く刻み、包丁で叩く。椎茸は5㎜角に切る。鍋に油大さじ1、豚バラ肉を入れて炒める。色が白くなり、脂がにじみでてきたら、ニンニク、椎茸を加えて炒め、甜麺醬、紹興酒を加えて炒める。スープを加え、醬油で味を調えて少し煮詰める。水溶き片栗粉でとろみをつけ、ゴマ油を加える。

3 麺をゆでる（→222頁「ゆでる・スープ麺」）。

4 器に麺を入れ、野菜を盛り、肉味噌をかける。

上 四川担担麺：セイ チュン タム タム ミン／下 炸醬麺：ヂャー チョン ミン

［和え麺の事例］

麻《マー》醤《ジャン》麺《ミエン》◉ゴマ風味の和えそば

【とろんとしたゴマソースのあとに辛味がやってくる】

【材料】1人分

生麺（平打ち麺）……½玉

ゆで鶏……30ｇ

＊「ゆで鶏の辛味前菜」1〜4（↓96頁）を参照して鶏をゆで、さばく。ゆで汁を大さじ1残しておく。

ザーサイ（粗みじん切り）……大さじ1

ネギ（粗みじん切り）……大さじ2

香菜（ぶつ切り）……適量

［調味料］

鶏のゆで汁……大さじ1

芝麻醤……大さじ1・½

＊ゴマペースト（つくり方↓268頁）。

醤油……小さじ2

酢……小さじ1

塩……小さじ⅙

潮州辣椒油……小さじ1

＊潮州のラー油（↓266頁）。

1 ゆで鶏は細切りにする。

2 ザーサイは薄い塩水（分量外）に浸けて余分な塩分を抜く。

3 器に調味料、ザーサイ、ネギ、香菜を合わせる。

4 麺を半分の長さに切り、ゆでる（↓222頁「ゆでる・スープ麺」）。湯を切り、3の器に入れ、1を加えてざっくりと混ぜる。

＊ゆで鶏の代用に煎り焼いたササミを用いてもよい（↓97頁「エビとササミの辛味ソース和え」1）。その場合は鶏のゆで汁の代わりに湯を使う。

韮《チュウ》黄《ホワン》銀《イン》芽《ヤー》撈《ラオ》蝦《シャー》子《ヅ》麺《ミエン》◉シンプル和えそば

【カキ油で麺自体の旨みが生かされている】

【材料】2人分

蝦子麺（エビの卵麺）……2玉（90ｇ）

＊ゆでると約160ｇになる。

黄ニラ……50ｇ

モヤシ……50ｇ

油……適量

［調味料］

乾燥唐辛子（種をとる）……3本

ニンニク（みじん切り）……小さじ1

スープ……150㎖

＊二湯、毛湯のいずれでもよい。

カキ油……小さじ1・½

醤油……小さじ1・½

砂糖……少量

紹興酒……小さじ2

ゴマ油……小さじ2

1 たっぷりの熱湯に少量の油を加え、蝦子麺を1分ゆでてとりだし、湯を切る。麺を適当な長さに切る。

2 黄ニラは3㎝長さに切る。モヤシは根をとり、固めにゆでてクセをとる。

3 鍋に油少量を熱し、乾燥唐辛子、ニンニクのみじん切りを弱火で炒める。スープを加え、カキ油〜紹興酒までを加えて味を調え、1の麺を入れ、混ざったら火を強めて汁が少しだけ残る程度に軽く煮込む（写真a）。

4 モヤシ、黄ニラを加え、ゴマ油を加えて炒め合わせる。皿に盛り、好みで酢をかけて食べる。

a

上　麻醤麺：マー チョン ミン／下　韮黄銀芽撈蝦子麺：ガウ ウォン ガン ガー ロウ ハー ヂー ミン

涼《リャン》拌《パン》麺《ミエン》◉冷麺

【酸味のあるゴマダレで食べる「麺入りサラダ」といった味わい】

【材料】2人分
生麺……2玉
椎茸の旨煮（↓下記）……1枚
薄焼き卵（↓下記）……卵½個分
車エビ……2尾
ザーサイ……20g
キュウリ……½本
ゆで鶏……70g
＊「ゆで鶏の辛味前菜」1〜4（↓96頁）を参照して鶏をゆで、さばく。
プティトマト……2個
オクラ……1本
春巻の皮……1枚
青ネギ（粗みじん切り）……大さじ2
ゴマ油、塩、油……各適量

［椎茸の旨煮］
干し椎茸（もどして↓262頁）……1枚
スープ……150mℓ
＊二湯、毛湯のいずれでもよい。
紹興酒……大さじ½
醤油……大さじ½
砂糖……大さじ1
ゴマ油……少量

［薄焼き卵］
卵……½個
塩、沈殿片栗粉……各少量

［タレ］
生姜（みじん切り）……大さじ½
青ネギ（粗みじん切り）……大さじ2
マスタード……小さじ½
ラー油……適量
砂糖……大さじ1・½
酢……大さじ1
醤油……大さじ2・½
塩……ひとつまみ
芝麻醤……大さじ1・½
＊ゴマペースト（↓265頁）。
ゴマ油……小さじ1
スープ……25mℓ
＊二湯、毛湯のいずれでもよい。
レモン汁……¼個分

1 タレの材料の砂糖〜レモン汁までを合わせて、冷蔵庫で冷やす。

2 トッピングを用意する（下の写真。上から時計まわり方向に）。

A［椎茸の旨煮］もどした椎茸は石づきを除き、スープ〜砂糖までを入れた中で汁気が少なくなるまで弱火でゆっくり煮る。汁気がなくなれば、ゴマ油を加え混ぜてとりだす。冷まして7mm角に切る。

B［刻んだ青ネギ］

C［ザーサイ］ザーサイは粗みじん切りにし、薄い塩水に浸けて余分な塩分を抜く。

D［薄焼き卵］卵に塩、沈殿片栗粉を混ぜ合わせ、少し厚めの薄焼き卵をつくり、7mm角に切る。

E［キュウリ］キュウリは皮をむき、7mm角に切る。

F［車エビ］背ワタをとり、ゆでて殻をむき、7mm角に切る。

G［オクラ］オクラは塩もみし、そのままゆがいて冷水にとり、7mm幅に切る。

H［プティトマト］プティトマトは湯むきし、くし形に切る。

I［ゆで鶏］ゆで鶏は7mm角に切る。
＊ゆで鶏の代用に煎り焼いたササミを用いてもよい（↓97頁「エビとササミの辛味ソース和え」1）。

J［春巻の皮］春巻の皮は1cm角に切り、170℃の油で揚げる。青ネギを除いたA〜Iの材料を冷蔵庫で冷やしておく。

3 麺をゆでる（↓222頁「ゆでる・冷麺」）。

4 麺に春巻きの皮以外のトッピングとゴマ油を混ぜて器に盛る。1に生姜、ネギのみじん切りを加えてかける。春巻の皮をふり、ラー油、マスタードを添える。

［焼きそばの事例］

什《シー》錦《チン》炒《チャオ》麺《ミエン》◉五目あんかけ焼きそば

【具だくさんで旨みたっぷりのあんかけ焼きそば。麺はパリパリ】

【材料】1人分

生麺……1玉
豚モモ肉……20g
イカ……30g
エビ（下処理して↓97頁）……2尾
ヤングコーン……2本
ニンジン（飾り切りして↓下記）
……4枚
キクラゲ（もどして↓261頁）
……10g
ターサイ（↓259頁）……30g
椎茸……2枚
ネギ……15g
＊小口から1cm幅に斜めに切る。
生姜（飾り切りして↓下記）……5g
油……適量

［豚肉、イカ、エビの下味調味料］

紹興酒……小さじ1
塩……少量
コショウ……少量
卵白……小さじ1
片栗粉……小さじ1
油……少量

［あん］

スープ……150mℓ
＊二湯、毛湯のいずれでもよい。
紹興酒……小さじ1
塩……小さじ$\frac{1}{4}$
コショウ……少量
醤油……小さじ1
砂糖……小さじ$\frac{1}{2}$
水溶き片栗粉（↓42頁）
……大さじ2・$\frac{1}{2}$
ゴマ油……小さじ$\frac{1}{2}$

［ニンジン、生姜の飾り切り］

繊維に沿って、ニンジンは3cm角、生姜は1・5cm角の拍子木切りにする（長さは適当でよい。側面にはまっすぐに繊維が走る）。4つの側面、あるいは角に切り込みを入れ、小口から繊維に垂直に薄切りにする。

＊飾り切りにすると火の通りがよくなり、調味料がからみやすい。

1 豚モモ肉は薄切り、イカは飾り切りにする（↓26頁「羽根形薄切り」）。豚肉、イカ、エビに下味をつける。

2 ヤングコーンは縦半分に切る。ヤングコーン、ニンジン、キクラゲは固めにゆでる。ターサイは1枚ずつはがし、ぶつ切りにする。椎茸は斜めに薄切りにする。

3 麺を煎り焼き（↓223頁「煎り焼く・焼きそば」）、ハサミで4つに切って器に盛る。

4 鍋に油を160℃に熱し、椎茸、豚モモ肉、エビ、イカを油通しする。

5 鍋に油大さじ1を入れ、ネギ、生姜、ターサイを炒め、あんのスープ～砂糖までを加え、4の材料、ヤングコーン、ニンジン、キクラゲを入れる。味を調えて水溶き片栗粉でとろみをつけ、ゴマ油を入れて仕上げ、3の麺にかける。

＊好みで酢をかける。

什錦炒麺：サップ ガム チャウ ミン

沙茶《シャーチャー》蠔《ハオ》仔《ザイ》炒《チャオ》麺《ミエン》◉カキのあんかけ焼きそば

【上品な香辣醤がつくる奥行きのある旨みとふっくらしたカキ】

【材料】2人分
生麺……1玉
カキ(生食用)……6個
椎茸……2枚
米ナス……75g
赤ピーマン……½個
シシトウ……4本
油、片栗粉……各適量

[カキの下味調味料]
紹興酒……小さじ1
塩……少量
コショウ……少量
片栗粉……適量

[衣]
卵なしベーキングパウダーの衣(↓75頁)……基本分量

[あん]
青ネギ(3cm長さ)……3本分
ニンニク(粗みじん切り)……小さじ2
生姜(粗みじん切り)……小さじ2
沙茶醤(↓265頁)……小さじ1・½
香辣醤(↓265頁)……小さじ1・½
スープ……150mℓ
*二湯、毛湯のいずれでもよい。
紹興酒……大さじ1
醤油……小さじ1・½
カキ油……小さじ1・½
砂糖……小さじ½
水溶き片栗粉……大さじ1~2
ゴマ油……大さじ1

【カキの下処理】
表面の汚れをとるために、カキに塩少量、からみつく程度の片栗粉をふってもみ、片栗粉が汚れを吸着したら洗い流す。

1 カキは下処理をして(↓上記)、下味をつける。

2 椎茸は軸の柔らかい部分を残して石づきを除き、4等分にする。米ナスは厚さ2cmの輪切りにして6等分にする。

3 赤ピーマンは2cmの三角形に切る。シシトウはへたをとり、油がはねないように縦に1本切り込みを入れる。

4 麺を煎り焼く(↓223頁「煎り焼く・焼きそば」)。ハサミで4つに切って器に盛る。

5 油を175℃に熱し、米ナスを揚げる。途中で網ザーレンに赤ピーマン、椎茸、シシトウをのせて油に浸けて火を通す。

6 次にカキに薄く片栗粉を打ち、衣をつけて揚げる。

7 あんの材料の青ネギ、ニンニク、生姜、香辣醤、沙茶醤を少量の油で炒め、スープ~砂糖までを加えて味を調える。5の材料をもどし入れて30秒ほど煮込み、水溶き片栗粉でとろみをつける。ゴマ油、カキを混ぜ込み、麺にかける。

沙茶蠔仔炒麺：サー チャー ホウ チャイ チャウ ミン

［煮込みそばの事例］

雪《シュエ》菜《ツァイ》魚《ユィ》腩《ナン》麺《ミエン》

◉イシモチと雪菜の煮込みそば

【とろみがついて体が温まる】

魚はタラ、メバルなど
水炊き用の魚ならなんでもよい。
麺にかん水が含まれていると
煮込んでいるうちに
溶けでてスープの味を損なうので
かん水を使っていない麺で。

【材料】2人分
生麺（かん水なし）……1玉
イシモチ（上身）……120g
雪菜（缶詰。漬けもの）……35g
生姜（粗みじん切り）……大さじ1
青ネギ（粗みじん切り）……大さじ4

［魚の下味調味料］
塩……ひとつまみ
コショウ……少量
酒……大さじ½
卵……大さじ½
片栗粉……小さじ2

［煮込み調味料］
ネギ油……大さじ1
スープ……800㎖
＊二湯、毛湯のいずれでもよい。
塩……小さじ⅔
醤油……大さじ½
紹興酒……大さじ1
コショウ……小さじ½
ネギ油……大さじ½

1 魚は一口大に切り、下味をつける。

2 雪菜は水気を軽く切り、粗みじん切りにする。

3 鍋に煮込み調味料のネギ油大さじ1、生姜、雪菜を入れて炒める。煮込み調味料のスープ～コショウを加え、1と、麺をほぐしながら入れる。2～3分コトコト煮込み、魚と麺に火が通ればネギ油、ネギを加えて仕上げる。
＊麺についている小麦粉でとろみがつく。魚の大きさにより、煮込む時間は変わる。

［汁ビーフンの事例］

豆《トウ》豉《チー》蛤《ゴー》仔《ザイ》炆《ウェン》米《ミー》粉《フェン》

◉アサリ入りビーフンの煮込み

【生姜がきいたアサリスープがビーフンに染み込んでいる】

【材料】2人分
ビーフン（もどして↓224頁）
……160g
アサリ……12個
ニラ……50g
モヤシ……50g
油……適量

［アサリの下ゆで調味料］
ネギと生姜の端……各適量
紹興酒……大さじ2
水……250㎖

［煮込み調味料］
乾燥唐辛子（種をとる）……2本
ニンニク（みじん切り）……大さじ1
生姜（みじん切り）……大さじ1
豆豉（↓266頁。粒）……大さじ1
アサリのゆで汁……全量
紹興酒……大さじ1
醤油……小さじ1・½
カキ油……小さじ1・½
中国たまり醤油……小さじ1
砂糖……小さじ½
水溶き片栗粉……小さじ1
ゴマ油……大さじ1

1 ビーフンはもどしておく（↓224頁「ビーフンのもどし方」）。

2 鍋に油大さじ1を入れ、アサリの下ゆで調味料のネギと生姜の端、アサリを入れて炒め、紹興酒、水を加え、蓋をしてしばらく煮る。口が開いたらすぐにとりだす。ゆで汁は漉しておく。
＊口が開いたらすぐにアサリをとりだすのがふっくらさせるコツ。

3 ニラは4㎝長さに切る。モヤシは根をとり、固めにゆでてクセをとる。

4 鍋に油大さじ2と煮込み調味料の乾燥唐辛子、ニンニク、生姜を炒める。豆豉を炒め、アサリのゆで汁、紹興酒～砂糖までを加えて味を調える。ビーフン、アサリを入れ、ビーフンに煮汁を吸わせるように軽く煮込む。モヤシ、ニラを加え、水溶き片栗粉で軽くとろみをつけ、ゴマ油で仕上げる。

上　雪菜魚腩麺：シュッ チョイ ユィ ナム ミン／下　豆豉蛤仔炆米粉：タウ シー カップ チャイ マン マイ ファン

［焼きビーフンの事例］

家《ヂャー》郷《シャン》炒《チャオ》米《ミー》粉《フェン》◉家庭風焼きビーフン

【干しエビと高菜の酸味がつくる思いがけないおいしさ】

【材料】2人分

ビーフン（もどして↓224頁）……160g
豚バラ肉……30g
玉ネギ……⅓個（60g）
ニンジン……15g
ニラ……50g
高菜の漬けもの（水気を絞って）……15g
モヤシ……50g
干しエビ（もどして↓262頁）……5g
ニンニク（粗みじん切り）……小さじ1
油……適量

［調味料］
スープ……大さじ3
＊二湯、毛湯のいずれでもよい。
塩……小さじ⅓
醤油……小さじ1
砂糖……小さじ½
ゴマ油……小さじ1
黒粒コショウ（粗みじん切り）……適量

a

1 豚バラ肉、玉ネギ、ニンジンは細切りにする。ニラは4cm長さに切る。高菜は粗みじん切りにする。

2 モヤシは根をとる。

3 調味料のスープ～砂糖までをボウルに合わせる。

4 鍋に油少量を熱し、弱火で焦げないように鍋をゆすりながらビーフンを煎り焼き、皿にとる（↓224頁「焼きビーフン」1～3）。
＊野菜を炒める時に油を加えるので、この段階では油はできるだけ入れない。

5 ニンジン、モヤシは塩適量（分量外）を入れた熱湯でさっとゆで、とりだして水気を切る。

6 鍋に油大さじ1、干しエビ、豚バラ肉、ニンニクを入れて炒める。高菜を加えて炒め、5の材料と玉ネギ、ビーフンを入れ、鍋の周囲から薄煙が立つまで炒め合わせる（同頁4）。

7 3の合わせた調味料を入れて（写真a）スープがなくなるまで強火で炒める。ニラを入れて炒め、仕上げにゴマ油を加え、黒コショウをふる。

家郷炒米粉：ガー ヒョン チャウ マイ ファン

飯《ファン》

[麺・ご飯：ご飯]

米はインドの北東から中国の雲南省が原産地といわれている。日本のみならず東南アジアの主食である。中国では「北麺南飯（ベイミェンナンファン）」といわれるように、長江以北は主食として小麦粉製品が食べられ、南部では米が主食となっている。

・米の種類

米は大きくジャポニカ米とインディカ米に分類される。

◎インディカ米【外米】（写真右）

長粒で、水分が少ない。粘りの成分であるアミロペクチンの含量が少ないので炊いてもサラサラして粘らない。インド、中国南部、東南アジア、アメリカなどが主な生産地。世界の米生産量の80％以上を占めている。

▼蒸しご飯、チャーハンなどの料理に向いている。

◎もち米（写真中央）

乳白色で、粘りの成分のアミロペクチンを多く含むため、米の中では一番粘りがある。ほかの米と違って吸水力が弱いので、使用する時は一晩水に浸けるなど十分浸水させてから蒸すことが必要。白玉粉、もち粉、寒梅粉などはもち米を原料としてつくられる。

◎ジャポニカ米【うるち米】（写真左）

日本で一般に食べられている米。短粒で、水分を多く含む。もちもちした食感があって冷めても粘り気がある。寒冷な気候に比較的強く、日本、朝鮮半島、中国東北部、台湾、オーストラリアなどでつくられているが、世界の米生産量の15％に満たない。

・調理法とポイント

◎炒飯《チャオファン》【チャーハン】

◉五目チャーハン （↓240頁）

1 材料は小さく切る。火の通りにくい材料は前もって加熱しておく。

2 鍋に油（ネギ油）を入れる。油の量は卵1個に対し大さじ1が目安。多いと仕上がりがべたつく。薄煙が立てば卵を入れる。

3 ゆすると卵全体が動くくらいの時（写真）にご飯を入れる。温度が高すぎると焦げ、低いと卵が鍋にはりつく。鍋底に焦げついたらはがす。

4 ご飯を入れたら鍋をあおって素早くひっくり返す。タイミングが遅いと卵が固まり、ご飯と混ざらない。ご飯に卵をコーティングするイメージで炒める。

5 鍋を大きく素早くゆり動かすと、上部にご飯の塊が浮いてくる。鍋を返すのが苦手な場合はヘラなどで返すとよい。

▼

6 玉杓子の裏や縁で軽く叩くようにしてご飯、卵の塊をほぐす。

▼

7 ゆすっては塊をほぐす操作をくり返す。

▼

8 具材を加えて炒め、調味料で味を調え、仕上げに醤油を加えて香りをつける。

［ポイント］

1 火の通りにくい具材、水分の多い具材は下加熱をしておく。

2 具材は油や水分をできるだけとっておく。

3 温かいご飯を使う。冷たいご飯は油、卵となじみにくいので、室温にもどすか電子レンジで温める。

4 炒める時に卵が吸い込んだ油は炒めている間に熱せられて外に出てくる。その油を使いながらご飯を炒める。油を足しながらチャーハンをつくると最後に油っぽい仕上がりになりやすい。

5 鍋は火からなるべく離さないようにしてふる。鍋の温度が下がると、ご飯がほぐれにくい。また炒める時間も長くなる。火力に対して炒める量が多い場合は、ヘラでひっくり返す動作を併用してつくると熱効率もよい。

・失敗例［チャーハン］

［写真は左が失敗、右は成功例］

Q1 卵がご飯にからまなかった（左）

A1 卵にご飯を入れるのが遅れたから

卵に火が通りすぎて卵焼きのような状態になるとご飯にからまず、卵だけが大きな塊のまま残る。卵が半熟の時に加えればご飯粒に卵がからまりながら火が通っていくため、黄金色に仕上がり、卵も細かくほぐれる。卵がからまるとご飯もほぐれやすくなる。

Q2 うまくご飯がほぐれなかった

A2 鍋をあまりゆすらなかったから

鍋を素早くゆり動かしてご飯の塊を浮かしてほぐさないとパラパラにならない。右記の基本のつくり方5～6のように早い段階で塊を見つけてほぐすとよい。

◎粥《チョウ》【粥《かゆ》】

◉広東式白粥（→246頁）

1 米は水洗いして1〜2時間水に浸け、ザルか網ザーレンにあげて水気を切り、ピーナッツ油をまぶす。油をまぶすことで焦げつきにくくなる。

2 ゆばは2㎝角に切る。大地魚（干し魚→262頁）の粉末はさらしで包む。ゆばと大地魚は中国粥に旨みを加える役割。

3 鍋に分量の水を入れ、強火にかける。沸騰したら米を入れる。沈むと焦げやすいため、木杓子で鍋底から混ぜる。

4 再沸騰したら2のゆば、大地魚を入れる。ふきこぼれない程度（米が踊っている状態）の火加減で時々かき混ぜながら煮る。

5 約1時間、約3分の1量になるまで煮込む。米が半ばつぶれたら、大地魚をとりだす。

◎鍋《グオ》巴《パ》【おこげ】

◉おこげの五目あんかけ（→248頁）

1 あんをつくる。仕上げにとろみをつける。

2 おこげを160〜165℃の油に入れ、全体が油に浸かるように玉杓子や網ザーレンでかき混ぜながら均一に火を通す。

3 おこげが膨らんだら温度を上げて色づける。網ザーレンに少しとって玉杓子で叩いてみる。簡単に割れるくらいになっていればとりだす。

4 熱いあんを揚げたてのおこげにかける。ジャーッと音がするとじょうずに揚げた証拠。

◎煲飯《パオファン》【炊き込みご飯】

●ザーサイと鶏肉の炊き込みご飯（↓250頁）

1 米を洗ってザルか網ザーレンにあげて30分ほどおき、水気を切る。

2 土鍋に洗い米、洗った米と同容量の水、下処理した具材を入れ、蓋をして強火にかける。沸騰したら中火にして約6分炊く。

3 米の表面に穴があいた状態になれば弱火にして10分炊き、仕上げに強火にして1分炊いて余分な水分を飛ばす。

4 パチパチ音がして香ばしいにおいがしたら火を止めて10分蒸らす。炊き上がったご飯に下処理した彩りの青野菜やタレを加えて混ぜる。

◎蒸飯《チョンファン》【蒸しご飯】――最後に彩りの野菜をのせるのが常

【ご飯から】

●スペアリブの蒸しご飯（↓251頁）

1 しっかりした味つけの肉料理（ここではスペアリブの蒸しもの 豆豉風味）をご飯の上にのせて蒸す。

2 焼きもの用ソース（↓84頁）を適量かけて仕上げる。蒸し上がる少し前に、下煮用スープ（↓63頁）などで煮ておいた青野菜を加える。

【米から】

●塩漬け魚と豚肩ロースの蒸しご飯（↓251頁）

1 米を洗ってザルか網ザーレンにあげ、30分ほどおいて水気を切る。

2 底が広く平らな器に、米、水、ネギ油、塩漬け魚などの旨みの出る材料を入れて表面をならし、強火で蒸す。

3 米が蒸し上がったら下処理して味をつけた肉などの具材をのせてさらに数分強火で蒸して火を通す。

4 下処理した野菜を加えて少し蒸して温める。でき上がりにネギ油、醤油などを加え混ぜる。

◎粽《ツォン》子《ヅ》【ちまきご飯と包み方】

ちまきご飯

◉栗と豚肉入りちまき （↓253頁）

1 もち米を洗って水に一晩浸けたあと、ザルかザーレンにあげて水気を切る。鍋に油少量を入れ、タケノコ、椎茸などを炒める。

▼

2 下加熱した豚肉を鍋にもどして煮込み調味料を加え、弱火で蓋をして煮込む。肉が柔らかくなれば具を引き上げ、煮汁が5分の2量になるまで煮詰める。

▼

3 別鍋にネギと生姜の切れ端、干しエビを入れて炒める。香りが油に移ったらネギ、生姜をとりだし、もち米を入れて炒めて香りのついた油をからませる。

▼

4 2の煮汁を加え、もち米が煮汁を吸い込むまで炒め、バットにとりだして粗熱をとる。

ちまきの包み方

1 笹の葉は表を上、葉先を手前に持ち、手前3分の1のところを折る。右端を1㎝折り込む。

▼

2 折った端を下にして薬指、小指で押さえて左手で持つ。上を開いてV字形のくぼみをつくる。

▼

3 ちまきご飯1個分の半量を中央をくぼませてのせ、具材を入れる。

▼

4 残り半量のご飯を具材を覆うようにのせ、葉を両手の人さし指で手前に倒す。

5 笹の葉の軸を持ってしっかりかぶせ、正三角形に形づくる。

▼

6 余った葉と軸は左側に折り込み、イグサで縛る。蒸すと米が膨らむので、ゆるめに縛る。

▼

7 余分な軸とイグサは切る。

◎

焼味飯《シャオウェイファン》

【焼きもののせご飯】——焼きもの、煮込みを熱いご飯にのせたもの

◉チャーシューとゆで鶏のご飯 （↓254頁）

1 焼きもの、または煮込んだ具材は食べやすい大きさに切り、温かいご飯にのせる。焼きものが冷めている場合は焼きもの用ソース（↓84頁）の中で温める。

▼

2 焼きもの用ソースを熱してかける。彩りとして、下煮用スープ（↓63頁）で調味した野菜を添えることが多い。

ひと口メモ

広東の焼味飯《シュウメイファン》（この囲み内のルビはすべて広東語読み）

広東料理の厨房は大きく三部門に分かれる。一つは料理の製作を担当する部、二つめが点心、三つめが焼きものや特殊な煮込みを担当する「焼烤滷味部（シューハウロウメイポウ）」である。前菜や焼味飯はこの焼烤滷味部が担当する。「焼烤」は「直火焼きと窯焼き」という意味で、ローストダック、チャーシュー、子豚の丸焼きなどが代表的な料理（↓80頁「焼く」）。「滷味」は特殊な煮込み用のタレでつくられる料理だ。タレには塩味、醤油味のものなどがあり、鶏、ハト、豚うで肉、手羽先などを煮込む。

焼味飯では、チャーシュー、ゆで鶏、ローストダック、子豚の焼きものをのせたものがポピュラーで、それぞれ「叉焼飯（チャーシューファン）」「切鶏飯（チッガイファン）」「焼鴨飯（シューアップファン）」「乳猪飯（ユィヂューファン）」という。ランチでよく出る料理でテイクアウトもできる。

［チャーハンの事例］

什《シー》錦《チン》炒《チャオ》飯《ファン》◉五目チャーハン

【さっぱり味のパラパラチャーハン】

【材料】1～2人分
ご飯……200g
卵……1個
チャーシュー（↓254頁）……60g
ロースハム……10g
グリーンアスパラガス……1本
エビ（下処理して↓97頁）……2尾
マッシュルーム……2個
ネギ（粗みじん切り）……大さじ2
油……適量
ネギ油……大さじ1

［マッシュルームの炒め調味料］
塩……少量
コショウ……少量

［チャーハンの調味料］
塩……小さじ1/3
コショウ……少量
醤油……小さじ1/3

1 チャーシュー、ロースハム、グリーンアスパラガスは8㎜角に切る。

2 エビ、アスパラガスはさっとゆでて水気をとる。エビは1㎝角に切る。

3 マッシュルームは1㎝角に切り、軽く炒めて炒め調味料で味つけする。
＊火の通りにくいものは下加熱しておく。

4「調理法とポイント・チャーハン」2～7（↓234頁）の要領でネギ油を熱して溶き卵、ご飯の順に入れて卵チャーハンをつくる。

5 ご飯がほぐれて十分に熱くなったら、チャーシュー、ロースハム、エビ、マッシュルームを入れて炒める。

6 塩、コショウで味を調え、ご飯がパチパチと音を立てるようになるまで鍋をふる。アスパラガス、ネギを加えて2～3回鍋をふり、最後に醤油を加えて香りをつけて仕上げる。

什錦炒飯：サップ ガム チャウ ファン

Ｘ《エックス》Ｏ《オー》醤《ヂャン》蛤《ゴー》仔《ザイ》炒《チャオ》飯《ファン》◉アサリと蟹肉のチャーハン

【ふっくらしたアサリとＸＯ醤の旨みのリッチな味わい】

【材料】1〜2人分
ご飯……200g
アサリ……15個
蟹肉（火を通したもの）……30g
グリーンアスパラガス……1本
レタス……30g
卵……1個
生姜（粗みじん切り）……小さじ2
ネギ（粗みじん切り）……大さじ1
塩、油……各適量

［アサリ蒸し煮用調味料］
紹興酒……適量
ネギと生姜の端……各適量

［チャーハンの調味料］
ＸＯ醤……大さじ2
塩……小さじ¼
コショウ……少量
醤油……小さじ⅓
アサリの蒸し煮汁（ご飯が固めなら）……適量

1 アサリは一晩塩水に浸け、砂を吐かせる。水が澄むまで殻をこするようにして2〜3回、水をかえながら洗う。鍋にアサリが浸かる程度の湯を沸かし、アサリ、紹興酒、ネギと生姜の端を加えて蓋をし、弱火でアサリの口があくまで蒸し煮にする（写真a）。口が開いたら身をとりだし、煮汁は漉す。

＊あらかじめアサリに火を入れておくと、これ以上固くならない。冷凍やむき身を使う場合は、熱湯の中をくぐらせて水分をよくふきとる。

2 蟹肉はほぐす。グリーンアスパラガスは5〜6㎜幅に切る。レタスは1㎝角に切る（写真bはアサリ以外の材料すべて）。卵は溶きほぐす。

3 アスパラガスはゆがいて、水気をふきとる。

4 「調理法とポイント・チャーハン」2〜7（→234頁）の要領で油大さじ1を熱した鍋に溶き卵、ご飯の順に入れて卵チャーハンをつくる。

5 ご飯がほぐれて十分熱くなれば、蟹肉、アサリ、アスパラガス、ＸＯ醤を入れて炒める。

6 塩、コショウで味を調え、ご飯がパチパチと音を立てるようになるまで鍋をふる。
＊ご飯が固めであればアサリの蒸し煮汁をこの段階で入れる。

7 醤油を加え、ネギ、生姜、レタスを加えて2〜3回鍋をふって仕上げる。

a

b

XO 醤蛤仔炒飯：エックス オー チョン カップ チャイ チャウ ファン

鹹《シェン》魚《ユィ》鶏《ディ》粒《リー》炒《チャオ》飯《ファン》◉塩漬け魚のチャーハン

【塩漬け魚の塩味と旨みで引き立つあっさりチャーハン】

【材料】1～2人分
ご飯……200g
卵……1個
塩漬け魚……7g
＊鹹魚（↓263頁）。
鶏モモ肉（皮なし）……25g
レタス……15g
玉ネギ（粗みじん切り）……10g
生姜（粗みじん切り）……大さじ½
ネギ（粗みじん切り）……大さじ2
油……適量

［鶏肉の下味調味料］
塩、醤油、コショウ、紹興酒、卵、片栗粉、油……各適量

［チャーハンの調味料］
塩……少量
コショウ……少量

1 塩漬け魚は、5㎜角に切る。

2 鶏肉は7～8㎜角に切り、調味料で下味をつける。

3 レタスは3～4㎜幅の細切りにする（写真a。カットした具材）。

4 鍋に油大さじ2を入れて鶏肉を弱火で炒め、とりだす。

a

5 鍋に油大さじ1、塩漬け魚、生姜を入れて弱火で炒め、香りが立てば油ごと器にあける。

6 鍋に油大さじ1・½、玉ネギを入れて弱火で炒める。

7 6の鍋で卵、ご飯を「調理法とポイント・チャーハン」2～7（↓234頁）の要領で炒め、卵チャーハンをつくる。

8 ご飯がパラパラになったら、5と4の鶏肉を加えて炒め、塩、コショウで味を調える。
＊塩漬け魚の塩分が加わるので、塩の量は加減する。油の量が多いようなら塩漬け魚を炒めた油は加えない。味見して加減する。

9 火を強めて鍋をふり、ご飯がパチパチと音を立てるようになれば、ネギ、レタスを加えて2～3回鍋をふって仕上げる。

鹹魚鶏粒炒飯：ハム ユィ カイ ラップ チャウ ファン

福《フゥ》建《ヂェン》炒《チャオ》飯《ファン》◉あんかけチャーハン

【ふっくらした具がおいしいあんと、パラリとしたチャーハン】

具だくさんのあんをかけたチャーハンは香港では「福建炒飯」といって人気がある。

【材料】1〜2人分
ご飯……200g
卵……½個
干し貝柱（もどして→262頁）……½個
鶏モモ肉（皮なし）……10g
エビ（下処理して→97頁）……10g
白身魚……10g
干し椎茸（もどして→262頁）……10g
グリーンアスパラガス……1本
油……適量

［鶏肉、エビ、白身魚の下味調味料］
塩、コショウ、紹興酒……各少量
卵……小さじ2
片栗粉……小さじ½
油……適量

［あんの調味料］
スープ……100㎖
＊二湯、毛湯のいずれでもよい。
貝柱のもどし汁……大さじ1
カキ油……小さじ1・½
醤油……小さじ1
砂糖……小さじ⅕
コショウ……少量
中国たまり醤油……小さじ¼
水溶き片栗粉……小さじ1
ゴマ油……小さじ⅓
ピーナッツ油（あれば）……1〜2滴

1 干し貝柱は白い筋を除いてほぐす。残りの具材は7〜8㎜角に切る。

2 鶏肉、エビ、白身魚は下味をつける。

3 グリーンアスパラガスは固めにゆでて、水気をふきとる。

4 鍋に油大さじ3を熱し、鶏肉、エビ、白身魚を弱火で炒めて火を通し、とりだす。

5 「調理法とポイント・チャーハン」2〜7（→234頁）の要領で油大さじ1を熱して溶き卵、ご飯の順に入れて炒め、卵チャーハンをつくる。器に盛る。

6 鍋にあんの調味料のスープ〜中国たまり醤油までを入れて煮立て、味を調え、干し貝柱、エビ、鶏肉、白身魚、椎茸を入れてひと煮立ちさせる。

7 アスパラガスを加え、水溶き片栗粉でとろみをつけ、ゴマ油、ピーナッツ油を加えて香りをつけ、チャーハンにかける。

福建炒飯：フォック ギン チャウ ファン

鮑《パオ》汁《ヂー》鱆《チャン》魚《ユィ》飯《ファン》◉タコ入りチャーハン

【リゾット感覚のチャーハン】

【材料】2人分
ご飯……200g
卵……1個
干しダコ(もどして→262頁)……15g
干し貝柱(もどして→262頁)……½個
鶏モモ肉(皮なし)……15g
チャーシュー(→254頁)……5g
干し椎茸(もどして→262頁)……⅓枚
グリーンアスパラガス……2本
油……適量

[鶏肉の下味調味料]
塩、醤油、コショウ、紹興酒、卵、片栗粉、油……各適量

[チャーハンの調味料]
スープ……50㎖
*二湯、毛湯のいずれでもよい。
貝柱のもどし汁(あれば)……大さじ1
塩……少量
カキ油……小さじ⅔
醤油……小さじ⅔
砂糖……小さじ¼
中国たまり醤油……小さじ⅔
水溶き片栗粉……小さじ1
ゴマ油……適量

1 タコは粗みじん切り(足の部分は固いので薄切り)にする。干し貝柱は固い白い筋を除いてほぐす。
*干しダコを使うと乾物特有のいい香りがする。生ダコ、ゆでダコでつくると、タコ本来のコリコリする食感を楽しめる。

2 鶏モモ肉、チャーシュー、椎茸、グリーンアスパラガスは7～8㎜角に切る。

3 鶏肉に下味をつけ、アスパラガスをさっとゆでで、水気を切る。

4 鍋に油大さじ1を熱し、鶏肉を弱火で炒め、とりだす。
*生ダコを使う場合はここで加えて炒め、ゆでダコの場合は仕上げに加える。

5 鍋にスープ～中国たまり醤油を熱し、アスパラガスと卵以外の具材を加え、ひと煮立ちさせる。水溶き片栗粉でとろみをつけてゴマ油を入れ(写真a)、器に移す。

6「調理法とポイント・チャーハン」2～7(→234頁)の要領で油大さじ1を熱して溶き卵、ご飯の順に入れて炒め、卵チャーハンをつくる。

7 チャーハンが十分に熱くなれば、アスパラガス、5を入れ、水分を飛ばしながらご飯にからめるように炒める(写真b)。

a

b

鮑汁鱆魚飯：パウ チャップ チョン ユィ ファン

生炒《ションチャオ》臘《ラー》味《ウェイ》糯《ヌオ》米《ミー》飯《ファン》◉腸詰入りもち米のチャーハン

【炒めることでもち米の香ばしさをプラス。蒸すことで腸詰の旨みをいきわたらせる】

【材料】1〜2人分
もち米(蒸したもの)……200g
中国腸詰(下処理して↓263頁)……20g
干しエビ(もどして↓262頁)……10g
干し貝柱(もどして↓262頁)……1個
青ネギ(粗みじん切り)……適量
薄焼き卵(厚めに焼く)……適量
香菜(粗みじん切り)……適量
ピーナッツ……適量
＊ローストして粗みじん切りにする。
油……適量

[調味料]
醤油……大さじ½
中国たまり醤油……小さじ½
砂糖……小さじ⅙
カキ油……大さじ½

[もち米を蒸す]
もち米は水洗いし、一晩水に浸ける。水気を切り、固く絞ったぬれ布巾に広げて強火で約30分蒸す。とりだして、乾燥を防ぐために固く絞ったぬれ布巾をかけておく。
＊米1カップ、水1カップを底の平らな器に入れてラップをし、500Wの電子レンジに14分かけ、とりだしてそのまま10分おき、余熱で蒸らしてもよい。

1 腸詰は縦半分に切り、薄切りにする。

2 干しエビは粗みじん切りにし、貝柱は固い白い筋をとり除いてほぐす。薄焼き卵は7㎜角に切る(写真a。下処理した具材すべて)。

3 もち米は熱湯をかけてほぐし、よく水分を切る。
＊熱湯をかけるのは冷めて固まったもち米をほぐすため。もち米を蒸してすぐ使うのなら、炒める時に少量の湯を加えるだけでほぐれる。このチャーハンは、水分が多いともち米の香ばしさが出ない。

4 鍋に油大さじ1、干しエビ、腸詰を入れて弱火でしっかり炒める(写真b)。干しエビがパチパチと音を立てるようになれば、干し貝柱、もち米を入れて、香りのよい油がもち米にからむまでしっかり炒める(写真c)。
＊調味料を入れると鍋にくっつきやすいので、この段階でしっかり炒める。

5 調味料の醤油〜カキ油までを加えて均一になじむまで炒める。

6 器に盛り、約10分蒸して味をなじませる。もち米を箸でほぐし、青ネギ、薄焼き卵、ピーナッツをふり、香菜をのせる。全体をよく混ぜ合わせて食べる。

a

b

c

生炒臘味糯米飯：サン チャウ ラップ メイ ノー マイ ファン

［粥の事例］

粤《ユエ》式《シー》白《パイ》粥《チョウ》◉広東式白粥

【南乳、塩漬け魚などのトッピングを楽しむ】

【材料】2～3人分
［白粥］でき上がり約1ℓ
米……½カップ
ピーナッツ油……大さじ1
ゆば（半乾燥）……1枚
大地魚（粉にして）……10g
＊旨みを加える干し魚（↓262頁）。
水……3ℓ

［トッピング各種］
香菜（ぶつ切り）……適量
塩漬け魚（↓263頁）……適量
南乳（↓266頁）……適量
ピータン豆腐和え（↓下記）……適量
油条（揚げパン↓下記）……適量
ザーサイ……適量

［下準備］
塩漬け魚は表面に小麦粉（分量外）を薄くつけて表面がパリッとするまで煎り焼き（写真a）、一口大に切る。油条を一口大に切る。ザーサイは薄切りにし、薄い塩水（以下分量外）に浸けて余分な塩分を抜く。水分をふきとり、ネギのみじん切り少量をのせて、熱したゴマ油適量をかけて混ぜる。

1「調理法とポイント・粥」（↓236頁）を参照して白粥を約1時間炊く。

2トッピングを添えて供する。

＊ここでは白粥に調味料を加えずにトッピングと一緒に食べるが、好みで塩やコショウなどで味をつけてもよい。冷めて固くなったら、鍋に食べる量をとってスープか水で薄めて加熱するとよい。

a

【ピータン豆腐和えのつくり方】

【材料】
ピータン1個、絹ごし豆腐1丁、長ネギ（みじん切り）、油各適量、塩、ゴマ油、砂糖、コショウ、醤油各適量

殻をむいて一晩おいたピータン（↓263頁）と豆腐は角切りにして合わせ、ネギをのせる。熱した油をかけ、塩、ゴマ油、砂糖、コショウ、醤油を加えて混ぜ合わせる。

【油条〈ヨウティャオ〉〝揚げパン〟のつくり方】

【材料】
薄力粉、強力粉各250g、ベーキングパウダー3g
＊粉類は合わせてふるう。
重曹3g、塩10g、アンモニアパウダー6g、
打ち粉（強力粉）適量
油、水……各適量

1重曹、塩、アンモニアパウダーを合わせて水350gに溶かす（写真b）。

2ふるった粉類と1を合わせてフックをつけたミキサーでよく練り、しっかりしたグルテンをつくる（写真c）。とりだして少量の打ち粉をし、生地を厚さ1cmの長方形にのばす。

3 2の生地を三つ折りにし（写真d）、厚さ1cm、幅10cm、長さ25cmにのばして形を整える。薄く打ち粉をしたバットの裏にのせ、ラップをして冷蔵庫で一晩休ませる。

4生地を常温にもどし、横長において包丁で2cm幅に切り、2本ずつ重ねて中央を包丁の峰で押さえる（写真e）。

5油を170～175℃に熱する。4の2本ずつを重ねた生地を両手で引っ張りながらねじって25～30cmにのばし、油に入れる。油をかけながらカリッと色よく揚げる（写真f～g）。

b

c

d

e

f

g

粤式白粥：ユッ セック パック チョック／下　油条：ヤウ テュウ

魚《ユイ》圓《ユエン》粥《チョウ》◉魚団子の粥

【淡白な粥に魚団子と油条のコク、ザーサイの塩味をプラス】

【材料】2～3人分

広東式白粥（↓246頁）……1ℓ分
生姜（細切り）……適量
長ネギ（細切り）……適量

［カミナ入り魚団子（髪菜丸子）］
カミナ（もどして↓261頁）……10g
＊藻の一種、髪菜。
黒クワイ（↓259頁。缶詰）……10g
白身魚のすり身（市販）
……100g
ネギ（粗みじん切り）……大さじ2

［カミナ入り魚団子の調味料］
紹興酒……小さじ1
塩……小さじ¼
コショウ……少量
卵白……大さじ1
葱姜水（ツォンチャンシュェイ）
……大さじ3
＊ネギと生姜の切れ端を水の中でもんで香りを移してから漉した水。
ゴマ油……小さじ½
片栗粉……小さじ1

［添え］
ザーサイ……適量
＊246頁「下準備」を参照して準備する。
油条（↓246頁）……適量

1 カミナ入り魚団子をつくる。カミナは水に浸けてもどし、水気を切って適当な長さに切る。黒クワイを粗みじん切りにする。白身魚のすり身をよく練り、魚団子の調味料で味を調える。カミナと黒クワイ、ネギを加えてよく混ぜる。

2 「調理法とポイント・粥」（↓236頁）を参照して白粥を炊き、粥が炊き上がる直前に、1を小さな団子にして入れる。火が通ったら器に入れ、生姜とネギの細切りをのせる。

3 ザーサイと油条を添える。

皮《ピー》蛋《タン》痩《ショウ》肉《ロウ》粥《チョウ》◉ピータンの粥

【ピータンのまったりした粥に塩漬け豚がアクセント】

【材料】2～3人分

豚モモ肉（塊）……100g
ピータン……1・½個
＊前日に殻をむいてくさみを抜く（↓263頁）。
米……½カップ
ピーナッツ油……大さじ1
水……3ℓ
塩……小さじ1
香菜（ぶつ切り）……適量

1 豚モモ肉は塩小さじ1をまぶして冷蔵庫に入れ、一晩おく。熱湯で10秒ほどゆでる。

2 ピータン1個は1cm角に切る。

3 米は水洗いして1～2時間水（分量外）に浸け、ザルにあげて水気を切り、ピーナッツ油、ピータン2分の1個を加えて手でつぶしながら混ぜる。

4 鍋に分量の水を入れ、強火にかける。沸騰したら3と1の豚肉を入れ、ふたたび沸騰するまでかき混ぜる。米が踊っている状態の火加減にして、時々かき混ぜながら約30分煮込み、豚肉をとりだす。さらに米が半ばつぶれた状態で約1ℓになるまで約30分煮込む。

5 とりだした豚肉は薄切りにし、粥にもどし入れる。2のピータンを加えてひと煮立ちさせる。碗に移して香菜を加える。
＊豚肉を塩漬けすることで、肉本来の味も逃げにくくなり、肉のほどよい旨みと塩味が粥をおいしくする。

上　魚圓粥：ユィ ユン チョック ／ 下　皮蛋痩肉粥：ペイ タン サウ ヨック チョック

［おこげの事例］

什《シー》錦《チン》鍋《グオ》巴《パ》◉おこげの五目あんかけ

【酸味のあるあんで食べるサクサクおこげ】

【材料】5人分
ササミ……40g
白身魚(マトダイなど)……60g
エビ(下処理して↓97頁)……5尾
干し椎茸(もどして↓262頁)
……2枚
タケノコ(水煮)……40g
ロースハム(薄切り)……2枚
枝豆(皮をむいて)……30g
おこげ……150g
油……適量

［ササミ、白身魚、エビの下味調味料］
＊3つの材料はそれぞれ左の分量を使って下味をつける。
紹興酒……小さじ1
塩、コショウ……各適量
卵白……小さじ2
片栗粉……小さじ1
油……大さじ1

［茘枝風味の甘酢あん］
スープ……600㎖
＊二湯、毛湯のいずれでもよい。
紹興酒……大さじ1
塩……小さじ1・½
コショウ……少量
砂糖……大さじ1・⅔
醤油……大さじ1
酢……大さじ1・⅔
水溶き片栗粉……大さじ3～4
油……大さじ1

1 ササミは筋をとり、白身魚とともに一口大の薄切りにする。ササミ、白身魚、エビはそれぞれ下味をつける。

2 椎茸、タケノコは薄切りにする。ロースハムは6等分にする。タケノコはゆでて水気をとる。

3 枝豆はゆでておく(写真a。下処理した具材)。

4 鍋に油を110℃に熱し、タケノコ、エビ、ササミ、白身魚の順に入れて油通しする。

5 鍋に茘枝風味の甘酢あんのスープ～醤油までを合わせて沸かし、すべての具材を入れる。味を調えてから酢を加え、水溶き片栗粉でとろみをつける。油を加えて仕上げ、器に注ぎ入れる。

6 おこげを基本のとおりに揚げて別の器に盛り、5の熱いあんをかける(↓236頁「おこげ」)。
＊卓上で熱々のあんをかけて仕上げる料理である。ジャーッと音がしてふくよかな香りが広がり、食欲をそそる。

a

什錦鍋巴：サップ ガム ウオ パー

［炊き込みご飯の事例］

臘《ラー》味《ウェイ》煲《パオ》飯《ファン》◉腸詰入り炊き込みご飯

【肉のおいしい脂がご飯にまとわりついている】

「臘月」は旧暦の12月のことで、「臘味」とは本来、この頃に塩漬けにした鴨や豚肉、中国腸詰などを乾いた風にさらしてつくった保存食を指す。
ほどよい塩分、乾かした肉の香り、凝縮した旨みが特徴で、蒸すかゆでるかして食べるほか、煮込み料理や炒めもの、米料理などにもよく用いられる。
「煲飯」は土鍋の炊き込みご飯のこと。ご飯と総菜がセットになり、材料の旨みを余すところなく食べる土鍋の炊き込みご飯は種類も多い。
この料理には青野菜の料理が必ずといってよいほど添えられる。栄養のバランスからもなるほど中国人的と感心させられる料理。

【材料】4～5人分
骨つき鶏モモ肉……３００g
ベーコン……１５０g
中国腸詰……１本
＊下処理しておく（↓２６３頁）。
米……2カップ
カイラン（芥藍菜↓２５９頁）……10本
塩……小さじ½
水……適量
下煮用スープ（↓63頁）……基本分量

［食卓用調味料］
魚汁（↓１０７頁）……適量
焼きもの用ソース（↓84頁）……適量

1 鶏モモ肉は水洗いし、水気をよくふきとる。モモの内側から骨に沿って深く包丁を入れ、骨が見えるようにする。塩をすり込み、一晩冷蔵庫におく。

2 ベーコン、鶏モモ肉は熱湯で5～6秒ゆがき、水洗いする。

3 洗って水気を切っておいた米を土鍋に入れ、洗い米と同容量の水、2と中国腸詰を加えて強火にかけて炊く（↓２３７頁「調理とポイント・炊き込みご飯」）。

4 カイランは茎の太い部分の皮をむき、ゆがいて水に落として色止めをする。

5 土鍋の具材をとりだし、食べやすい大きさに切り、土鍋にもどす。4のカイランは下煮用スープで煮て添える。
＊野菜は「チンゲンサイと椎茸の炒め」（↓68頁）、「ひゆ菜のホットな炒めもの」（↓69頁）、「トウミョウの炒めもの」（↓68頁）などでもよい。

6 魚汁や焼きもの用ソースを添える。好みの量をご飯や野菜にかけて食べる。

臘味煲飯：ラップ メイ ポウ ファン

［炊き込みご飯の事例］

榨《ヂャー》菜《ツァイ》鶏《ヂィ》煲《パオ》飯《ファン》◉ザーサイと鶏肉の炊き込みご飯

【ザーサイと生姜の風味がきいたさっぱりご飯】

【材料】4〜5人分
米……2カップ
鶏モモ肉……200g
ザーサイ……40g
生姜（粗みじん切り）……15g
ネギ……1本
チンゲンサイ……1株
水……適量
塩……小さじ½

［鶏肉の下味調味料］
紹興酒……大さじ½
塩……小さじ½
コショウ……少量
醤油……小さじ1
片栗粉……大さじ1

［炊き込み用油］
ゴマ油……大さじ½
ピーナッツ油……大さじ1

［醤油ダレ］
スープ……大さじ4
＊二湯、毛湯のいずれでもよい。
砂糖……小さじ1
醤油……大さじ2

a

1 鶏モモ肉は洗って水気をふき、2㎝角に切って下味をつける。

2 ザーサイは水洗いせずに一口大の薄切りにする。ネギは3㎝幅に切る。

3 鶏肉をボウルに入れ、ザーサイ、ネギ、生姜を加え、炊き込み用油を加えて混ぜる。

4 醤油ダレの材料は鍋に合わせ、ひと煮立ちさせる。

5 洗って水気を切っておいた米を土鍋に入れ、洗った米と同容量の水、3を加えて強火にかけて炊く（→237頁「調理法とポイント・炊き込みご飯」2〜4）。

6 チンゲンサイはぶつ切りにする。シャキシャキ感を残す程度にさっとゆで、塩小さじ½をふり、少ししんなりしたら水気を絞る。

7 5が炊き上がったら、チンゲンサイを加え、ご飯と混ぜ合わせる（写真a）。好みで醤油ダレを適量かける。

榨菜鶏煲飯：ヂャー チョイ カイ ポウ ファン

[蒸しご飯の事例]

鹹《シエン》魚《ユィ》肉《ロウ》鬆《ソン》飯《ファン》◉塩漬け魚と豚肩ロースの蒸しご飯

【塩漬け魚の旨みと生姜の香りのコントラスト】

【材料】2人分
米……1カップ
塩漬け魚(↓263頁。骨と皮をとったもの)……10g
豚肩ロース肉……50g
シメジ……80g
ブロッコリー……80g
ネギ油(米用)……大さじ1
＊ピーナッツ油でもよい。
水、塩……各適量
[豚肉の調味料]
塩、コショウ……各適量
紹興酒……小さじ1
葱姜水(↓247頁)……大さじ½
卵……¼個
沈殿片栗粉……小さじ1
片栗粉、ゴマ油……各小さじ⅓
[仕上げ用]
ネギ油……大さじ1
醤油……大さじ1
ネギ(粗みじん切り)……大さじ4
生姜(細切り)……大さじ1

1 塩漬け魚は粗みじん切りにする。豚肩ロース肉は粗みじん切りにし、ボウルに叩きつけながら粘りを出す。豚肉に塩漬け魚の半量を混ぜ、豚肉の調味料を順に加えながらよく練る。

2 シメジは根元を切ってほぐす。ブロッコリーは小房に分ける。ご飯が蒸し上がる2〜3分前に、塩を入れた熱湯にシメジとブロッコリーをさっとくぐらせる。

3 洗って水気を切っておいた米と水130㎖を平らな器に入れ、1の塩漬け魚の残り、ネギ油大さじ1を加えて強火で約10分蒸す(↓237頁「調理法とポイント・蒸しご飯〈米から〉」1〜2)。
＊塩漬け魚の骨と皮は少量の油で煎り焼き、ここで加えてもよい。4で野菜を加える前にとりだす。たくさん使用すると塩辛くなるので注意。

4 1の豚肉を小分けして米の上にのせ、強火でさらに約6分蒸す。2の野菜を加えて蒸す(↓同頁3〜4)。蒸し上がれば仕上げ用のネギ油、醤油をふり、ネギと生姜を散らして混ぜる(写真a)。

a

豉《チー》汁《ヂー》排《パイ》骨《グゥ》飯《ファン》◉スペアリブの蒸しご飯

【豆豉風味のおかずで食欲がます】

【材料】3人分
ご飯……300g
スペアリブの蒸しもの 豆豉風味(↓91頁)……基本分量の½
チンゲンサイ(小)……½株
下煮用スープ(↓63頁)……適量
焼きもの用ソース(↓84頁)……適量

1 スペアリブの蒸しもの 豆豉風味(↓91頁)をつくる。

2 ご飯100gに1を100gのせて、強火で8〜10分蒸す。

3 チンゲンサイは3等分して下煮用スープ(↓63頁)で煮て、2が蒸し上がる直前にのせて1分くらい蒸す。

4 焼きもの用ソースを適量かけて食べる。
＊「鶏の香味蒸し」「鶏のXO醤風味蒸し」(ともに↓92頁)をのせてもよい。香港では洗い米に水を入れ、その上に肉類をのせて蒸している。水分や粘りが多い日本の米でつくる時は炊いたご飯が合う。

上　鹹魚肉鬆飯：ハム ユィ ヨック ソン ファン／下　豉汁排骨飯：シー チャップ パイ グワッ ファン

［蒸しご飯の事例］

蟹《シェ》肉《ロウ》荷《ホー》葉《イエ》飯《ファン》◉ハスの葉包み蒸しご飯

【ほのかなハスの葉の香りと緑がすがすがしい】

【材料】4個分
ご飯……２００g
豚背ロース肉……15g
エビ（下処理して→97頁）……4尾
チャーシュー（→２５４頁）……5g
干し椎茸（もどして→２６２頁）
……小1枚
蟹肉（加熱したもの）……15g
干し貝柱（もどして→２６２頁）
……½個
卵……1個
ネギ（粗みじん切り）……10g
ハスの葉（生）……2枚
油……適量

［ご飯の調味料］
ネギ油……小さじ1
カキ油……小さじ1
塩……少量

［豚肉、エビの下味調味料］
塩、コショウ、紹興酒、卵、片栗粉、油……各適量

［煮込み調味料］
スープ……30mℓ
＊二湯、毛湯のいずれでもよい。
砂糖……ひとつまみ
カキ油……小さじ1
醤油……小さじ2
水溶き片栗粉……適量

［下準備］
ハスの葉は熱湯でゆがき、しばらく水にさらす。
＊乾燥品なら水に一晩浸けて水分を含ませ、熱湯でゆがいてから使用する。

1 ご飯は熱いうちにネギ油を加えてゴムベラで切るように混ぜ、全体になじませる。カキ油、塩を加えてさらに混ぜる。
＊米から蒸す場合は、洗い米1カップと水０・８カップをバットに入れて、強火で約10分蒸す。仕上げで煮汁が入るため水分は少なめにする。

2 豚ロース肉は1cm角の薄切りにする。ボウルに豚ロース肉、エビを入れて下味をつける。

3 チャーシュー、椎茸は約7mm角に切る。蟹肉、干し貝柱は粗めにほぐす。

4 卵は溶きほぐし、塩少量（分量外）で味を調え、煎り焼き卵をつくる。

5 鍋に油を１１０℃に熱し、豚肉、エビを油通しする。

6 鍋に椎茸、チャーシュー、5の豚肉、煮込み調味料のスープ～醤油までを入れて20～30秒煮る。水溶き片栗粉を加えてとろみをつけ、とりだして粗熱をとる。

7 ハスの葉は水気をよくふきとり、放射状に4等分して包みやすいように形を整える（写真a）。
＊ハスの葉の香りを強調したいなら乾燥ものを使うとよい。

8 1のご飯に6の具を煮汁ごと混ぜる。蟹肉、貝柱、煎り焼き卵を各半量、ネギを加えてざっくりと混ぜる（写真b）。

9 ハスの葉を裏側を上にしておき、中央に8のご飯4分の1量をのせる。上に残りの4分の1量の蟹肉、貝柱、煎り焼き卵とエビをのせる（写真c）。

10 ハスの葉を左右から折り重ねてからご飯部分を碗形に整え（写真d）、手前から巻き込んで包む（写真e）。同じようにして合計4個つくる。

11 包み終わりを下にしてセイロに入れ、強火で10～15分蒸す。

a

b

c

d

e

蟹肉荷葉飯：ハイ ヨック ホー イップ ファン

［ちまきの事例］

猪《ヂュウ》腩《ナン》栗《リー》子《ヅ》粽《ツォン》◉栗と豚肉入りちまき

【ほっこりした栗入りの上品な味わい】

中国では5月5日の端午節に戦国時代の楚の政治家でもあり詩人でもあった屈原を偲んでちまきを食べる習慣がある。中国にはいろいろなちまきがあるが、これは台湾でよくつくられているものの応用。

【材料】8個分

栗（天津甘栗）……8個
もち米……300g
豚バラ肉……100g
タケノコ（水煮）……70g
干し椎茸（もどして↓262頁）……2枚
干しエビ（もどして↓262頁）……15g
ネギと生姜の端……各適量
笹の葉……8枚
イグサ……8本
＊笹の葉、イグサは乾燥品と塩漬け品がある。乾燥品は水に一晩浸けてもどし、熱湯でゆでる。塩漬けは水洗いしてから使用する。
醤油……小さじ1
油……適量

［煮込み調味料］
醤油……大さじ1・½
スープ375㎖
＊二湯、毛湯のいずれでもよい。
塩……小さじ⅓
コショウ……適量
カキ油……大さじ1
砂糖……小さじ½
中国たまり醤油……小さじ¼
ゴマ油……小さじ1

1 栗は殻をむく。タケノコは乱切りにし、椎茸は8等分に切る。

2 豚バラ肉は2㎝角に切って醤油をまぶす。鍋に油大さじ1を入れて豚バラ肉を入れ、周囲に濃い焼き色がつくまで炒めてとりだす。

3 煮込み調味料を合わせる。

4 238頁「調理法とポイント・ちまきご飯」を参照して、具材は煮、もち米はよく炒めてから具材の煮汁を吸わせて冷ます。なお、干しエビ、ネギと生姜の端を炒める時の油は大さじ1・½。
＊干しエビは油でしっかり炒めることで生ぐさみが消える。薄い殻はパチパチと音がするまで炒めることで、歯切れもよくなり、香ばしさも出る。油で炒めない場合は殻をとることもある。

5 炒めたもち米を16等分にする。

6 同頁「ちまきの包み方」を参照して包み、強火で約20分蒸す。
＊保存はラップで包み、冷蔵庫で3～4日。それ以上は冷凍する。食べる時は、冷凍のまま蒸し器で蒸すとよい。

猪腩栗子粽：ヂューナム ロック ヂー チョン

［焼きもののせご飯の事例］

叉《チャー》焼《シャオ》切《チエ》鶏《ヂィ》飯《ファン》◉チャーシューとゆで鶏のご飯

【さっぱりした鶏肉と甘辛のチャーシューのご飯】

【材料】1人分
温かいご飯……100g
チャーシュー（↓左記）……50g
ゆで鶏……50g
＊「ゆで鶏の辛味前菜」1〜4（↓96頁）を参照して鶏をゆで、さばく。
サイシン（↓259頁）……1本
下煮用スープ（↓63頁）……適量
焼きもの用ソース（↓84頁）……適量
沙姜汁（↓106頁）……適量
＊ジンジャーソース。

1 チャーシュー、ゆで鶏は食べやすい大きさに切る。

2 サイシンは下煮用スープでゆがく。

3 碗にご飯をよそい、具材をのせる。温めた焼きもの用ソースを好みの量かける。ジンジャーソースを鶏用のソースとして添える。
＊タレは1種類でもおいしい。チャーシューが冷めて固くなっていれば、温めた焼きもの用ソースの中に浸けてから切るとよい。

【チャーシューのつくり方】

【材料】
豚肩ロース肉600g、
漬けダレ（↓84頁）基本分量の½、
仕上げ用水飴（↓84頁）基本分量の½

1 豚肩ロース肉を繊維に沿って1・5〜2㎝厚さに切る。水洗いし、水気をよくふきとる。

2 漬けダレに約40分漬ける（途中で裏返す）。

3「スペアリブの焼きもの」2（↓84頁）を参照して焼き、吊るして焦げた部分を切りとり、仕上げ用水飴を塗ってさらに2〜3分焼く。

油《ヨウ》鶏《ヂィ》飯《ファン》◉鶏の香味煮のご飯

【八角風味の濃いめのタレで煮た鶏肉でご飯がすすむ】

【材料】1人分
温かいご飯……100g
鶏の香味煮（→左記）……100g
ターサイ（→259頁）……適量
下煮用スープ（→63頁）……適量
焼きもの用ソース（→84頁）……適量

1 鶏の香味煮は食べやすい大きさに切る。ターサイは適当な大きさに切り、下煮用スープで煮る。
＊鶏肉は冷めていれば温めた焼きもの用ソースに浸けてから切る。

2 器にご飯をよそい、具材をのせる。温めた焼きもの用ソースを好みの量かける。

【油鶏〈ヨウヂィ〉〝鶏の香味煮〟のつくり方】

【材料】
骨つき鶏モモ肉1本（約300g）、油鶏水（鶏の煮込みタレ→109頁）基本分量、
ピーナッツ油適量

1 骨つき鶏モモ肉は水洗いし、水気をよくふきとる。

2 油鶏水を沸かし、1の鶏肉を入れて弱火で5分煮る。

3 火を止めて、落し蓋をして鶏肉がタレに浸かっている状態で30〜40分おく。
＊竹串などで関節部を刺して、透明な汁が出れば鶏肉に火が通っている。

4 鶏肉をとりだして乾燥を防ぐためにピーナッツ油を少量塗る。

油鶏飯：ヤウ カイ ファン

◎ゆで鶏のさばき方

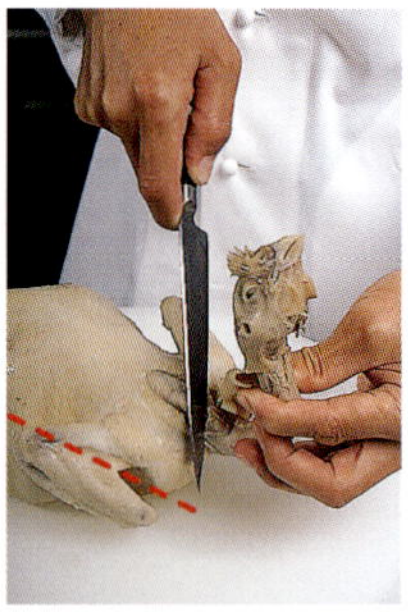

1 鶏は腹を下にしておき、ペティナイフで首から頭を、次に手羽先を（点線から先を）切り落とす。

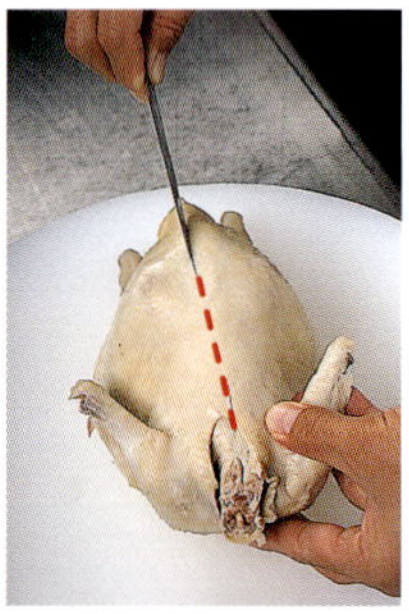

2 背骨に沿って切り目を入れる。ナイフは骨にあたる深さまで入れる。

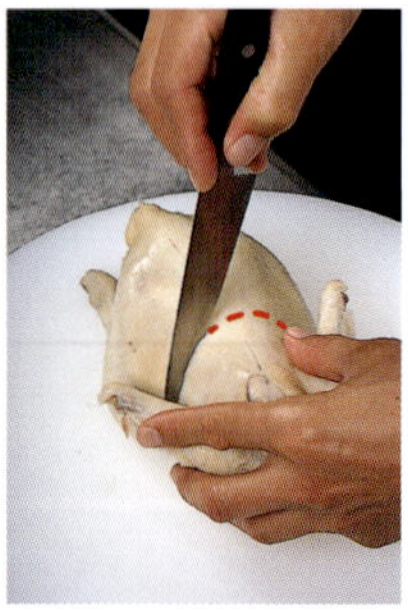

3 残っている両手先端から1cmほど首寄りのところを結んだ線に沿って切り込みを入れる。

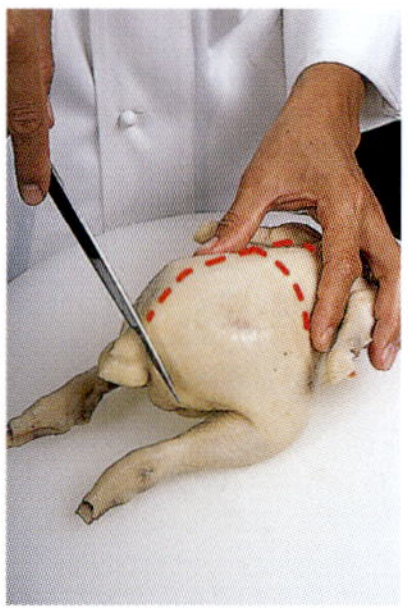

4 尻の三角のところに、背骨の線に垂直に切り目を入れる。点線は2と3で入れた切り込み。

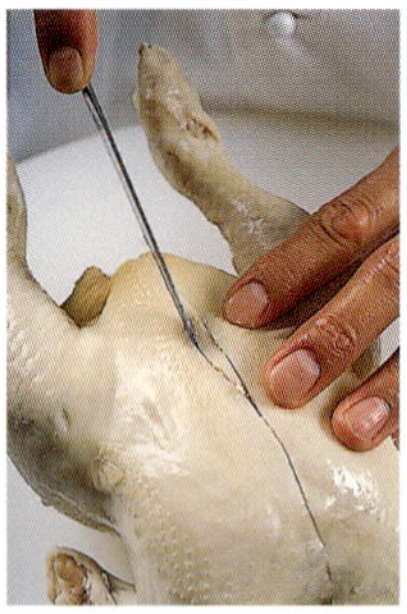

5 ひっくり返して腹を上にしておく。首から尻に向かって縦に切り目を入れる。腹部だけは中央の軟骨に沿って2本入る。

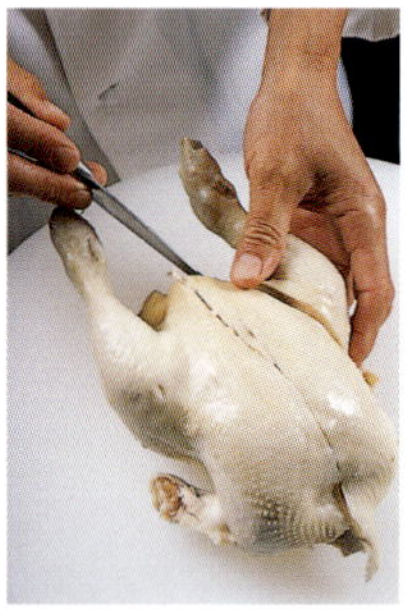

6 モモのつけ根に沿ってぐるりと皮を切る。皮のみでつながっているため、深くは入れない。

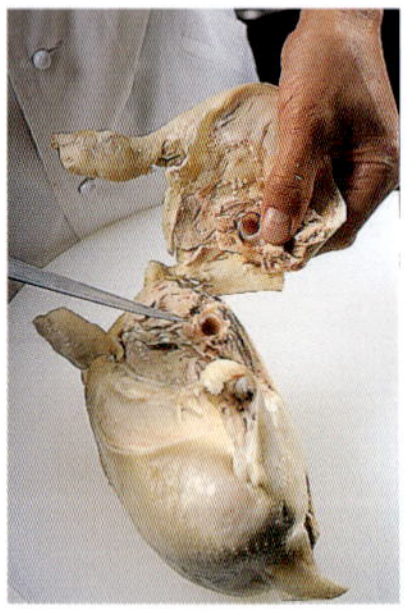

7 モモをひねるように裏返して関節をはずしてとる。すでに切り込みが入っているのではずしやすい。

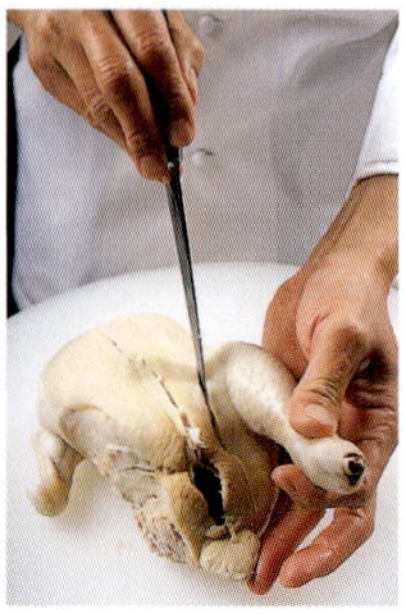

8 反対側も同様にナイフを入れて切り離す。

9 肩から鎖骨に沿って切り目を入れ、胸の切れ目につなげる。皮をつけたまま胸肉をはずす。

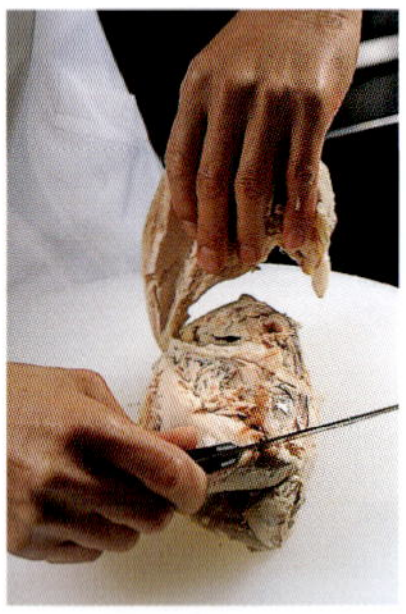

10 反対側もはずす。身を残さないように包丁でこそげながらはずす。

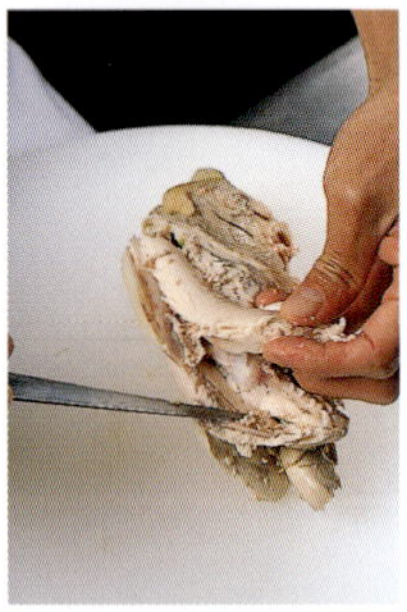

11 胸肉の下にあるササミは形を崩さないようにナイフで周囲に切り込みを入れながらはずす。

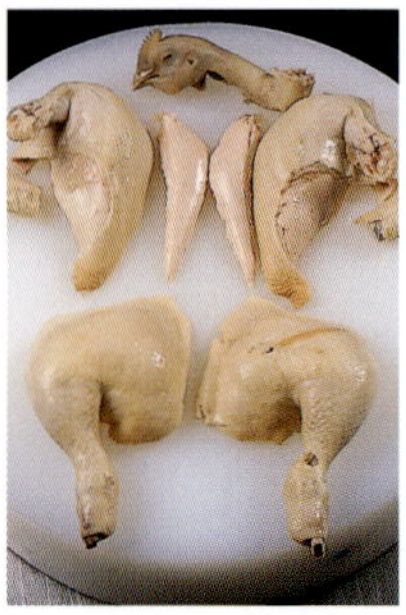

12 さばいた部位（胸肉2枚、モモ肉2枚、ササミ2本、頭）。

◎ゆで鶏のモモの骨をはずす

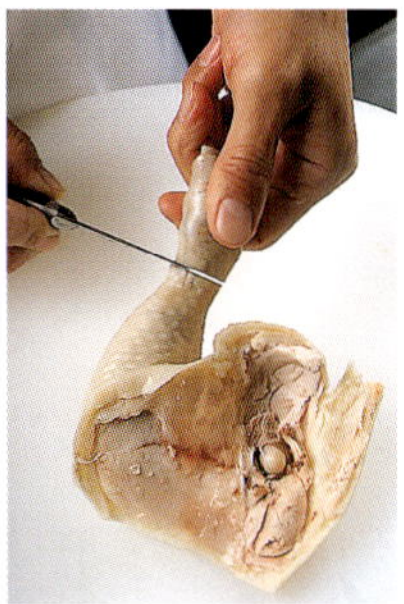

1 右頁でさばいた鶏モモ肉の足首まわりにくるりとペティナイフで切り目を入れる。

▼

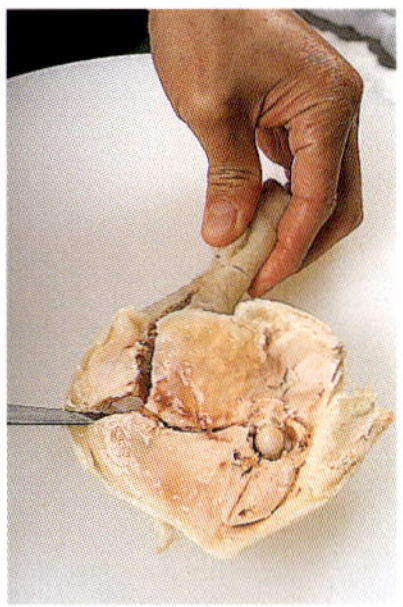

2 「く」の字形に曲がった骨の内側に沿って足先側からナイフを入れる。関節に切り目を入れて切り離す（写真）。

▼

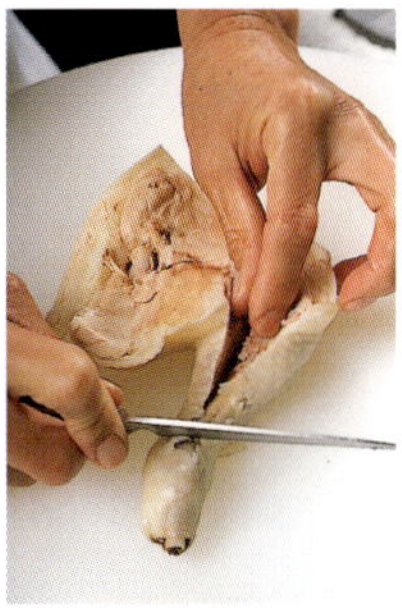

3 ナイフで足先の骨を押さえて安定させ、指で肉を押し広げて骨から肉をはずす。

▼

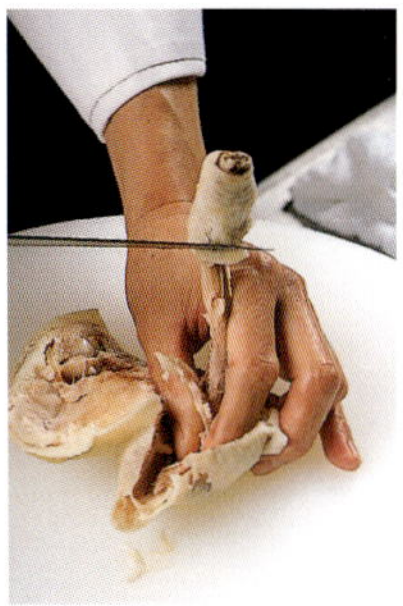

4 はずした肉を指で押さえながらナイフの先で骨を持ち上げてはずす。残りの骨も同様にしてはずす。

◎鶏の内臓をそうじする

［砂肝］

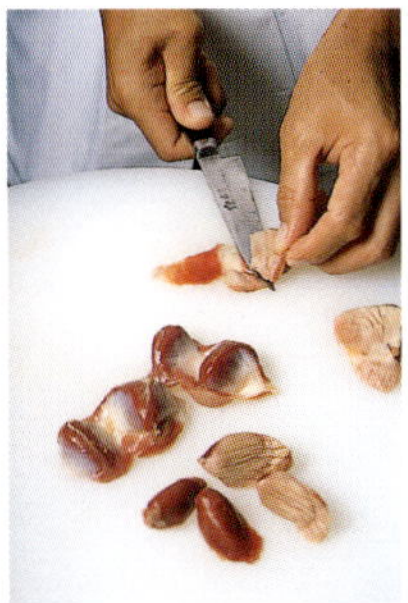

ペティナイフで白い固い筋を切りとり、半分に切る（写真の一番手前）。その奥は白い筋を除く前。水洗いし、水気を切る。

［心臓］

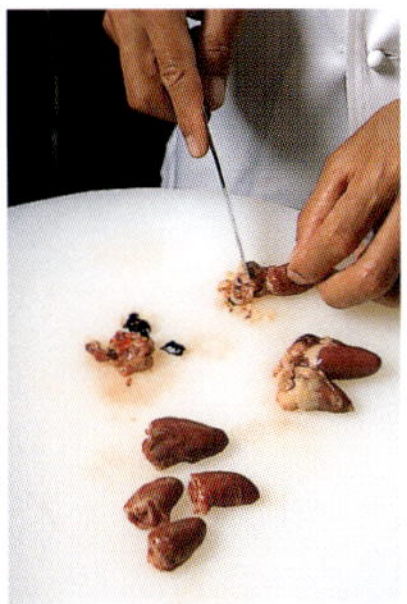

表面の薄皮をペティナイフの背でこそげとる（写真）。脂肪をとり除き、中の血の塊を除く。水洗いし、水気を切る。

［レバー］

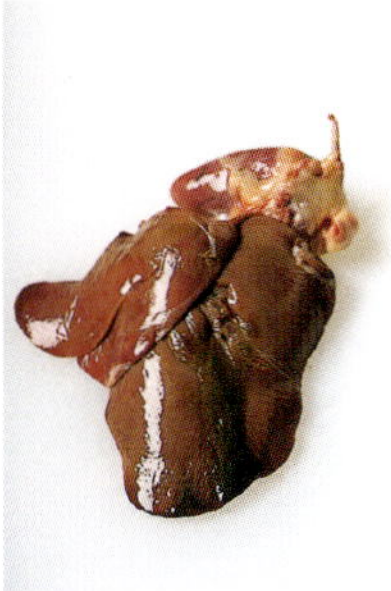

1 手前の大小2つからなるのがレバーで、奥は心臓。一般に一緒に販売される。レバーの胆汁で緑に変色した部分をペティナイフで切りとる。

▼

2 半分に切り、血の塊を除く。水洗いし、水気を切る。奥から胆汁で変色したもの、血の魂を除いていないもの、処理済みのもの。

◎スペアリブのさばき方

1 あばら骨とあばら骨の間に包丁を刃元の角から入れて押し引き切りで切る（→16頁）。途中骨にあたっても無理に切らず、すき間を探して包丁を動かす。

▼

2 切ったら包丁を少し倒して肉を離す（写真）。一口大にする場合は、横長において一刀両断に叩き切る（→17頁）。弱い力で切ると骨が欠けて食べづらく、料理に混ざることもある。

◎牛アキレス腱の解体

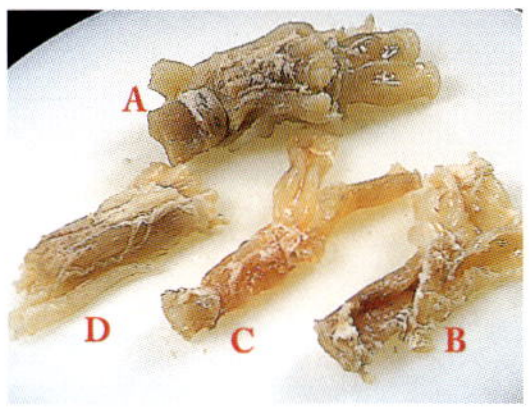

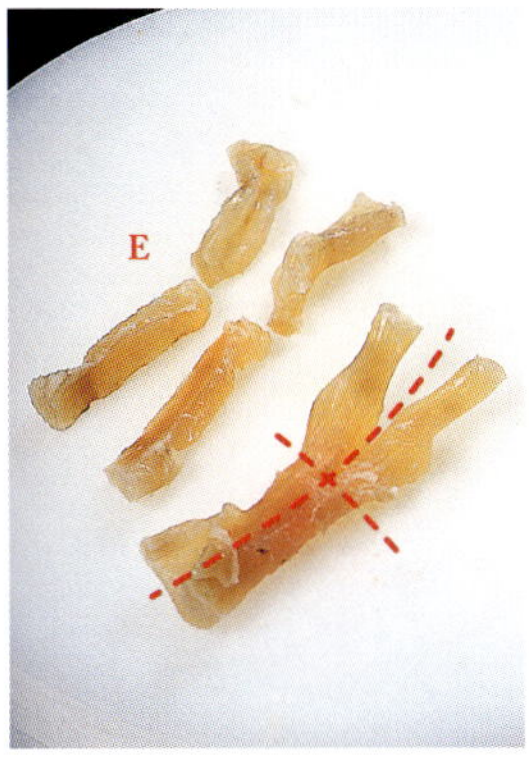

2時間ゆでるが（→98頁）、途中でとりだして（A）指を入れて外側をはずし、外側部分（B、D）と内側部分（C）に分ける。分けたら白い脂肪をとり除く。固い部分はさらにゆでて柔らかくする。内側部分は二股に分かれたところから縦に包丁で切り、さらに横に切って食べやすい大きさにする（E）。内側、外側の部分を用途に応じて使い分ける。

◎魚のつぼ抜き

―えらから一気に内臓をとりだす

1 まず魚は鱗をひく。腹側を上にして肛門の手前に切り目を入れる。包丁の刃を上に向けて（逆さ包丁）切っ先を切れ目から入れて肛門につながっている腸を切る。

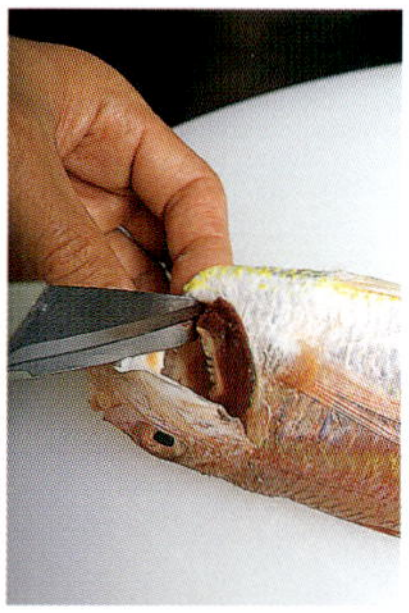

2 えらぶたを開き、えらの上下のつけ根をキッチンバサミで切る。もう片方も同様に切る。

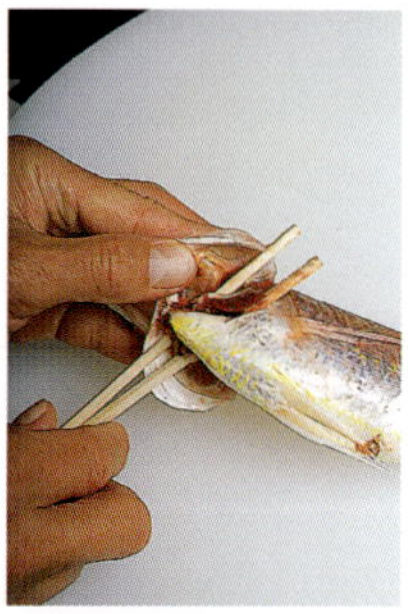

3 割り箸2本を、えらをはさむようにして横にさし入れる。

4 割り箸を回転させ、えらと内臓を巻きとって引っ張りだす。水を何度もかえて腹の中をきれいに洗い、水気をよくふきとる。

◎ワタリ蟹のさばき方

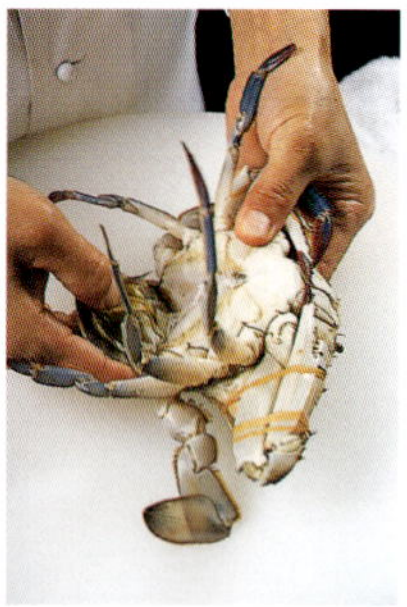

1 ワタリ蟹はタワシでよく洗い、腹を上にして押さえ、三角形の腹の甲羅（まえかけ）をとる。胴体の腹中央に縦に切り目を入れる。

2 甲羅を右手で押さえ、一番下の足のつけ根に親指を入れ、半身を引きはがす。残り半身も同様にする。

3 甲羅側から口の部分と砂袋をとり除く。

4 腹側は羽根のような形状のえら（がに）部分をとり、流水をあてて砂、汚れを洗い流す。

5 はさみを切りとり、先にあるトゲの部分を包丁で切りとって肉が見えるようにする。足は胴体に近い関節で切る。胴は適当な大きさに切る。手前は甲羅。

材料一覧

凡例：掲載材料の名前は中国語とその標準語読みです。
【 】内は日本語名、または日本での呼び方で、各項目内は基本的に日本語のアイウエオ順になっています。
特に日本での呼び方がないものには【 】はつけていません。
また中国語名がないものもあります。なお、乾燥品などの写真で1カットに2品あるものは、奥がもどしたものです。

◎野菜、キノコ

乾燥ものは→261頁「乾燥品」、塩漬けは→263頁「塩蔵品、漬けもの」

芥藍菜《ガイランツァイ》
【カイラン】

キャベツの変種で、花茎、つぼみを食べる。繊維が少なくて柔らかく、味はブロッコリーに、食感はアスパラガスに似ている。広東でよく用いる。

韮黄《チュウホワン》
【黄ニラ】

軟化栽培して葉緑素ができないようにした黄色のニラ。香りがまろやか。すぐに火が通るので、料理の仕上げ時に加える。水分に弱く、傷みやすいので紙に巻いて保存する。

荸薺《ピーチィ》
【黒クワイ】

カヤツリグサ科のオオクログワイ。サクッとした歯触りが特色。茶色の皮をむくと肉は白く、梨のような甘味がある。その形から、上海では地栗（ティリー）、広東では馬蹄（広東語でマータイ）という。

香菜《シャンツァイ》
【香菜《こうさい》】

中国パセリともいう。広東語では芫茜（ユンサイ）、タイではパクチーと呼ばれる。セリ科植物で、独特の強い香りがあり、肉、魚料理の香味野菜に用いる。

紅心蘿蔔《ホンシンルオポ》
【紅芯大根《こうしんだいこん》】

表皮が白く内部が赤い色をした、歯切れがよく甘味のある生食用の大根。「心里美（シンリーメイ）」とも呼ばれ、中国北方でよく食べられている。

菜心《ツァイシン》
【サイシン】

花蕾、茎、葉を食べる小白菜の変種。つぼみの下から10㎝くらいの茎の部分が柔らかい。広東ではスープで下煮してから炒め、つけ合わせによく用いる。油菜心（ヨウツァイシン）ともいう。

塌菜《ターツァイ》
【ターサイ】

葉が濃い緑色で、クセのないアブラナ科の野菜。厳冬期に成熟すると葉が押しつぶされた円盤のような形になり（「塌」はぺしゃんこになるという意味）、甘味がある。それ以外の時期のものは葉が立った形をしている。

豆苗《トウミャオ》
【トウミョウ】

春先のエンドウの若芽で、炒めものやスープの浮き実にする。最近は、水耕栽培品が一年中売られているが、細長くやや固い。

広東白菜《グワントンパイツァイ》
【パクチョイ】

葉は濃い緑、軸は白い、結球しない小白菜。広東白菜ともいわれるように広東でよく使う。炒めものやつけ合わせに。パクチョイは白菜の広東語読み。

白霊菇《パイリングゥ》
【白霊茸《はくれいたけ》】

中国の新疆ウイグル自治区などごく一部の限られた地域に自生するキノコ。肉厚でアワビのようなコリコリした食感がある。最近は人工栽培品が流通している。

蒜苗《スワンミャオ》
【葉ニンニク】

ニンニクの鱗茎から出た若い葉で、中国料理ではニンニクは、鱗茎〃蒜頭〈スワントゥ〉〃だけでなく、葉〃葉ニンニク＝蒜苗〈スワンミャオ〉〃、花茎〃ニンニクの芽＝蒜薹〈スワンタイ〉〃を野菜として料理に用いる。葉ニンニクは麻婆豆腐、回鍋肉など四川料理でよく使う。

莧菜《シェンツァイ》
【ひゆ菜】

葉と茎を食べるクセのない夏野菜。葉が緑色、赤色、緑が緑で中央が赤の品種がある。炒めものに用いることが多い。

草菇《ツァオグゥ》
【フクロタケ】

テングタケ科のキノコ。高温多湿を好み、堆積したワラの上で生長する。皮膜に覆われている状態のものを食べる。皮膜（袋）に切り目を入れ、熱湯でゆでてくさみを除いてから調理する。

山薬《シャンヤオ》
【大和芋《やまといも》】

ヤマ芋の一種。球形や握り拳のような丸い形をしていて粘りが強い。黒皮と白皮がある。中国の茘浦芋（↓左記）の代わりに「芋の生地」（↓１６０頁）に用いる。

茘浦芋《リープゥユィ》
【レイフー芋】

サト芋の一種、檳榔芋（びんろういも）。広西桂林市茘浦（レイフー）県で産するので茘浦芋という。一般に1個1kg以上はあり、中身は白くて柔らかい。粉質で火を通すとほっこりとし、少し甘味がある。

◎粉類

澄麺粉《トンミェンフェン》
【浮き粉】

小麦粉デンプン。皮をつくる時は熱湯で練って火を通すと透き通るので、エビ餃子（↓１６５頁）の皮などに用いられる。

吉士粉《ヂィシーフェン》
【カスタードパウダー】

デンプンに食塩、バニラの香りの香料、黄色の食用色素を合わせた粉末。料理や点心に用い、香り、色、とろみづけに用いる。材料と十分に混ぜ合わせないと黄色の斑点が残る。

糕粉《ガオフェン》
【寒梅粉】

もち米を蒸して搗（つ）き、もちにし、色づけないように焼いてから砕いて粉にしたもの。強い粘着性があり、月餅の多種のナッツが入る五仁餡（↓１３８頁）などで材料をまとめるのに用いる。梅が咲く寒い頃に新米を粉にしたことから名づけられた。

馬蹄粉《マーティフェン》
【黒クワイ粉】

黒クワイのデンプン。料理のとろみづけというより、馬蹄糕（黒クワイ入り蒸しようかん↓２０３頁）など点心で用いることが多い。

椰汁《イエヂー》
【ココナッツミルク】

ココナッツの成熟果の胚乳をすりおろして水と一緒に弱火で煮込んでから裏漉しし、布などで絞ってつくる。缶入りや冷凍品が売られている。

椰子粉《イエヅフェン》
【ココナッツファイン】

ココナッツの成熟果の胚乳を機械で乾燥させ、細切りや粉末状にカットしたもの。

椰奶粉《イエナイフェン》
【ココナッツミルクパウダー】

ココナッツミルクをスプレー状に噴霧して乾燥させ、粉末状にしたもの。主に点心に用いる。香りはココナッツミルクより落ちるが、保存がきき、便利である。

糯米粉《ヌオミーフェン》
【白玉粉】

もち米を水に浸けてからすりつぶし、水にさらし、圧搾機で脱水したあと削って乾燥させたもの。点心の生地や揚げものの衣にする。

◎ナッツとその加工品、砂糖漬け

南杏

北杏

南杏《ナンシン》・北杏《ベイシン》
【アンズの仁】

南杏はホンアンズで、甜杏仁（ティエンシンレン）ともいい、甘味とコクがある。北杏はシベリアアンズ、マンシュウアンズで香りと苦味が強く、主に薬用。基本的には南杏をベースに北杏で香りを補うように使用する。

南瓜子《ナングワヅ》
【カボチャの種】

カボチャの種子。白い殻をとったものかローストしたものが売られている。塩や調味料で風味をつけたものはお茶うけとして用いる。

欖仁《ランレン》
【カンランの仁】

中国オリーヴともいわれるカンランの一種、烏欖（ウーラン）の仁。ローストするか揚げて点心の餡に加えて歯触りと香ばしさを味わう。油脂を多く含み、傷みやすいので、必要量だけ購入する。長期保存はできない。

糖冬瓜《タントングワ》
【冬瓜の砂糖漬け】

冬瓜の皮をむき、拍子木切りにし、種をとって石灰水に浸ける。水にさらし、石灰分をすっかり抜いてから、シロップに浸けて煮たもの。そのままお茶うけにするほか、甘い餡をつくるのに用いる。

◎乾燥品

蓮子《リェンヅ》
【ハスの実】

ハスの種子の乾燥品。湖南産が有名。漢方では蓮子（レンシ）といい、心臓、脾臓に益するといわれる。

［もどし方］
水に浸けて水分を含ませてから、たっぷりの湯に浸け、蓋をして冷めるまでおく。あるいは水に浸けて蒸してもどす。芽はとても苦いので竹串などでとり除く。

糖蓮子《タンリェンヅ》
【ハスの実の砂糖漬け】

ハスの実を皮をむいて芽を除き、シロップで煮て砂糖にもどすか砂糖をまぶしたもの。ハスの実の甘納豆として市販されている。お茶うけなどに用いる。

紅棗《ホンザオ》
【赤ナツメ】

ナツメの果実を乾燥させたもの。一晩水に浸けてもどし、デザートやスープなどに使用する。漢方では大棗（タイソウ）といい、滋養強壮、精神安定の働きがあるといわれる。

蝦子《シャーヅ》
【エビの卵】

エビの外子を乾燥させたもの。主に煮込み料理に入れて風味、旨み、食感を加える。ニンニクと一緒にから鍋で炒め、密閉容器に入れて常温で保存する。

もどしたもの

髪菜《ファーツァイ》
【カミナ】

念珠藻（ねんじゅも）科植物で、陸に生える藻の乾燥品。主な産地は内蒙古、寧夏回族自治区など乾燥地域。名前のように髪の毛に似ている。広東語で発財（ファッチョイ。お金がもうかる）と発音が同じなので、広東の正月料理に欠かせない。

［もどし方］
1 水に浸けてもどし、汚れをとり除き、熱湯でゆでる。
2 塩、砂糖、コショウ、油各適量を合わせたスープに入れ、約20分蒸す。

百合《パイホー》
【乾燥ゆり根】

ゆりの鱗茎の乾燥品。主にデザートに使用する。漢方では百合（ヒャクゴウ）といい、肺を潤し、咳止め、精神安定の働きがあるなどといわれる。水に一晩浸けてもどす。

中国産　日本産

木耳《ムゥアル》
【キクラゲ】

耳のような形をしているので木耳、歯触りがクラゲに似ているのでキクラゲという。日本産と中国産があり、香港では大きく固い日本産を木耳といい、小さく柔らかい中国産は雲耳（ユンアル）という。

［もどし方］
水に一晩浸けて水分を十分含ませ、石づきをとる。水気を切り、片栗粉を加えてよくもむ。水洗いして汚れをとったあと、水に浸けて冷蔵庫で保存。毎日水をかえる（長く保存可）。もどすと重量で日本産は3倍、中国産は5～6倍に増える。

銀耳《インアル》
【白キクラゲ】

広葉樹の枯れ木に生じ、乾燥品は淡黄色である。水に浸けてもどすと純白で半透明なゼリー状になる。料理にもデザートにも使用する。白木耳（バイムゥアル）、雪耳（シュエアル）ともいう。

［もどし方］
水に一晩浸けて水分を十分含ませたあと、汚れや石づきをとる。水に浸けて冷蔵庫で保存。毎日水をかえる（長く保存可）。もどすと重量で5～6倍に増える。

もどしたもの

竹蓀《ヂュウスン》・竹笙《ヂュウション》
【キヌガサタケ】

竹林で育つキノコで、白いレース状で独特の食感がある。スポンジ状の軸の上にレース状のかさがついている。天然ものと人工栽培のものとあり、天然ものは厚みがあり、きめが細かく食感がよいが、高価である。

［もどし方］
1 たっぷりの水に一晩浸ける。
2 水をかえながら手のひらで押さえてくさみのある中のぬめりを除く。水に浸けて冷蔵保存し、毎日水をかえる。冷凍すると食感が失われる。

金針菜《チンチェンツァイ》
【キンシンサイ】

ユリ科植物のホンカンゾウ、ノカンゾウなどのつぼみ。乾燥品と生がある。乾燥品は黄金色で、蒸しものなどによく用いる。生は鮮やかな緑色で甘味があり、炒めものなどに用いる。乾燥品は一晩水に浸けてもどす。

もどしたもの

西米《シィミー》
【タピオカ】

キャッサバの塊根からとるデンプン。球状のものがタピオカパールとして売られていて、デザートに用いる。もどし方は(→207頁・5)。

大地魚《ターティユィ》
【大地魚《ターティユィ》】

ヒラメ類の魚を背から中骨まで開いて乾燥させたもの。旨みと香ばしさがあり、ワンタンの餡に加えたり、ナマコ、魚の浮き袋、麺などを煮込む時に使う。
［粉にする場合］
骨と皮をとり除き、約180℃のオーヴンで焼き(電子レンジでもよい)、ミキサーなどで粉にする。密閉できる容器に入れ、常温で保存。

魚翅《ユィチー》
【フカヒレ】

サメのヒレ。主に背ビレ、胸ビレ、尾ビレからつくられる。姿のフカヒレを排翅(パイチー)、金糸がほぐれたものを散翅(サンチー)という。乾燥品のほか、冷凍、缶詰、レトルトパックが売られている。
［素むき(皮をはいで乾燥させたもの)の散翅のもどし方］
フカヒレを水に1～2日間浸ける。ステンレスの鍋にたっぷりの熱湯、フカヒレを入れ、蓋をして10～12時間煮る。フカヒレが柔らかくなったら、そのまま冷ましてザルにあけ、手でかき混ぜてヒレについている脂肪を除く。ぬるま湯に入れ、浮いてきた脂肪を洗い流す。この操作をくり返し、金糸だけにする。水気を切って冷蔵庫へ入れ、長期の場合は冷凍保存。左2本はきれいなフカヒレ。右は一部分が白く骨のように固くなった〝枯骨(クゥグゥ)〟で不良品。

蝦米《シャーミィ》
【干しエビ】

小エビを塩水でゆで、乾燥させたもの。海水産、淡水産、殻をとったもの、殻つきなどがある。旨みが強く、料理の風味づけやXO醤の材料として用いる。
［もどし方］
表面を軽く水洗いし、浸かる程度の水に一晩浸けて柔らかくもどし、そのままネギ、生姜の端をのせて20分蒸す。もどすと重量で約2倍に増える。冷めたら冷蔵保存。2～3日以上は冷凍保存。

干貝《ガンペイ》
【干し貝柱】

タイラギやホタテ貝などの貝柱をゆで、乾燥させたもの。形がよく大きいほど高価。蒸しものや煮込みとして使うほか、あんかけ料理の風味づけや焼売の餡に入れたりする。旨みがあるもどし汁も使う。
［もどし方］
白く固い部分を除き、容器に並べ、浸かる程度の水を入れて一晩おいてから、そのまま20分蒸す。もどすと重量で約2倍に増える。冷めれば冷蔵保存。2～3日以上は冷凍保存。

もどしたもの

香菇《シャングゥ》
【干し椎茸】

かさに菊花状の亀裂が入ったものは花菇(ホワグゥ)といい、もっとも品質がよい。
［もどし方］
1 一晩水に浸けて水分を十分含ませる。
2 軸をとり、塩、砂糖、コショウ、ネギと生姜の端を加えたスープ(または水)に浸けて約20分蒸す。冷めたら水気を切って冷蔵保存する。

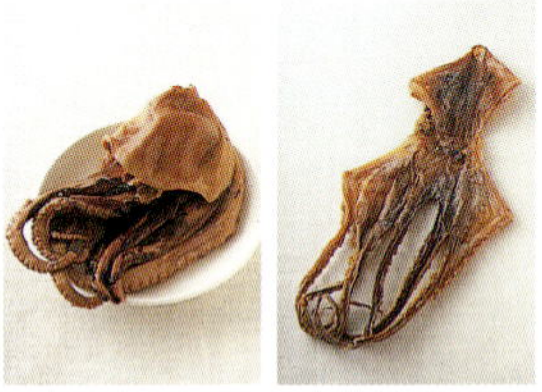

鱆魚干《チャンユィガン》
【干しダコ】

タコを乾燥させたもの。スープの材料として利用したり、もどしたものを刻んでチャーハンなどに使ったりする。
［もどし方］
軽く水洗いし、一晩水に浸ける。たっぷりの水に浸け、約2時間蒸す。冷めた後、皮をむく。ラップに包んで冷蔵。2～3日以上は冷凍保存。

龍眼《ロンイェン》
【龍眼《りゅうがん》】

龍眼の果実の乾燥。乾燥したものは、表面が淡褐色の固い殻で覆われ、中に黒い果肉がある。この果肉をお茶うけにしたり、あるいは器に入れて熱湯を注いで風味を移したものを飲んだりする。殻を割って食べる。

緑豆《リュイトウ》
【緑豆】

緑色の皮をむくと黄色の豆。解熱、解毒、利尿作用があるといわれ、粥や汁粉にして夏によく食べられている。モヤシのほか、中国ハルサメの原料でもある。

◎塩蔵品、漬けもの

海蜇頭《ハイチョートウ》
【クラゲの頭】

ビゼンクラゲ、エチゼンクラゲなどの塩蔵品。かさの部分〝海蜇皮(ハイチョーピー)〟と〝口腕(こうわん)〟に分かれ、クラゲの頭とは口腕のこと。浙江省舟山群島産が肉厚で質がよい。日本へは遼寧省大連産が多く輸入されている。

[もどし方]

1 塩を洗い流して一口大に切り分け、約80℃の湯に浸け、少し縮んだらすぐ水に落とす。

2 流水にさらす。流水にさらすことにより塩分とくさみが抜け、水分を含み、ぷりぷりした食感になる。もどりが悪い場合や固い場合は、酢の中でもむと柔らかくなる。水に浸けて冷蔵保存し、毎日水をかえる。

榨菜《チャーツァイ》
【ザーサイ】

茎用カラシナの一種で、根元に近い茎のコブ状になった部分を、塩、唐辛子、花椒(→下記)、八角(→264頁)などで漬けたもの。四川の涪陵(ふりょう)産が有名。塩漬けの過程で圧搾して水分を搾(〝榨〟とも書く)るので「榨菜」という。「搾菜」とも書く。

鹹魚《シェンユィ》
【塩漬け魚】

ヒラ、イシモチ、コノシロなどの内臓をとり、塩漬け発酵させて干したもの。日本では、小さく切って油に漬けた馬友(ミナミコノシロ)の瓶詰が市販されている。炒めものや煮込み料理の風味づけに用いる。

鹹蛋黄《シェンタンホワン》
【塩漬け卵の黄身】

アヒルの卵を泥と塩を合わせたものに漬けたり、草木灰と塩か、塩水に30～40日漬けてつくる。卵黄中の遊離油脂とタンパク質が塩により変性凝固するが、卵白は固まらない。旨みのある卵黄だけも売られている。月餅の餡などに使う。

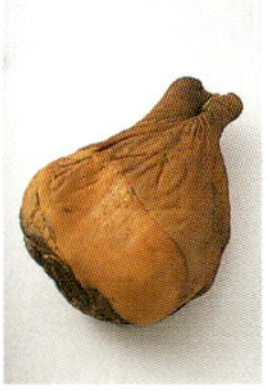

火腿《フオトェイ》
【中国ハム】

豚の後脚を塩漬け、洗浄、日干し、整形、発酵熟成させたもの。浙江省金華一帯でつくられる南腿(ナントェイ)、江蘇省如皋(じょこう)一帯の北腿(ベイトェイ)、雲南省宣威の雲腿(ユントェイ)などが有名。

臘腸《ラーチャン》
【中国腸詰】

小さく切った豚肉に砂糖、塩、醤油、酒などと香辛料を混ぜ合わせ、豚の小腸に詰めて陰干しにしたもの。サラミに似ているが、甘味がある。炊き込みご飯に入れたり、薄切りにして煮込み料理や炒めものにしたりする。

[下処理]

熱湯にくぐらせ、約20分蒸して余分な脂肪を除いてから用いる。冷めれば冷蔵保存。長期は冷凍。

泡辣椒《パオラーヂャオ》
【唐辛子の漬けもの】

唐辛子の塩水漬け。四川、湖南、貴州の中国西南部の料理でよく用いられる。特に煮込み料理に使われることが多い。爽やかな酸味とマイルドな辛味がある。

皮蛋《ピータン》
【ピータン】

アヒルの卵に石灰、草木灰、塩、粘土などを塗って籾殻をまぶして15～30日おくとアルカリ分が浸透していく。卵のタンパク質が変性して白身は茶色のゼリー状、黄身は濃い緑色になる。殻をむいてしばらくおいてアンモニア臭を除いて使う。

芽菜《ヤーツァイ》
【ヤーサイ】

小葉カラシナを塩、八角、花椒などで漬けたもの。根元の部分が固いのでとり除く。細かく刻み、タンタンメンや和え麺の風味づけなどに用いる。四川省宜賓産が有名。密閉できる容器に入れて冷蔵保存。

◎香辛料

五香粉《ウーシャンフェン》
【ウーシャンフェン】

丁子、桂皮(→左記)、花椒(→左記)、八角(→264頁)、茴香、陳皮(→264頁)などの香辛料の粉末を合わせたもの。地方により含まれる香辛料の数も種類もさまざま。材料のくさみ消しに用いる。市販品があり、これ1本あれば複雑な香りが楽しめる。

花椒《ホワヂャオ》
【花椒《かしょう》】

中国山椒の果皮を乾燥させたもの。強烈な香りとしびれるような辛味を持つ。四川では粒のまま、あるいは粉末の花椒粉がよく用いられ、その辛さを「麻(マー)」という。塩を加え混ぜた食卓調味料「花椒塩」のつくり方は→268頁。

桂皮《クェイピー》
【桂皮《けいひ》】

一般にカシアニッケイといわれるケイの樹皮。香りが強く、甘さの中にやや苦味がある。

沙姜粉《シャーヂャンフェン》

「山奈」ともいうショウガ科植物バンウコンの根茎を粉末にしたもの。材料のくさみを除き、香り、風味をます。なければジンジャーパウダーを用いる。

朝天椒《チャオティエンヂャオ》
【チャオテンジャオ】
（乾燥）

辛味が強い赤唐辛子。生、乾燥のほか、塩水漬けにして四川でよく用いる。中の種が辛いので、苦手な人は種を除くとよい。「朝天」とは天に向かうという意味で、先端が上に向いて実るので名づけられた。

陳皮《チェンピー》
【陳皮《ちんぴ》】

橘皮（きつひ）ともいう。熟したミカンの皮を乾燥させたもの。長くおいたものがよいので陳（古い）皮。少し苦味があるが、香りがよく、材料のくさみ消しに用いる。

［下処理］

1 陳皮を一晩水に浸けて、裏側の白い部分をへぎとる。

2 柔らかくなるまで水に浸けて蒸し、みじん切りにする。

3 ピーナッツ油少量を混ぜる。

八角《パーヂャオ》
【八角《はっかく》】

大茴香ともいう。八角茴香の果実を乾燥させたもの。独特の甘い香りを持ち、材料のくさみを消す。食欲を増し、胃を温めるなどの作用があり、薬膳にもよく用いられる。

【プリッキーヌ】

長さが2～3㎝のタイの激辛唐辛子。名前の由来はネズミの糞のような形から。

◎酒

酒醸《チュウニャン》
【中国甘酒】

蒸したもち米に麹を加えて発酵させた酒。甘酸っぱい味とコクがあり、辛い料理からデザートまで幅広く用いる。密閉容器に入れて冷蔵保存。長期の場合は冷凍。缶詰の市販品がある。つくり方は→268頁。

桂花陳酒《クェイホワチェンチュウ》
【桂花陳酒《けいかちんしゅ》】

キンモクセイの花の香りを移したワイン。アルコール度15％。香りがよく甘いのでデザートにも用いられる。白ワインと赤ワインがある。

米酒《ミーチュウ》
【米酒《べいしゅ》】

米からつくる台湾産の蒸留酒。アルコール度は19・5％。肉や魚のくさみ消しに台湾では一般に使う料理酒。米酒はほかに、もち米からつくるものでアルコール度が40％を超える酒もある。

紹興酒《シャオシンチュウ》
【紹興酒《しょうこうしゅ》】

もち米に麦麹を加えてつくる中国の代表的な醸造酒。長く寝かせたものがよいので老酒（ラオチュウ）ともいわれる。浙江省紹興産。アルコール度14～18％。

玫瑰露酒《メイクェイルゥチュウ》
【ハマナスの酒】

ハマナスの香りをつけた蒸留酒。アルコール度54％。天津産。飲料にするほか、香りとアルコール度が強いので、料理では肉類のくさみ消しとして下味つけや煮込みダレに加える。

◎酢

紅醋《ホンツゥ》
【赤酢】

もち米（あるいは赤米）に紅麹を混ぜ合わせ、熟成させ、八角や陳皮（→以上上記）などの香辛料を加えてつくる酢。赤ワインのような色、独特の香り、まろやかな酸味が特徴。料理に使うほか、フカヒレ料理や点心の食卓調味料として。

鎮江香醋《チェンヂャンシャンツゥ》
【鎮江の黒酢】

江蘇省鎮江で産する黒酢。ウスターソースのような色と香りがあり、少し刺激を含む酸味が特徴。中国では色、香りが淡白なものも出まわっている。料理に使うほか、小籠包などの食卓調味料に。

荔枝醋《リーヂーツゥ》
【荔枝《ライチー》の酢】

米酢にカラメル、香料などを加えて色、香りをつけた調味料。フルーティな香りとまろやかな酸味が特徴。

◎醤油

魚露《ユィルゥ》
【魚醤《ぎょしょう》】

小魚を塩漬けして発酵させ、漉してつくる調味料。魚特有の香りとアミノ酸の旨みを持つ。福州産が有名で、福建、広東で蒸し魚のタレや炒めものの調味料などに用いる。

鮮醤油精《シェンヂャンヨウチン》
【シーズニングソース】

大豆からつくる、旨みとコクのある減塩醤油。使い方は醤油と同じ。

老抽《ラオチョウ》
【中国たまり醤油】

カラメルを加えた醤油。通常は、調理の最後に加え、味というより、色を調整するのに用いている。塩分は少ない。

泰国魚露《タイグオユィルゥ》
【ナンプラー】

タイの魚醤で、カタクチイワシなどを塩漬けして発酵させ、漉してつくる。ベトナムではキビナゴなどを主材料につくり、ニョクマムという。

◎味噌・醤

容器をあけたら、密閉容器に移して冷蔵庫で保存する。

甜麺醤《ティエンミェンヂャン》
【中国甘味噌】

小麦粉を発酵させてつくる甘味のある味噌。北京ダックなどの焼きもの、揚げものの食卓調味料にも使われる。日本では八丁味噌からつくっている。麺醤（ミェンヂャン）、甜醤（ティエンヂャン）ともいう。つくり方は↓267頁。

海鮮醤《ハイシェンヂャン》
【海鮮醤《かいせんじゃん》】

甘味噌。大豆、赤米に麹を加えて発酵させ、梅、炒りゴマ、粉唐辛子などを加えてつくる。中国南方でよく用いる。

麺豉醤《ミェンチーヂャン》
【ミンシー醤】

広東語読みは「ミンシーチョン」。大豆、小麦粉からつくる、広東で使われる一般的な味噌。焼きものの下味つけなどに用いる。つくり方は↓83頁「材料欄」。

芝麻醤《ヂーマーヂャン》
【ゴマペースト】

炒った白ゴマをすりつぶし、植物油を加えてのばしたもの。タンタンメンやゴマ風味のタレに加える。自家製のつくり方は↓268頁。

沙爹醤《シャーティエヂャン》・沙茶醤《シャーチャーヂャン》
【サテソース】

インドネシアで串焼き肉（サテ）に用いる調味料が、1930年代に広東、福建、台湾に伝わり、複雑な旨みを持った辛味調味料として発達した。ニンニク、ピーナッツ、玉ネギ、干しエビ、香辛料などからつくる。

蝦醤《シャーヂャン》
【蝦醤《シャージャン》】

アミなどの小型のエビに塩を加え、すりつぶしてから発酵させた調味料。独特の旨み、香りと塩味が強く、揚げものの下味つけ、チャーハン、魚介類の炒めものによく用いる。エビミソとも呼ぶ。

［下処理］
蝦醤125gに紹興酒50ml、砂糖5gを混ぜ、適量の油で炒める。

香辣醤《シャンラーヂャン》
【香辣醤《シャンラージャン》】

醤油、唐辛子、花椒（↓263頁）、ゴマ、コショウ、沙姜粉（↓右頁）、八角（↓右頁）などを合わせた、旨みと風味のある辛味調味料。四川の自貢（じこう）特産。使い方は豆瓣醤（↓266頁）と同じ。

熟醤《シュウヂャン》
【熟醤《シュウジャン》】

広東料理で焼きもの料理に添える旨みのある食卓調味料。麺豉醤（↓右記）を用いてつくる。つくり方は↓83頁。

辣椒醤《ラーヂャオヂャン》
【チリペースト】

唐辛子を塩漬けにしてから、すりつぶしたもの。鮮明な赤色と辛味が特徴。点心の食卓調味料としてよく用いる。甘味の強いものにスイートチリソース（甜辣椒醤〈ティエンラーヂャオヂャン〉）がある。

◎その他の調味料

冬菜醤《トンツァイチャン》
【漬けものペースト】

冬菜（白菜や葉カラシナを干してから3～6ヵ月塩漬けにしたもの）に辛味、香り、油脂を加えた調味料。パオズ、焼売などの餡に加えてコクや風味を出す。つくり方は↓162頁。

豆豉《トウチー》
【豆豉《トウチ》】

大豆を蒸して発酵させ、塩を加えてつくる。味噌の一種で、油で炒めると香りと旨みが増す。長江流域および以南でつくられ、広東の陽江、四川の永川産が有名。炒めものや煮込みの風味づけに用いる。
［下処理］
豆豉100gは洗って水分をとり、粗みじん切りにする。油大さじ5でニンニクのみじん切り20gを炒め、豆豉、砂糖小さじ2、陳皮（↓264頁）のみじん切り2枚分を加えて炒める。粒のまま使用する場合も同様に下処理。

豆瓣醤《トウバンチャン》
【豆瓣醤《トウバンジャン》】

発酵させた空豆と唐辛子からつくる辛い味噌。ミキサーなどで細かくして用いる。よく目にする豆瓣醤は赤色が鮮やかで唐辛子の辛味と塩分が強い。本書では茶色っぽい郫県の豆瓣醤とこの赤い色の豆瓣醤を1対1で合わせて使用。炒め豆瓣醤（↓268頁）にして食卓調味料にもする。

郫県豆瓣醤《ピーシェントウバンチャン》
【郫県《ひけん》の豆瓣醤】

二荊条という唐辛子と空豆を使ってつくる四川の郫県産豆瓣醤。発酵させる年月が長いほど、色が黒みを帯び、辛味がまろやかでコク、旨みが増す。豆粒が残っているのでミキサーかミンサーにかけて細かくする。

炸蒜茸《チャースワンロン》
【揚げニンニク】

みじん切りにしたニンニクを水で洗ってから、同量の油で揚げたもの。下味つけやソースなどに用い、香りとコクをつける。

XO醤《エックスオーチャン》
【XO醤《エックスオージャン》】

香港でつくられた調味料で、干し貝柱、干しエビ、中国ハムなどを炒めてつくる。XOはブランデーの格づけに由来し、最高級品という意味。炒めもの、蒸しもの、煮込みなどに使われる。つくり方は↓268頁。

蠔油《ハオヨウ》
【カキ油】

オイスターソースともいう。干しガキ〝蠔豉（ハオチー）〟をつくる時に出るカキのゆで汁を濃縮し、色、味、とろみを調整してつくる旨み調味料。炒めもの、蒸しもの、煮込みなど幅広く使われる。

片糖《ピェンタン》
【片糖《へんとう》】

含蜜糖の一種で、板状になっていて、断面は3層に分かれている。独特の風味とコクのある甘味、粘度があるので、広東で汁粉や料理のタレをつくる時に加える。

桂花醤《クェイホワヂャン》
【キンモクセイの花の蜜漬け】

キンモクセイの花を塩漬けしてから砂糖に漬けるか、シロップで煮たもの。主にデザートに使われ、香り、甘味、彩りを加える。薄い塩味がある。

潮州辣椒油《チャオチョウラーヂャオヨウ》
【潮州のラー油】

赤唐辛子とニンニクなど香辛料、香味野菜が入った、旨みのあるラー油。前菜のソースや点心の食卓調味料などに使う。潮州は広東省東部の地名。

南乳《ナンルゥ》
【南乳《なんにゅう》】

塩分の強い発酵豆腐。豆腐を塩漬けし、紅麹、酒、香辛料、調味料に漬けたもの。広東では肉の下味やクセの強い材料の煮込みなどに風味づけとして漬け汁ごとすりつぶして使う。紅腐乳（ホンフールゥ）ともいう。

OK汁《オーケーヂー》

トマト、リンゴなどに香味野菜、香辛料、トマトケチャップ、ウスターソースなどを加えた、豊かな香りと酸味を持つ液体調味料。肉の下味つけやタレなどに使う。入手できない場合は、A1ソース（フルーティなソース）を使うとよい。

油鶏水《ヨウディシュェイ》
【鶏の煮込みタレ】

鶏やアヒルの煮込み、漬けダレに用いる香辛料入りの醤油ベースのタレ。つくり方は↓109頁「鴨とクラゲの和えもの」。

香り油のつくり方

解説→44頁「香り油いろいろ」

鶏油《ヂィヨウ》
【鶏油】

【材料】
鶏脂500g、
ネギの切れ端適量、
生姜の切れ端適量

［つくり方1］
鶏脂は水洗いしてしばらく流水にさらしてくさみを抜く。水気をとり、適当な大きさに切る。鍋に下処理した鶏脂、ネギ、生姜を入れ、中火にかける。溶けだした油が透き通り、ネギ、生姜が少し色づいたら熱いうちに漉す。冷めれば密閉容器に入れ、冷蔵庫で保存。
＊油の温度が高くなってネギ、生姜を焦がしすぎたりすると、色が濃くなって香りも飛んでしまう。透き通らないうちに漉すと水分が残り、腐りやすい。また、鍋底に水分がたまっているので、上澄みだけを漉す。
［つくり方2］
下処理をした鶏脂、ネギ、生姜をボウルに入れ、蓋をして1～2時間ほど蒸す。熱いうちに漉して冷まし、冷蔵庫に入れて冷やし固める。底にたまっている水分は捨てる。密閉容器に入れ、冷蔵庫で保存。
＊ネギ、生姜のほどよく焦げた香りがないため、少しくさいと感じる場合がある。

花椒油《ホワヂャオヨウ》
【中国山椒油】

【材料】
植物油350g、
花椒（→263頁）50g、
玉ネギ400g

玉ネギは皮をむいて薄切りにする。鍋に油、玉ネギ、花椒を入れ、中火で熱する。玉ネギがキツネ色になったら、熱いうちに漉す。冷めれば密閉容器に入れ、冷蔵庫で保存。

葱油《ツォンヨウ》
【ネギ油】

【材料】
ラード500g、
玉ネギ400g、
ネギの切れ端100g、
生姜の切れ端20g、
ニンニク2片

玉ネギは皮をむく。玉ネギ、ネギ、生姜、ニンニクを薄切りにする。鍋にすべての材料を入れ、中火で熱する。野菜がキツネ色になったら、熱いうちに漉す。冷めたら密閉容器に入れ、冷蔵庫で保存する。

葱姜油《ツォンヂャンヨウ》
【ネギ生姜油】

【材料】
植物油500g、
玉ネギ400g、
ネギの切れ端100g、
生姜の切れ端100g

玉ネギは皮をむく。玉ネギ、ネギ、生姜は薄切りにする。鍋にすべての材料を入れて中火で熱する。野菜がキツネ色になったら、熱いうちに漉す。冷めたら密閉容器に入れ、冷蔵庫で保存する。

自家製調味料のつくり方

辣椒油《ラーヂャオヨウ》・辣油《ラーヨウ》
【ラー油】

【材料】
粉唐辛子125g、
白ゴマ15g、
植物油750g、
ネギの切れ端30g、
生姜の切れ端10g、
花椒（→263頁）10g、
陳皮（→264頁）2g、
桂皮（→263頁）10g、
八角（→264頁）3g、
ローリエ1g

ボウルに粉唐辛子、白ゴマを入れ、少量の水（分量外）を加えて湿り気を与える。鍋に分量の油、ネギ、生姜、香辛料を入れて中火にかけ、ゆっくり温度を上げてゆく。ネギ、生姜は色づいて香りが油に移ればとりだす。油を約180℃に熱し、ボウルの唐辛子に注ぐ。手早くかき混ぜ、蓋をする。冷めて唐辛子が沈殿すれば密閉容器に入れ、冷蔵庫に入れて保存。油と沈殿した唐辛子を一緒に使うと香りがよくなる。
＊唐辛子に湿り気を与えるのは焦げるのを防ぎ、熱い油を加えた時に唐辛子が散らないようにするため。一度使用した唐辛子でも新たに唐辛子を足して補えば、同じ要領でつくることが可能。

甜醤油《ティエンヂャンヨウ》
【甘醤油《あまじょうゆ》】

【材料】
砂糖300g、
酒150㎖、醤油300㎖、
ネギと生姜の切れ端適量、
八角、桂皮、陳皮（→263頁～264頁）各少量

鍋にすべての材料を入れ、中火にかける。煮立ったら弱火にし、アクをとりながら焦がさないようにして約半量に煮詰める。煮詰まれば網で漉し、冷ましてから使用する。密閉容器に入れて冷蔵庫で保存。主に前菜ソースとして使う。

甜麺醤《ティエンミェンヂャン》
【中国甘味噌】

【材料】
八丁味噌500g、
砂糖200～250g、
醤油40㎖、水500㎖、
植物油50㎖、
ゴマ油25㎖

鍋に八丁味噌、砂糖、醤油を入れ、水を少しずつ加えながら溶きのばす。中火にかけ、玉杓子でゆっくりかき混ぜながらどろっとした濃度まで煮詰める。途中で油、ゴマ油を2～3回に分けて加える。冷めたらトマトケチャップ程度の濃度になるのが目安。冷まして密閉容器に入れ、冷蔵保存。

芝麻醤《ヂーマーヂャン》
【ゴマペースト】

【材料】
白ゴマ500g、
サラダ油500㎖、
ネギと生姜の切れ端適量

白ゴマを焦がさないようにゆっくりとから炒りする。ゴマが膨らみ、黄金色に色づけばとりだして粗熱をとる。ミンサーで二度挽きする。鍋にサラダ油、ネギと生姜の端を入れて火にかけ、ネギと生姜が色づけば漉してゴマに加え、よくかき混ぜる。冷めれば密閉容器に入れて冷蔵保存。解説は↓265頁。

炒め豆瓣醤

【材料】
油大さじ5、
豆瓣醤(↓266頁)90g、
ニンニク小1片、
砂糖大さじ1、
タバスコ小さじ1、
ラー油(つくり方↓267頁)小さじ1

鍋に油、豆瓣醤、みじん切りにしたニンニクを入れて中火で炒める。豆瓣醤の色と辛味が油に移ったら火を弱め、砂糖を加えて溶かす。とりだしてタバスコ、ラー油を混ぜる。冷めれば密閉容器に入れ、冷蔵保存。主に食卓用調味料として好みで料理や点心につける。解説は↓266頁。

自家製XO醤

【材料】
干し貝柱(もどして↓262頁)150gともどし汁200㎖、
ピーナッツ油100㎖、
ニンニク50g、
エシャロット50g、
生赤唐辛子30g、
プリッキーヌ(↓264頁)6本、干しエビ(もどして↓262頁)30gともどし汁200㎖、
中国ハム100g、
エビの卵(蝦子↓261頁)20g、油適量

干し貝柱は汁をよく切ってほぐす。ほかの材料はすべて粗みじん切りにする。貝柱は160℃の油で揚げて油を切る。鍋にピーナッツ油を熱し、ニンニク、エシャロット、生赤唐辛子、プリッキーヌをゆっくり炒める。干しエビを加えてさらに炒め、中国ハム、エビの卵、干し貝柱、貝柱と干しエビのもどし汁を入れ、汁気がなくなるまで煮詰める。密閉容器に入れ、冷蔵庫で保存。解説は↓266頁。

酸姜《スワンヂャン》
【甘酢生姜】

【材料】
新生姜200g、
酢300㎖、
砂糖180g、塩適量、
レモンの薄切り½個分、
生赤唐辛子1本、
梅干し1個

生姜を甘酢漬けにしたもので、広東料理の前菜や料理に用いられることが多い。市販品もある。新生姜は丸ごと塩適量をすり込み、約1時間おく。流水にさらし、水気をふきとり、1日陰干しにする。密閉容器に酢、砂糖、塩小さじ1、レモン、生赤唐辛子(なければタカノツメ)、梅干しを入れる。生姜を漬け、冷蔵庫に入れて3~4ヵ月おく。

花椒塩《ホワヂャオイェン》
【花椒塩《かしょうえん》】

花椒(中国山椒↓263頁)に炒り塩を混ぜたもので、揚げものの食卓調味料用。塩と花椒を3対1の割合(好みで割合を変える)でから鍋に入れ、中火で焦がさないように炒る。塩が薄く色づき、花椒の香りがしてきたらふるいにかけて花椒と塩を分ける。ミキサーに花椒と塩適量(ミキサーがまわる程度の量)を入れて細かくし、残りの塩と混ぜ合わせる。密閉容器に入れて保存する。

姜酒《ヂャンチュウ》
【生姜酒】

生姜の搾り汁1に対し日本酒2を混ぜ合わせた液体。主に湯通しする時に使い、材料のクセをやわらげる。冷蔵庫で保存。

酒醸《チュウニャン》
【中国甘酒】

【材料】
もち米500g、麹50g、
ぬるま湯(約30℃)100㎖、砂糖小さじ1、
小麦粉小さじ1、水適量、
日本酒450㎖

もち米は水洗いしたあと、水に一晩浸ける。もち米を深めのバットに移し、浸かるくらいの水を加えて30~40分間蒸す。麹、ぬるま湯、砂糖、小麦粉をボウルに入れて混ぜ、蓋をかぶせて2~3時間温かい場所において発酵させる。もち米を大きめのボウルに移し、日本酒を加えて人肌程度に冷ます。ここに発酵させた麹を加え混ぜて蓋をかぶせる。室内で夏は2~3日、冬は4~5日発酵させる。甘酸っぱい仕上がりとなり、発酵しすぎると酸っぱくなる。冷蔵庫で保存。解説は↓264頁。

〈広東語ルビつき〉

事例料理一覧表

中国では一般に、料理名については標準語で通じるが、広東料理だけは広東語で広まっている。日本では高級料理店では広東料理が多いので参考のために
ここでは料理だけを調理法ごとにピックアップし、料理名を広東語読み表記した。

◎ 吊湯《テュウトン》【スープをとる】

雲呑滑蛋湯《ワンタンワッタントン》【ワンタンと卵豆腐のスープ】……51
蕪菁鹹肉湯《モウチェンハムヨックトン》【かぶと塩漬け肉のスープ】……51
粟米羹《ソックマイガン》【トウモロコシのスープ】……52
醋椒魚湯《チョウチューユィトン》【アンコウの白コショウ風味スープ】……52
竹笙燉魚翅《チョックサンタンユィチー》【キヌガサタケとフカヒレの蒸しスープ】……53

◎ 煎《チン》【煎り焼く】

鍋貼《ウオティップ》【焼き餃子】……56
鍋貼帯子《ウオティップタイヂー》【ホタテ貝のスパイシー煎り焼き】……57
干煎帯魚《コンチンタイユィ》【タチウオの煎り焼き】……58
煎紅衫魚《チンホンサムユィ》【イトヨリの煎り焼き 香味ソース】……59

◎ 炒《チャウ》【炒める】

宮保鶏丁《コンポウカイテン》【鶏肉の辛味炒め 四川風】……64
甜 椒牛肉絲《ティムチューガウヨックシー》【パプリカと牛肉の炒めもの】……65
韮黄星鰻絲《ガウウォンシンマンシー》【アナゴと黄ニラの炒めもの】……66
回鍋肉片《ウイウオヨックピン》【豚肉とキャベツの味噌炒め】……67
蟹肉 炒 鮮奶《ハイヨックチャウシンナイ》【蟹肉とミルクの柔らか炒め】……67
清炒豆苗《チェンチャウタウミュウ》【トウミョウの炒めもの】……68
炒青菜《チャウチェンチョイ》【チンゲンサイと椎茸の炒め】……68
干煸四季豆《コンピンセイクワイタウ》【サヤインゲンの炒めもの】……69
炒莧菜《チャウヒンチョイ》【ひゆ菜のホットな炒めもの】……69

◎ 炸《ヂャー》【揚げる】

清炸蝦仔《チェンヂャーハーチャイ》【トビアラの香り揚げ】……76
龍帯玉梨香《ロンタイヨックレイヒョン》【ホタテ貝と洋梨のはさみ揚げ】……77
沙爹炸鱈魚《サーテヂャーシュッユィ》【タラと雲子のサテ風味揚げ】……78
韮黄肉絲春巻《ガウウォンヨックシーチョンギュン》【豚バラ肉と黄ニラの春巻】……79

◎ 焼烤《シューハウ》【焼く】

脆皮琵琶鶏《チョイペイペイパーカイ》【若鶏の香味焼き】……83
蜜汁排骨《マッチャップパイグワッ》【スペアリブの焼きもの】……84
椰汁焗鮮蠔《イエチャップゴックシンホウ》【ココナッツ風味のカキグラタン】……85

◎ 蒸《チェン》【蒸す】

蒜茸蝦《シュンヨンハー》【車エビのニンニク風味蒸し】……90
清蒸鮮魚《チェンチェンシンユィ》【魚の蒸しもの 広東風】……90
豉汁蒸排骨《シーチャップチェンパイグワッ》【スペアリブの蒸しもの 豆豉風味】……91
梅子蒸排骨《ムイヂーチェンパイグワッ》【スペアリブの蒸しもの 梅肉風味】……91
滑子鶏《ワッヂーカイ》【鶏の香味蒸し】……92
XO醤滑子鶏《エックスオーチョンワッヂーカイ》【鶏のXO醤風味蒸し】……92
咖喱蒸鶏翼《ガーレイチェンカイイック》【手羽先の米蒸し カレー風味】……93

◎ 煮《ヂュー》【ゆでる】

香辣酸鶏《ヒョンラッシュンカイ》【ゆで鶏の辛味前菜】……96
麻辣鶏柳蝦《マーラッカイラウハー》【エビとササミの辛味ソース和え】……97

◎ 焼《シュー》【煮込む】

XO醤焗青蟹《エックスオーチョンゴックチェンハイ》【ワタリ蟹のXO醤煮込み】……99
水煮牛肉《ソイヂューガウヨック》【牛ロースと野菜の四川風辛味煮込み】……100
麻婆豆腐《マーポータウフー》【マーボー豆腐】……101
干葱豆豉鶏煲《コンチョンタウシーカイポウ》【鶏肉とエシャロットの煮込み】……102

◎ 拌《プン》【和える】

沙爹魷魚《サーテヤウユィ》【イカのサテソース和え】……107
魚香拌時蔬《ユィヒョンプンシーソー》【野菜の和えもの 魚香風味】……108
醤鴨海蜇頭《チョンアップホイヂッタウ》【鴨とクラゲの和えもの】……109

◎抜絲《パッシー》【飴がらめ】
抜絲地瓜《パッシーテイグワ》【さつま芋の飴がらめ】……113
甜合桃《ティムハップトウ》【クルミの飴がらめ】……113
抜絲葡萄柚《パッシーポウトウヤウ》【グレープフルーツの飴がらめ】……114
抜絲菠蘿《パッシーポーロー》【パイナップルの飴がらめ】……114
掛霜腰果《グワションイウグオ》【カシューナッツの砂糖がらめ】……114

◎凍《トン》【固める】
豆腐花《タウフーファ》【豆腐のデザート】……116
甜豆凍南瓜《ティムタウトンナムグワ》【カボチャと黒豆の冷製】……116
杏仁豆腐《ハンヤンタウフー》【アンニン豆腐】……117
桂花甜蕃茄《クワイファティムファンケ》【トマトと色々ゼリー】……118

◎包子《パウヂー》【パオズ】
叉焼包《チャーシューパウ》【チャーシュー入りパオズ】……128
滑鶏包《ワッカイパウ》【鶏肉のパオズ】……128
酥炸奶王包《ソウヂャーナイウォンパウ》【カスタード餡入り揚げパオズ】……129
生煎饅頭《サンチンマンタウ》【煎り焼きパオズ】……131
栗蓉包《ロックヨンパウ》【栗餡入りパオズ】……133
五仁月餅《ンーヤンユッペン》【木の実餡入り月餅】……138
蛋黄蓮蓉月餅《タンウォンリンヨンユッペン》【塩漬け卵入りハスの実餡の月餅】……139
椰蓉月餅《イエヨンユッペン》【ココナッツ餡入り月餅】……139

◎餃子《ガウヂー》・団子《トュンヂー》【餃子、団子】
薄餅《ボックペン》【中国風クレープ】……152
姜葱撈水餃《キョンチョンロウソイガウ》【ネギ生姜風味の水餃子】……153
水餃子《ソイガウヂー》【水餃子】……153
小籠包《シューロンパウ》【スープ入り饅頭】……154
葱油餅《チョンヤウペン》【ネギ風味のパイ】……155
葱焼餅《チョンシューペン》【ネギの焼きもち】……156
迷你餃子《マイネイガウヂー》【一口煎り焼き餃子】……156
淡水鮮蝦餃《タムソイシンハーガウ》【エビ餃子】……165
生肉韮菜餅《サンヨックガウチョイペン》【ニラ饅頭】……165
潮州蒸粉果《チューチャウチェンファングオ》【潮州風蒸し餃子】……166
元宵《ユンシュー》【ナツメ餡入り揚げ団子】……167
脆皮麻球《チョイペイマーカウ》【ゴマ団子】……167
奶王糯米糍《ナイウォンノーマイチー》【カスタード餡入りココナッツ団子】……168
麻蓉煎軟堆《マーヨンチンユントェイ》【ゴマ餡入り焼きもち】……168
桂花湯圓《クワイファトンユン》【黒ゴマ餡入り白玉団子のデザート】……169
上湯煎粉果《ショントンチンファングオ》【揚げ餃子のスープ仕立て】……170
蜂巣芋角《フォンチャウウーコック》【中国コロッケ】……171
蜂巣蓮蓉蓮子堆《フォンチャウリンヨンリンヂートェイ》【ハスの実餡の蜂の巣揚げ】……171

◎焼売《シューマイ》・餛飩《ワンタン》・春巻《チョンギュン》【焼売・ワンタン・春巻】
瑶柱焼売《イウチューシューマイ》【貝柱入り焼売】……175
干蒸焼売《コンチェンシューマイ》【焼売】……175
脆皮雲呑《チョイペイワンタン》【揚げワンタン 甘酢ソース添え】……178
雲呑竹笙湯《ワンタンチョックサントン》【ワンタンスープ】……178
五香春巻《ンーヒョンチョンギュン》【五目春巻】……181
越南油梨巻《ユッナムヤウレイギュン》【アボカドのライスペーパー巻き】……181

◎酥餅《ソウペン》【パイ、タルト】
蓮蓉甘露酥《リンヨンガムロウソウ》【ハスの実餡入りパイ】……192
果仁酥餅《グオヤンソウペン》【木の実とドライフルーツのクッキー】……192
鳳梨批《フォンレイパイ》【パイナップル餡のパイ】……193
酥皮椰子撻《ソウペイイエヂータッ》【ココナッツタルトレット】……194
酥皮鶏蛋撻《ソウペイカイタンタッ》【エッグタルトレット】……194
葱香叉焼酥《チョンヒョンチャーシューソウ》【チャーシュー入りネギ風味のパイ】……195
老婆酥餅《ロウポーソウペン》【冬瓜のパイ】……195
富貴牡丹酥《フークワイマウタンソウ》【牡丹形の揚げパイ】……196
蘿蔔酥角《ローパックソウコック》【大根餡の揚げパイ】……197
冬蓉蘋果批《トンヨンペングオパイ》【冬瓜とリンゴのパイ】……198
五彩皮蛋酥《ンーチョイペイタンソウ》【ピータンのパイ】……198

◎糕《ゴウ》【蒸しカステラ、もち】
芋頭糕《ウータウゴウ》【芋の蒸しもち】……200
蘿蔔糕《ローパックゴウ》【大根もちの煎り焼き 広東風】……201
年糕《ニンゴウ》【ココナッツ風味の中国もち】……202
馬蹄糕《マータイゴウ》【黒クワイ入り蒸しようかん】……203

馬拉糕《マーライゴウ》【マーラーガオ（プレーン）】…… 204
蘋果馬拉糕《ペングオマーライゴウ》【マーラーガオ カラメルリンゴとラムレーズン】…… 205

◎甜湯《ティムトン》【甘い汁もの】
麼麼咋咋《モーモーヂャーヂャー》【マレーシア風汁粉】…… 207
緑豆沙《ロックタウサー》【緑豆の汁粉】…… 208
生磨杏仁茶《サンモーハンヤンチャー》【アーモンド風味の汁粉】…… 208
合桃露《ハップトウロウ》【クルミの汁粉】…… 208
椰汁蜜露珠《イエチャップマッロウヂュー》【タピオカ入りココナッツジュース】…… 209
芝麻糊《ヂーマーウー》【黒ゴマの汁粉】…… 209
紅棗燉蓮子《ホンチョウタンリンヂー》【ハスの実とドライフルーツのシロップ蒸し】…… 209

◎小吃《シューヘック》【小さな料理】
紅油煎鱈魚白《ホンヤウチンシュッユィパック》【タラ白子の煎り焼き 辛味ソース】…… 210
鹹蛤仔《ハムカップチャイ》【アサリの醤油漬け】…… 211
花生小魚干《ファサンシューユィコン》【ジャコ、ピーナッツ炒め】…… 211
炒鱆魚《チャウチョンユィ》【タコ辛味炒め】…… 211
滑魚生《ワッユィサン》【中国風造り サラダ仕立て】…… 212
蠔油鮮竹巻《ホウヤウシンチョックギュン》【ゆば巻き蒸し オイスターソース風味】…… 212
葱香拌二絲《チョンヒョンプンイーシー》【チャーシューとザーサイの和えもの】…… 213
皮蛋豆腐《ペイタンタウフー》【ピータン豆腐】…… 213
酔海鮮《チョイホイシン》【老酒漬け3種】…… 213

陳皮鶏雑《チャンペイカイチャップ》【地鶏モツの煮込み 陳皮風味】…… 214
灯影牛肉《タンイエンガウヨック》【牛肉のパリパリ揚げ 四川風】…… 215
香蒸海螺《ヒョンチエンホイロー》【まつぶ貝の冷製】…… 216
軟酥白飯魚《ユンソウパックファンユィ》【白魚の甘辛炒め】…… 217
琥珀双鴨蛋《フーパックションアップタン》【ピータンのゼリー寄せ】…… 218

◎麺粉《ミンファン》【麺、ビーフン】
叉焼麺《チャーシューミン》【チャーシューとザーサイ入り汁そば】…… 225
担担麺《タムタムミン》【タンタンメン】…… 226
四川担担麺《セイチュンタムタムミン》【黒酢 汁なしタンタンメン】…… 227
炸醤麺《ヂャーチョンミン》【ジャージャン麺】…… 227
麻醤麺《マーチョンミン》【ゴマ風味の和えそば】…… 228
韮黄銀芽撈蝦子麺《ガウウォンガンガーロウハーヂーミン》【シンプル和えそば】…… 228
涼拌麺《リョンプンミン》【冷麺】…… 229
什錦炒麺《サップガムチャウミン》【五目あんかけ焼きそば】…… 230
沙茶蠔仔炒麺《サーチャーホウチャイチャウミン》【カキのあんかけ焼きそば】…… 231
雪菜魚腩麺《シュッチョイユィナムミン》【イシモチと雪菜の煮込みそば】…… 232
豆豉蛤仔炆米粉《タウシーカップチャイマンマイファン》【アサリ入りビーフンの煮込み】…… 232
家郷炒米粉《ガーヒョンチャウマイファン》【家庭風焼きビーフン】…… 233

◎飯《ファン》【ご飯】
什錦炒飯《サップガムチャウファン》【五目チャーハン】…… 240
ＸＯ醤蛤仔炒飯《エックスオーチョンカップチャイチャウファン》【アサリと蟹肉のチャーハン】…… 241
鹹魚鶏粒炒飯《ハムユィカイラップチャウファン》【塩漬け魚のチャーハン】…… 242
福建炒飯《フォックギンチャウファン》【あんかけチャーハン】…… 243
鮑汁鱆魚飯《パウチャップチョンユィファン》【タコ入りチャーハン】…… 244
生炒臘味糯米飯《サンチャウラップメイノーマイファン》【腸詰入りもち米のチャーハン】…… 245
粤式白粥《ユッセックパックチョック》【広東式白粥】…… 246
油条《ヤウテュウ》【揚げパン】…… 246
魚圓粥《ユィユンチョック》【魚団子の粥】…… 247
皮蛋痩肉粥《ペイタンサウヨックチョック》【ピータンの粥】…… 247
什錦鍋巴《サップガムウオパー》【おこげの五目あんかけ】…… 248
臘味煲飯《ラップメイポウファン》【腸詰入り炊き込みご飯】…… 249
榨菜鶏煲飯《ヂャーチョイカイポウファン》【ザーサイと鶏肉の炊き込みご飯】…… 250
鹹魚肉鬆飯《ハムユィヨックソンファン》【塩漬け魚と豚肩ロースの蒸しご飯】…… 251
豉汁排骨飯《シーチャップパイグワッファン》【スペアリブの蒸しご飯】…… 251
蟹肉荷葉飯《ハイヨックホーイップファン》【ハスの葉包み蒸しご飯】…… 252
猪腩栗子粽《ヂューナムロックヂーチョン》【栗と豚肉入りちまき】…… 253
叉焼切鶏飯《チャーシューチッカイファン》【チャーシューとゆで鶏のご飯】…… 254
油鶏飯《ヤウカイファン》【鶏の香味煮のご飯】…… 255

制作

◎著者

吉岡勝美（よしおか　かつみ）

辻調理師専門学校

中国料理技術顧問

香港、広州などのホテル、レストランで研修。特に広東料理を得意とする。著書に『点心と小菜』（共著・鎌倉書房刊）『新広東料理精華「香港の技」』（共著・同朋舎出版刊）『シンプル、おいしい中国おかず』『スチーム中華』（以上柴田書店刊）などがある。

◎スタッフ／辻調グループ

塘 和英、石川智之、高橋良輔、宇藤美恵

◎原稿作成協力および校正

福冨奈津子

元辻静雄料理教育研究所

研究主幹

大阪外国語大学中国語学科卒業。中国料理の歴史文化に明るく、本書では「地方料理の特色」を執筆。著書に『料理で学ぶオイシイ中国語』（共著、朝日出版社刊）がある。

よくわかる中国料理基礎の基礎

初版発行　2007年4月15日

16版発行　2025年5月30日

著者　吉岡勝美（よしおかかつみ）（©辻料理教育研究所）

発行者　丸山兼一

発行所　株式会社柴田書店

〒113-8477

東京都文京区湯島3-26-9　イヤサカビル

書籍編集部　03-5816-8260

営業部　03-5816-8282（注文・問合せ）

ホームページ　https://www.shibatashoten.co.jp

印刷・製本　TOPPANクロレ株式会社

ISBN　978-4-388-06012-2